Sabine Hauke

Ruhrgebiet

Wandern für die Seele

20 Wohlfühlwege

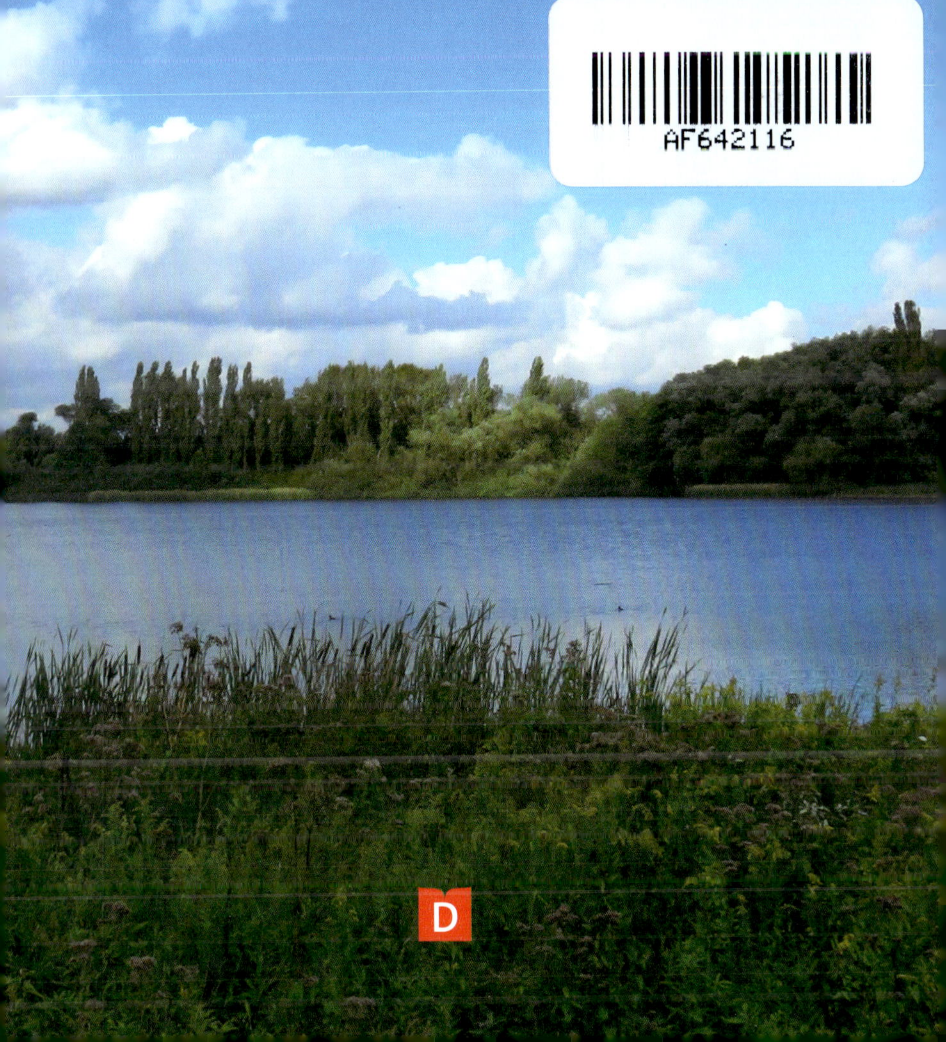

Alle Touren auf einen Blick

AUSZEITEN

WEITBLICKE

GENUSS

ENTSCHLEUNIGUNG

ERFRISCHUNG

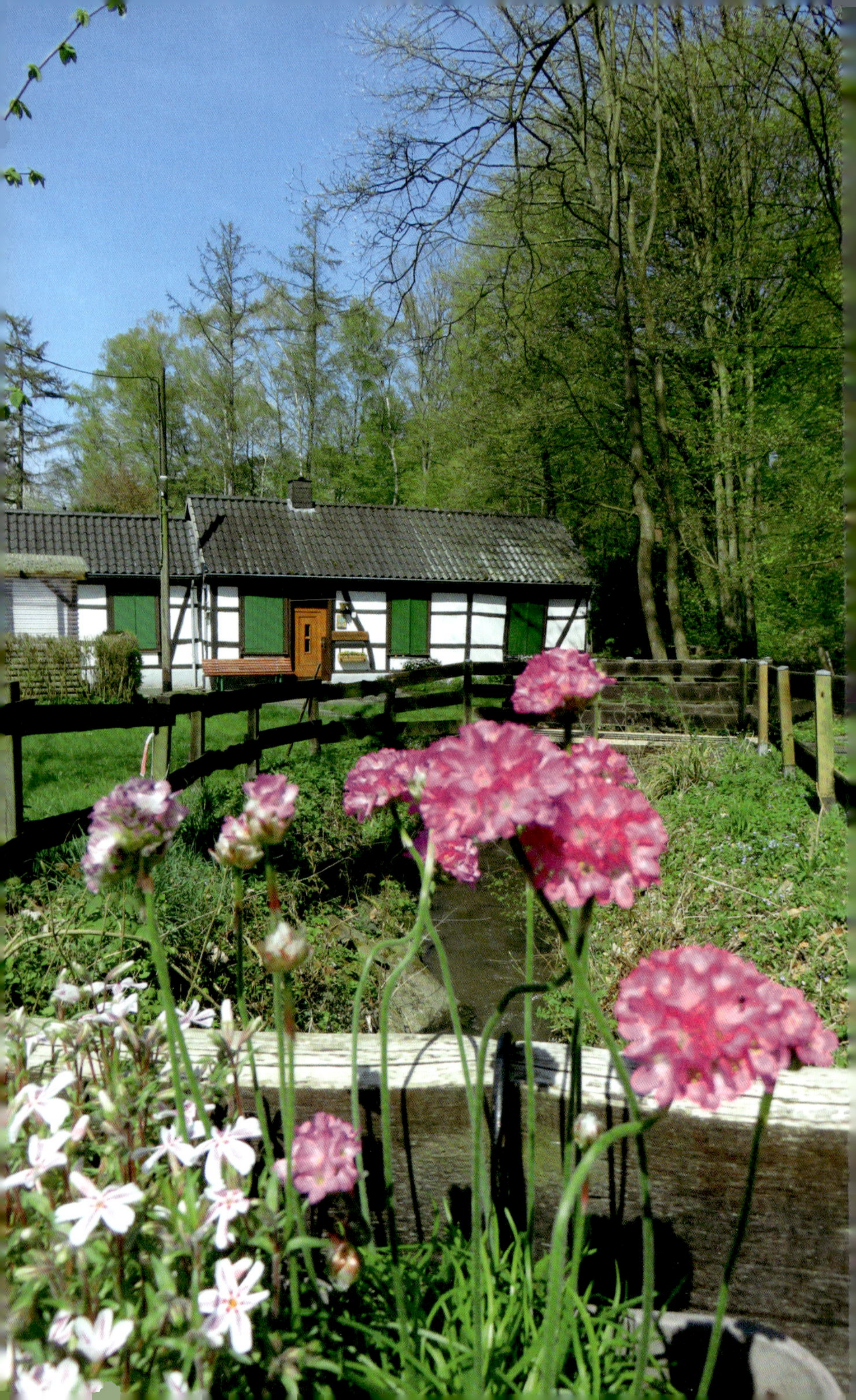

Liebe Genusswanderer,

als ich den Auftrag für dieses Buch bekam, dachte ich: Das ist einfach, das Ruhrgebiet kenne ich gut. Schließlich bin ich hier geboren und aufgewachsen. Aber gleich zu Beginn wurde ich bei meinen Streifzügen von immer neuen Facetten überrascht. Und so tauchte ich über das Vertraute und Altbekannte hinaus ein in ursprüngliche Kulturlandschaften, ließ mich vom Charme traditionsreicher Ausflugsziele bezaubern und staunte über die Verwandlung ausgedienter Industrieanlagen in ungewöhnliche Kulturstätten. Natürlich stieg auch ich auf Halden und war vom Panorama begeistert. Spuren des Bergbaus bescherten mir aufgrund meiner eigenen Familiengeschichte ein Gefühl warmherziger Melancholie: Meine Entdeckungstour startete, als die Ära des Kohlebergbaus 2018 endete. Doch die Begeisterung kreativer Köpfe für einen fortwährenden Strukturwandel wirkt ansteckend. Und so spiegeln sich in meinen Schilderungen der Wandertouren Momentaufnahmen wider, die auch neugierig auf Veränderungen machen möchten.

NATUR

KULTUR

GENUSS

TOUR

GPS-Tracks zum Download

Ich mag die unverblümte Direktheit der Menschen im Ruhrgebiet. Besonders gern erinnere ich mich an aufmunternde Begegnungen mit Ortskundigen, wenn ich auf verwirrend oder gar nicht ausgeschilderten Pfaden überlegte, welcher Abzweig wohl sinnvoller wäre. Dann bekam ich gleich im Anschluss an ihre Frage „Hasse dich verlaufen?“ Tipps, wo ich die schöneren Ausblicke vorfinden würde.

So habe ich mich noch einmal frisch in das Revier verliebt. Mit meinen Wohlfühlwegen lade ich Sie herzlich dazu ein, es mir gleichzutun und die faszinierende Metropole Ruhr für sich zu entdecken. Viel Freude wünscht Ihnen dabei

Ihre Sabine Hauke

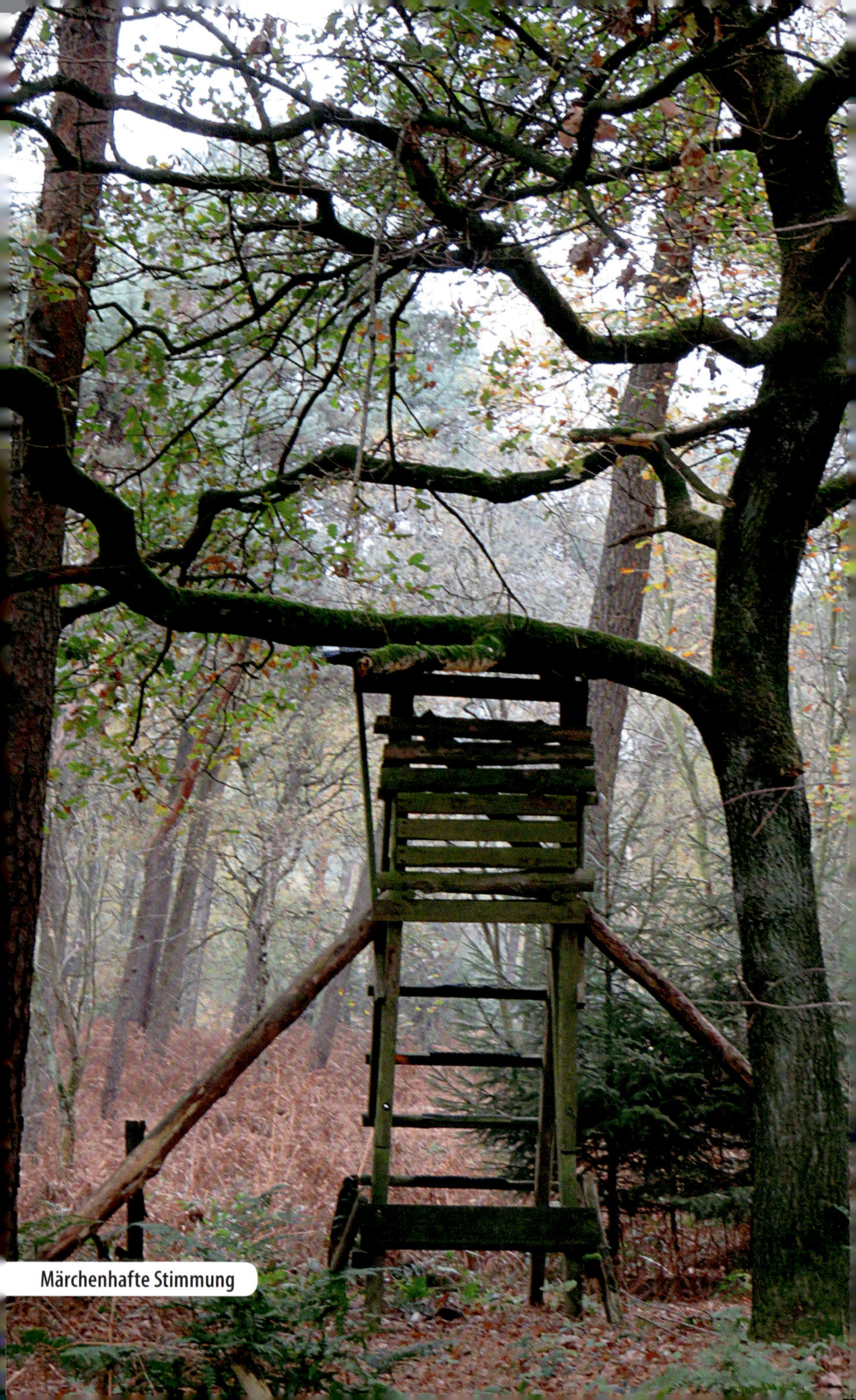

Märchenhafte Stimmung

Bei Mutter Wehner

Die Haard in Oer-Erkenschwick

Über die **Haardstraße** entfernen wir uns vom Parkplatz und vom ❶ **Café & Restaurant Mutter Wehner,** das rechts von uns liegt. Auch wenn sich das Lokal modern präsentiert, es hat eine lange Tradition: Die 1914 als Haardschenke eröffnete Waldgaststätte wurde nach der beliebten Gastwirtin umbenannt. Johanna Wehner erlebte den großen Erfolg während des Wirtschaftswunders nicht, sie starb 1950.

An weitläufigen Grundstücken vorbei geht es in den Wald, wo seltsam verdrehte Eichen gleich zu Beginn unserer Wanderung eine schöne Stimmung schaffen. Würziger Waldduft umgibt uns. Hinter einer Wegschranke beginnt ein 1992 angelegter ❷ **historisch-naturkundlicher Lehrpfad,** an dem sich Exoten wie Gurkenstrauch, Ginkgo, Eschenahorn und Taubenbaum finden. Von den Namenstafeln sind nur wenige erhalten.

An einer Kreuzung mit einem Holzwegweiser folgen wir einem leicht abschüssigen Rechtsbogen. Ein kleines Schild verrät uns, dass der Freiherr von Kettler 1798 das Recht erwarb, hier nach ❸ **Gold und Silber** zu schürfen. Seine Enttäuschung dürfte immens gewesen sein, als er nur Eisen fand.

Rechts erhebt sich neben uns ein Hang. Unmittelbar hinter einer Tannenschonung weist an einer Kreuzung ein kleines weißes Schild auf eine Grenze hin, die hier seit einer Markenteilung im Jahr 1811 zwischen der Oerer Heimöde und Oerer Mark verlauft. An dieser Kreuzung biegen wir rechts ab. Ein breiter Forstweg leitet uns aufwärts durch

Die Arbeitsruhe an Sonn- und Feiertagen wurde 1919 Gesetz. Der wirtschaftliche Aufschwung in den 1950er-Jahren schuf dazu passende Rituale: Frühschoppen für die Herren, mittags Sonntagsbraten und danach mit der Familie raus ins Grüne – in feiner Kleidung, denn Freizeitlook war verpönt. ***Mutter Wehner*** *wurde als Ausgangspunkt für Waldspaziergänge zur Institution.*

Kilometer: 8,8
Stunden: 2,5
RUNDWEG

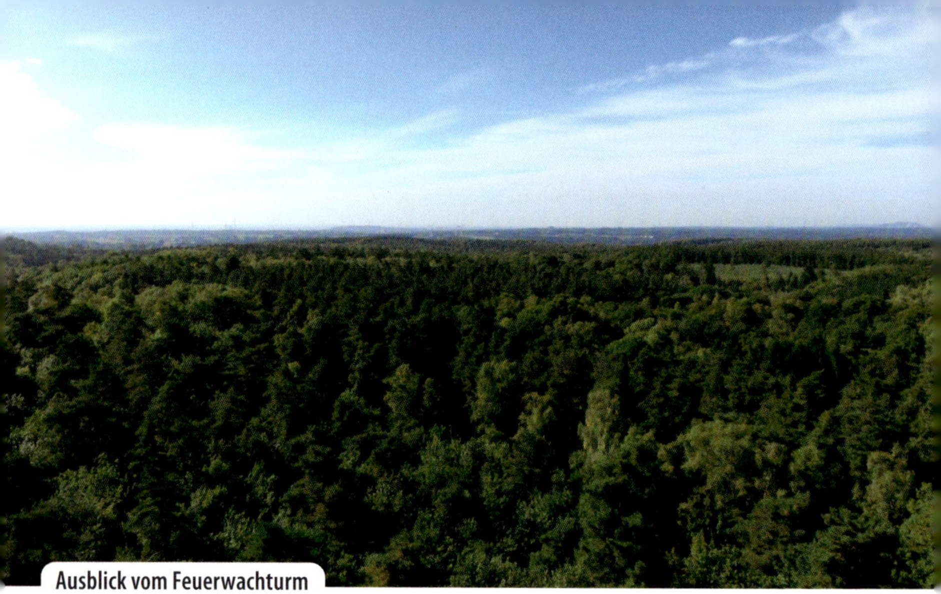

Ausblick vom Feuerwachturm

Die Industrialisierung belastete die Umwelt, was eine Romantisierung der Natur und schließlich auch den Naturschutzgedanken zur Folge hatte. Seit den 1960er-Jahren vermitteln ***Lehrpfade*** *Naturwissen auf leichte Art. In der Haard werden gebietsfremde Baumarten vorgestellt, von denen manche bereits vor Jahrhunderten durch Forschungsreisende zu uns kamen.*

Lärchen, Birken, Eichen und Kiefern. Verstreut liegendes Totholz bietet in diesem Wirtschaftswald einer Fülle von Insekten und Pflanzen einen Lebensraum.

Geradeaus erreichen wir eine Kuppe, hinter der es geradeaus abwärts geht. Zwar wandern wir an einer Kreuzung weiter geradeaus, aber eine Bank lädt dort rechts zur Rast ein. Unsere Route steigt zunächst etwas an, um zwischen Kiefern und Erlen sanft abwärts zu führen. Dort, wo der Forstweg an einem Rastplatz mit Tisch und Bänken im Rechtsbogen abschwenkt, nimmt uns geradeaus ein abschüssiger, grasiger Weg auf, der sich bald zu einem schmalen Pfad verengt. Es fühlt sich gut an, auf weichem Untergrund und in sachten Schlenkern zu wandern. Die Ruhe ist fast greifbar, nur leises Vogelgezwitscher ist zu hören. Was für eine wunderbare Ausstrahlung dieses Fleckchen Erde doch hat! Wir unterhalten uns darüber, wie ungemein wichtig diese grüne Lunge damals in Zeiten der verschmutzten Luft für uns Menschen im Ruhrgebiet war.

An einer Gabelung folgen wir rechts dem **Wanderweg A1/A4.** Hier und da ragen in dem Laubwald hohe Kiefern auf, danach nimmt uns ein sehr dichter Wald aus Birken und Hainbuchen auf. Aufgewühlter Sandboden verrät uns, dass wir einen Reitweg überqueren. Geradeaus weiter umfängt uns ein blickdichter Mix aus Laub- und Nadelbäumen auf sandigem Untergrund. Diese sogenannten Halterner Sande verdankt die Haard einem urzeitlichen Meer, das einst die Region bedeckte. Die Eiszeit brachte weitere sandige Sedimente mit und gestaltete ein Auf und Ab aus Sandhügeln und Trockentälern.

Für die Seele

Vom Ausflugslokal wandern wir zum Feuerwachturm, der uns eine tolle Aussicht über die Haard schenkt.

Ein grasbewachsener Weg nimmt uns an einer Kreuzung rechts auf. Einen Abzweig links ignorieren wir und überqueren erneut einen Reitweg. Geradeaus bleiben wir unserer Route treu, die nach einer Weile an einer Kreuzung links abschwenkt. An einer Gabelung halten wir uns links und wandern leicht ansteigend weiter. Nachdem wir einen Reitweg aus losem Sand überquert haben, bringt uns ein grasbewachsener, leichter Anstieg durch den Wald. Ein Hochsitz wird in diesem verwunschenen Forst von eigenwillig gewachsenen Eichen umrahmt.

Kurz bevor das Gelände vor uns stark abfällt, biegen wir an einer kleinen Kreuzung rechts ab und kommen durch einen dichten Mischwald zu einem quer verlaufenden Weg, dem wir links folgen. Im Rechtsbogen und über einen Reitweg hinweg wandern wir unterhalb einer Hügelkuppe. Nach einer Weile finden wir uns in einem Bereich mit Lärchen und Fichten wieder, deren ineinander verwobene Kronen die Sonnenstrahlen filtern und so ein Spiel aus Licht und Schatten zaubern. Wir laufen auf einem weichen Teppich aus abgefallenen Nadeln. Stille breitet sich aus. Auf einer verwitterten Bank, die von einigen mehrstämmigen Buchen überragt wird, genießen wir die Stimmung. In diesem komplexen Ökosystem spiegelt sich die Geschichte des Waldes wider: Über Jahrhunderte hatten hier Äbtissinnen das Sagen, die den Eichen und Buchenwald durch massive Holz- und

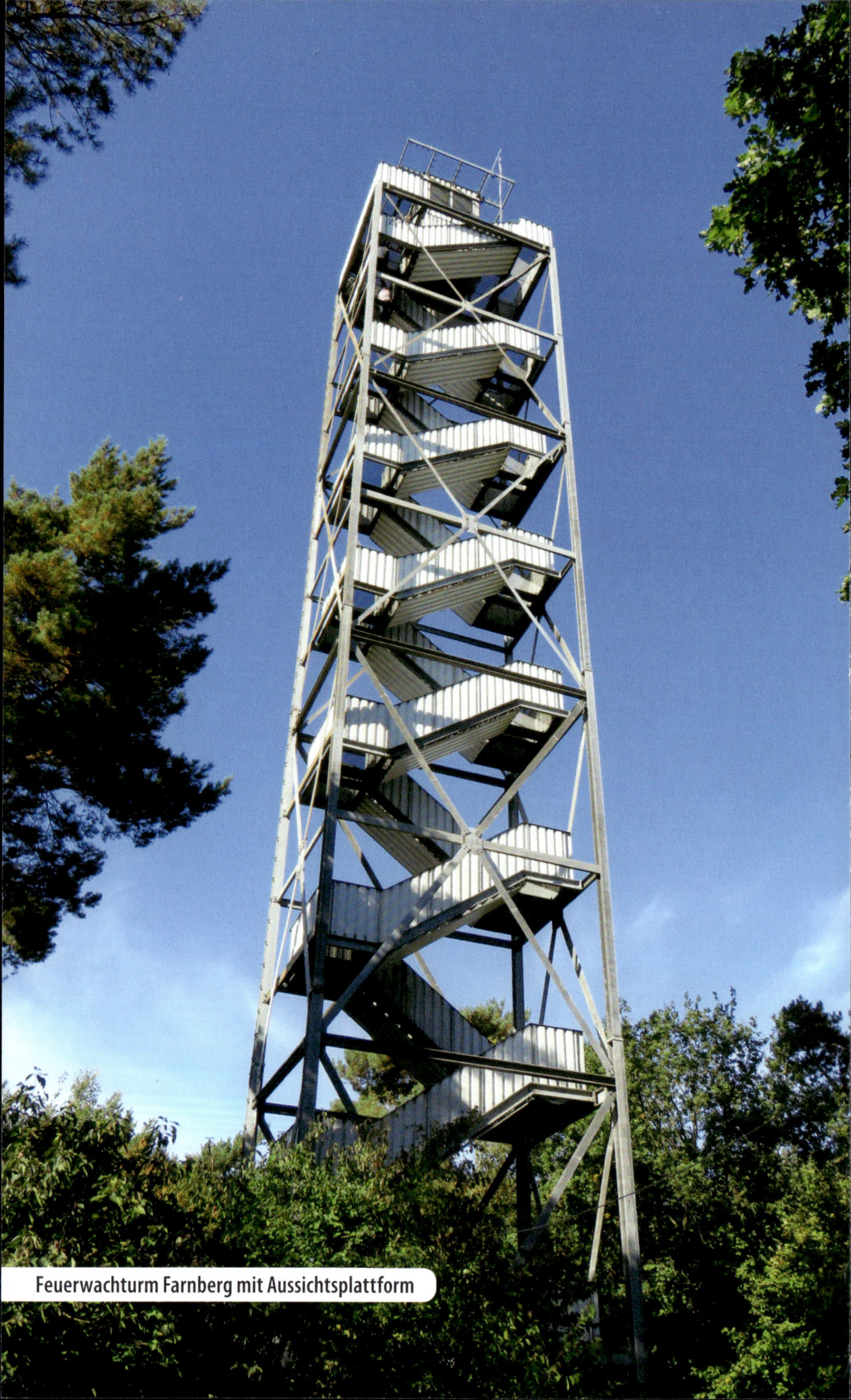

Feuerwachturm Farnberg mit Aussichtsplattform

Mastnutzung in eine karge Heidelandschaft verwandelten. Die Preußen machten aus der Heide einen Nadelwald, in den Generationen von Forstwirten unterschiedliche Laubbaumarten mischten und so die Produktivität erhöhten.

Der Weg verengt sich und verläuft in Bögen vorbei an einem Hang mit hohen Kiefern. An einer kleinen Gabelung geht es links weiter. Allmählich leitet uns unsere Route abwärts zu einem Schotterweg, der uns rechts aufnimmt. Geradeaus über eine Kreuzung, an der rechts ein Reitweg abzweigt, erreichen wir eine Kreuzung mit einem Holzwegweiser. Wir wählen rechts den **Wanderweg A5,** lassen einen breiten Abzweig links liegen und wandern an einer Kreuzung weiter geradeaus.

Eine befestigte Schotterzufahrt mit einer Telefonoberleitung führt an einer Kreuzung rechts hinauf zum ausgeschilderten **4 Feuerwachturm Farnberg,** der sich bis zuletzt hinter Bäumen versteckt hält. In trockenen Wetterperioden ist der 38 Meter hohe Stahlturm mit einer Brandwacht besetzt, eine Plattform ist aber für Besucher frei zugänglich. Die Aussicht ist großartig! Die Ausdehnung der Haard als größtes Waldgebiet im nördlichen Ruhrgebiet wird hier oben offensichtlich.

Gleich neben der Treppe biegen wir links auf den Pfad ein, der durch einen Kiefernwald hinabmäandert. Er stößt unten auf einen sandigen Querweg, der uns links in ein Waldstück mit bizarren Eichen eintauchen lässt. Einen rechten Abzweig missachten wir und erreichen über eine Kreuzung geradeaus ein Waldstück mit dicht gedrängten Bäumen.

An einem quer verlaufenden Schotterweg schwenken wir links ab und wählen an einer Kreuzung den etwas nach rechts versetzten Pfad, der geradeaus durch den Wald verläuft. An einer großen Wegekreuzung mit einer Bank folgen wir rechts dem markierten **historisch-naturkundlichen Lehrpfad.** Er schwingt sich zwischen knorrigen Eichen hindurch und wird von einer tiefen Furche im Waldboden begleitet, die sich allmählich verliert. Eine Infotafel macht uns auf etwa 4000 Jahre alte Hügelgräber aufmerksam, die wir aber ohne weitere Anhaltspunkte nicht entdecken.

Geradeaus folgen wir nun dem magentafarbenen Logo des **Hohe Mark Steigs.** An einer Kreuzung mit einer Bank verzweigen sich mehrere Wege. Wir lassen uns weiterhin von der farbigen Markierung leiten und erreichen auf einem Waldweg mit vielen Schlenkern geradewegs den **Ponyhof Mutter Wehner.** Im gleichnamigen angrenzenden Ausflugslokal lassen wir unsere Wanderung durch das abwechslungsreiche Waldgebiet der Haard ausklingen.

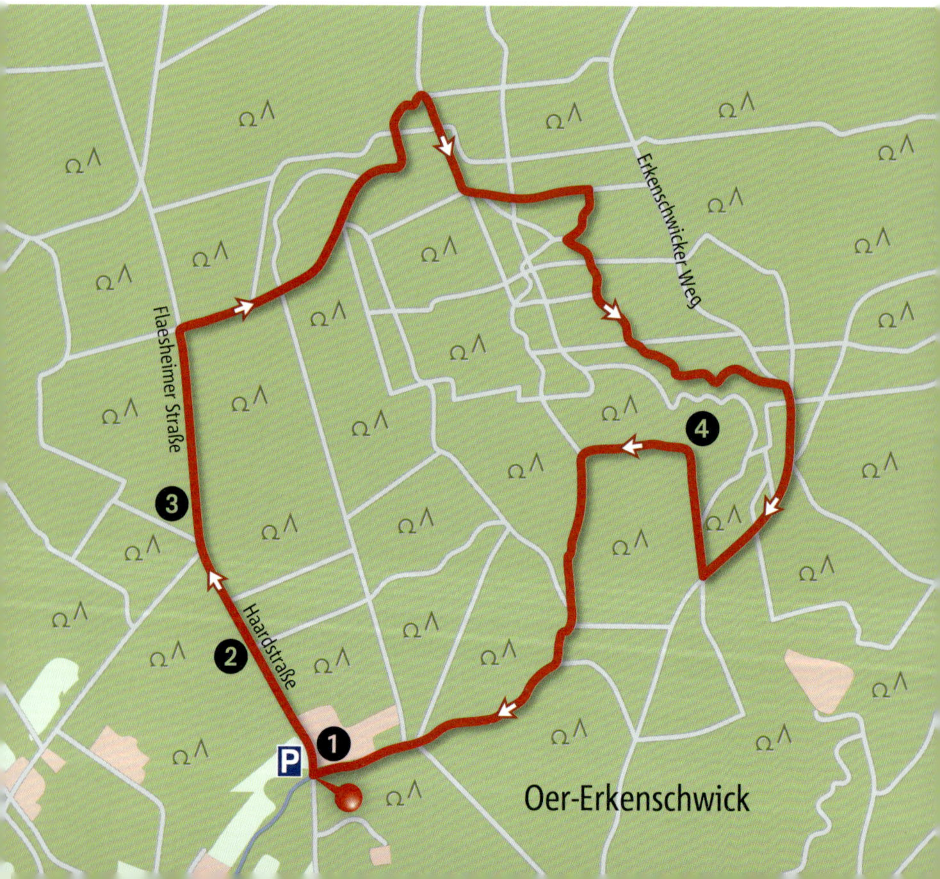

ALLES AUF EINEN BLICK

Entspannung 4/5
Abenteuer 5/5
Vielfalt 4/5

WIE & WANN

Befestigte und unbefestigte Wege und Pfade. Ganzjährig interessant.

HIN & WEG

Auto: Parkplatz am Café & Restaurant Mutter Wehner, Haardstraße 196, 45739 Oer-Erkenschwick (GPS: 51.663630 7.232393)
ÖPNV: Keine direkte Anbindung an die Strecke

ESSEN & ENTSPANNEN

1. **Café & Restaurant Mutter Wehner,** Haardstraße 196, 45739 Oer-Erkenschwick, Tel. (0 23 68) 9 62 65 10, www.mutter-wehner.de

ENTDECKEN & ERLEBEN

2. **Historisch-naturkundlicher Lehrpfad**
3. **Gold und Silber**
4. **Feuerwachturm Farnberg**

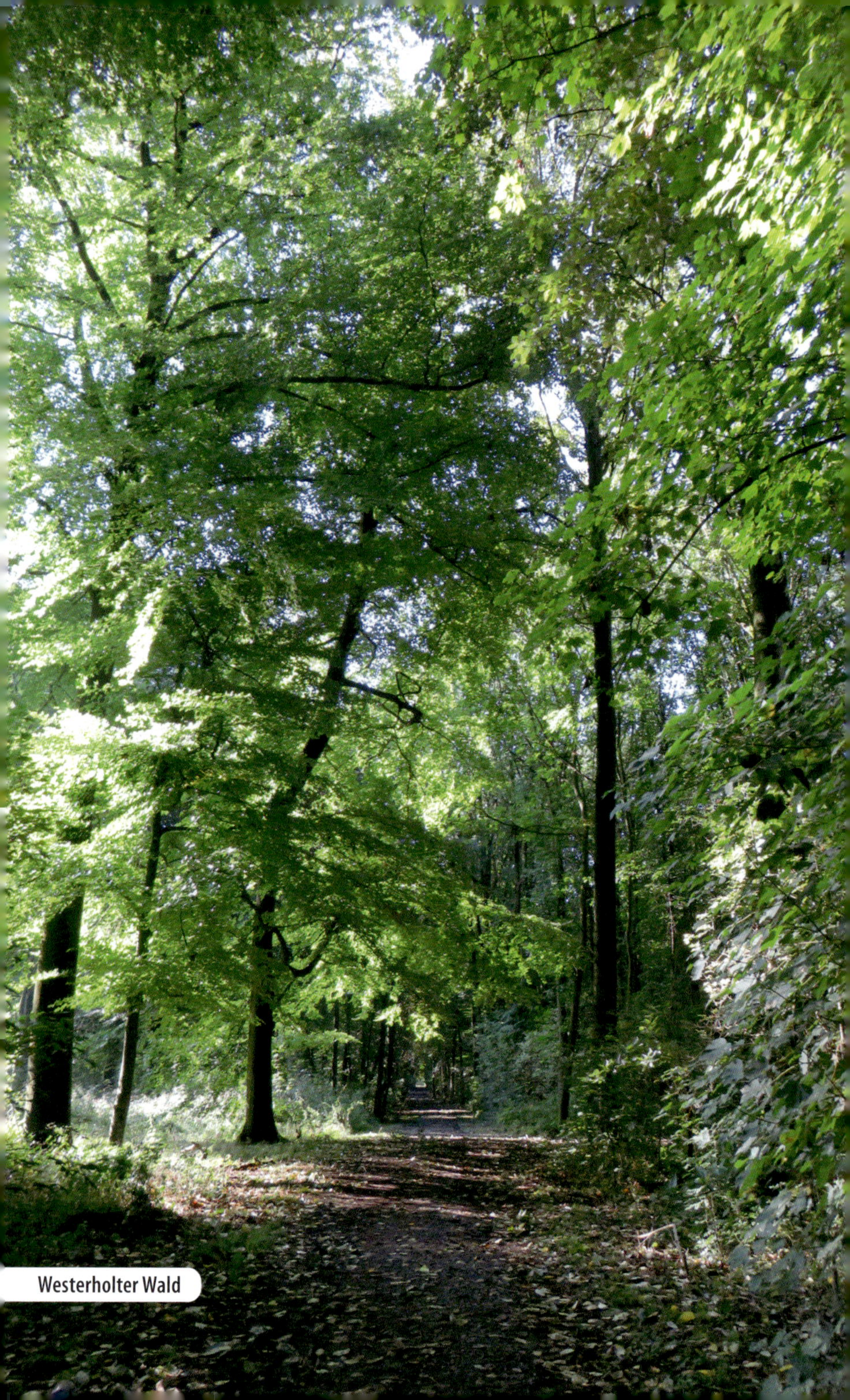

Westerholter Wald

Gräfliche Spuren

Von Westerholt nach Buer

Vom Wanderparkplatz laufen wir – eine große Wiese zur Linken – durch rot-weiße Wegpfosten in den ❶ **Westerholter Wald,** der seit rund 800 Jahren den Grafen von Westerholt gehört und heute teilweise als Friedhofswald genutzt wird. Zu unserer Rechten stehen einige Wohnhäuser. Wir folgen dem breiten Weg geradeaus und ignorieren alle Abzweige, bis wir an einen T-Weg gelangen. Dort wenden wir uns nach links und lassen uns wenig später rechts vom breiten **Wanderweg A4** in den einstigen ❷ **Löwenpark Graf Westerholt** bringen. 20 Jahre lang streiften Löwen in dem 1968 eröffneten gräflichen Wildpark umher. Besucher konnten sich auf eine etwa vier Kilometer lange Autosafari begeben, an die noch einige Asphaltwege erinnern.

Nach etwa 400 Metern führt rechts der **A4** als schmaler Pfad tiefer in den Wald hinein. Wir genießen es, auf weichem Waldboden zu laufen. Unser Wanderweg schwenkt an einer alten Buche nach links ab und verläuft parallel zu einem tiefen Graben. An einer Gabelung orientieren wir uns nach links. Hinter einer Pferdekoppel rechts ab gelangen wir im Rechtsbogen zum **Reit- und Fahrverein Gelsenkirchen-Buer,** bei Einheimischen als **Möllers** bekannt. Wir ignorieren alle Abzweige, bis sich links der **Wanderweg A4** in Höhe eines Parkplatzes der Reitanlage links ab durch die Bäume schlängelt. Über eine Kreuzung hinweg wandern wir weiter geradeaus, bis der markierte Wanderweg links abknickt. Zwischen dicht gedrängten Bäumen und einem

Kilometer: 9

Stunden: 2,5

RUNDWEG

Henrika von Aschenbrock zu Schonebeck, Herrin auf Schloss Westerholt, stiftete die ***Sieben-Schmerzen-Kapelle*** *im Jahr 1723. Seit 1999 kümmert sich ein Förderverein um den Erhalt der vollständig restaurierten kleinen Kirche, die im Besitz des Grafen von Westerholt ist.*

lichten Waldstück kommen wir an eine Tannenschonung, an der uns rechts ein T-Abzweig zur **Westerholter Straße** bringt.

Gegenüber nimmt uns geradeaus ein Weg mit ins Waldgebiet **Löchterheide,** das ebenfalls in gräflichem Besitz ist und sich durch ein sehr dichtes Wegenetz auszeichnet. Ein kleines Hinweisschild lotst uns zur **❸ Sieben-Schmerzen-Kapelle,** die gleich rechts an einem Abzweig im Wald liegt. Durch eine vergitterte Glastür können wir in den winzigen Kirchenraum schauen. Wandkacheln in hellen Pastell- und warmen Gelbtönen vermitteln Leichtigkeit und Ruhe, leicht diffuses Licht unterstreicht die meditative Stimmung. So nimmt

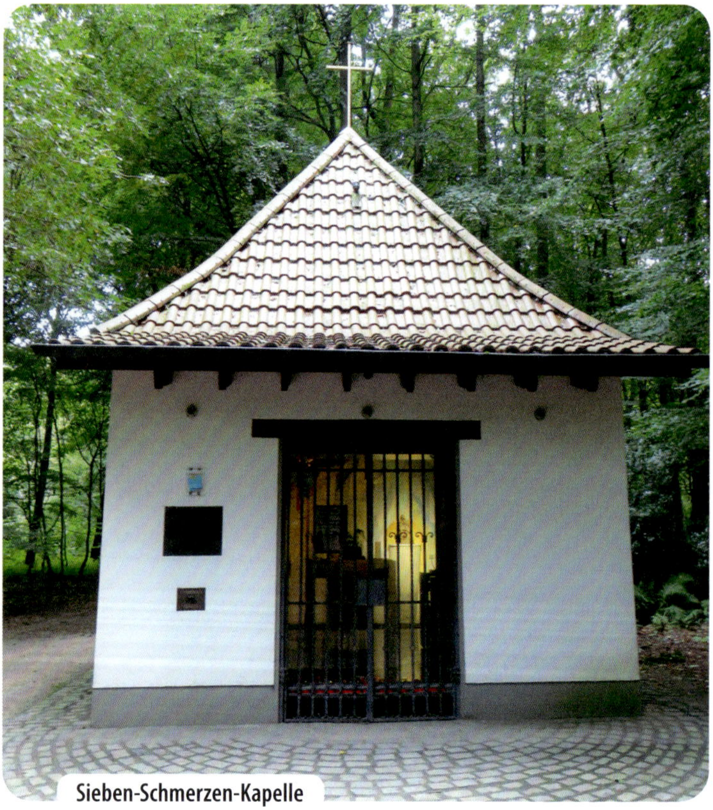

Sieben-Schmerzen-Kapelle

uns das hölzerne Gnadenbild der Schmerzhaften Mutter ohne jede Düsternis für sich ein. Neben der Kapelle verläuft die **Via Matris,** an der wir auf Bronzetafeln Bildnisse der Schmerzen Marias finden. Im Bogen führt der Weg an sieben Granitstelen vorbei, in die jeweils ein Bibelzitat gemeißelt ist. Vor jeder Stele lädt ein Sitz zum Innehalten ein.

Für die Seele

Die meditative Ruhe der Kapelle im Wald und die Fachwerkhäuser im Dorf Westerholt verzaubern uns.

Wir wandern weiter, lassen die Kapelle hinter uns und folgen an einer Gabelung mit einer Bank links dem **Wanderweg A3.** Über eine Kreuzung geradeaus halten wir uns an der nächsten Gabelung links und treffen nach einem sanften Linksbogen auf einen quer verlaufenden Weg. Dort halten wir uns links und an der nächsten Kreuzung rechts. Hinter einer Wegeschranke biegen wir an der ersten kleinen Kreuzung links ab und überqueren wenig später die **Westerholter Straße.**

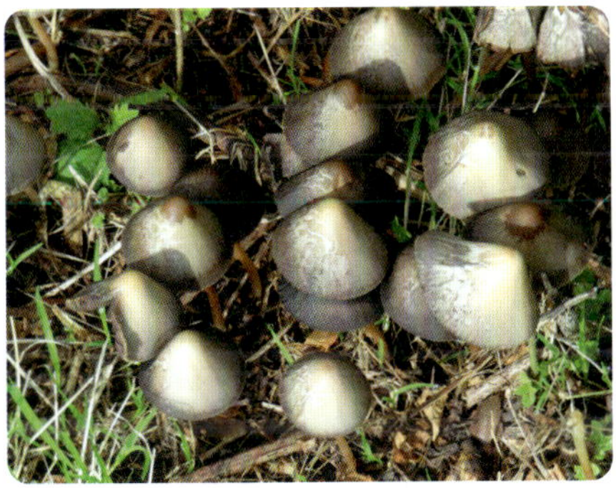

An einer von Steinlöwen flankierten Zufahrt steht das **4 China-Restaurant Löwenpark.** Neben dem Lokal leitet uns links ein Weg am Waldrand entlang zu einer Gabelung, an der wir rechts abbiegen. An einer Kreuzung mit mehreren Verzweigungen wandern wir weiter geradeaus. Nach einer Weile schlängelt sich rechts der laubbedeckte **Wanderpfad A4** durch den Wald, wird aber bald breiter und bringt uns an eine Gabelung. Wir folgen links ab dem linken Abzweig, der als Wanderweg A4 gekennzeichnet ist.

Geradeaus zwischen Golfplatz und Wald erreichen wir unseren Parkplatz, den wir rechts und weiterhin zu Fuß über die Zufahrt verlassen. Die Straße **Zur Baut** nimmt uns links mit zu einem Schild, das rechts den Weg zum **Restaurant Schloss Westerholt** weist. Wir schlendern am Schlossgraben entlang,

*Das **Schloss Westerholt** ist seit dem 13. Jahrhundert Stammsitz der Grafen von Westerholt, die zum westfälischen Uradel gehören. Das zweigeschossige Herrenhaus entstand 1833 im Stil des Klassizismus, nachdem ein Feuer den Vorgängerbau zerstört hatte.*

hinter dem das von einer Natursteinmauer begrenzte **Alte Dorf Westerholt** liegt. Vor uns erhebt sich inmitten von Rasenflächen das von einem Wassergraben umfriedete ❺ **Schloss Westerholt.** Es hat neben glanzvollen Zeiten auch Phasen der Verwahrlosung erlebt, bis Graf Egon von Westerholt das Schloss 1993 umfassend restaurieren ließ. Mit Mantel und Hut bekleidet, in der Hand einen Regenschirm, sehen wir ihn als Statue im Park. Der verstorbene Schlossherr wäre über das Treiben in seinem weitläufigen Anwesen sicher froh. Schließlich war es seine Geschäftsidee, die sein Enkel fortführt: Golfer ziehen mit ihrer Ausrüstung Richtung Golfplatz, ankommende Gäste tragen Koffer zum Hoteleingang und auf der bewirtschafteten Terrasse wird ungezwungen geplaudert.

Auf einer Brücke überblicken wir den Schlossgraben, der sich rechts zum **Taubenteich** verbreitert. Links gelangen wir außerhalb des Schlossareals erneut über die Gräfte. Ein Wall schirmte die einstige **Freiheit Westerholt** ab, die durch drei Pforten betreten werden konnte. Wir durchschreiten die gut erhaltene **Mühlenpforte.** Dort unterhält der ❻ **Knappenverein St. Barbara Bergmannsglück/Westerholt 1993** ein kleines Bergbaumuseum.

*Das **Vest Recklinghausen,** zu dem Westerholt heute gehört, unterstand bis 1803 dem Kurfürstentum Köln. In der unabhängigen, von Steuern befreiten Burgfreiheit lebten Burgbedienstete sowie Tuchmacher und Tuchhändler. Dorfmittelpunkt war die erstmals 1310 erwähnte Kirche St. Martinus, deren Turmruine aus dem Jahr 1696 stammt.*

Das Restaurant Haus ❼ **Alt Westerholt** ist in einem Fachwerkhaus aus dem Jahr 1722 untergebracht. Wir folgen davor rechts der **Schloßstraße,** um gleich links an der hinteren Hausecke in eine unbeschilderte Gasse einzubiegen. Dort ragt die ❽ **Schlosskapelle St. Martinus** auf, die uns mit ihrer frei stehenden Kirchturmruine an ein Gemälde aus der Zeit der Romantik erinnert. Verfall hat mitunter durchaus Charme.

Wir biegen an der Turmruine scharf rechts ab, um gleich links der **Freiheit** zu folgen. In der Gasse lassen uns Inschriften an schwarz-weißen Häuserfassaden aus dem 17. und 18. Jahrhundert die Zeit vergessen. Wir stehen erneut vor der Kapelle und folgen links der Martinistraße und am **Restaurant Alt Westerholt** links

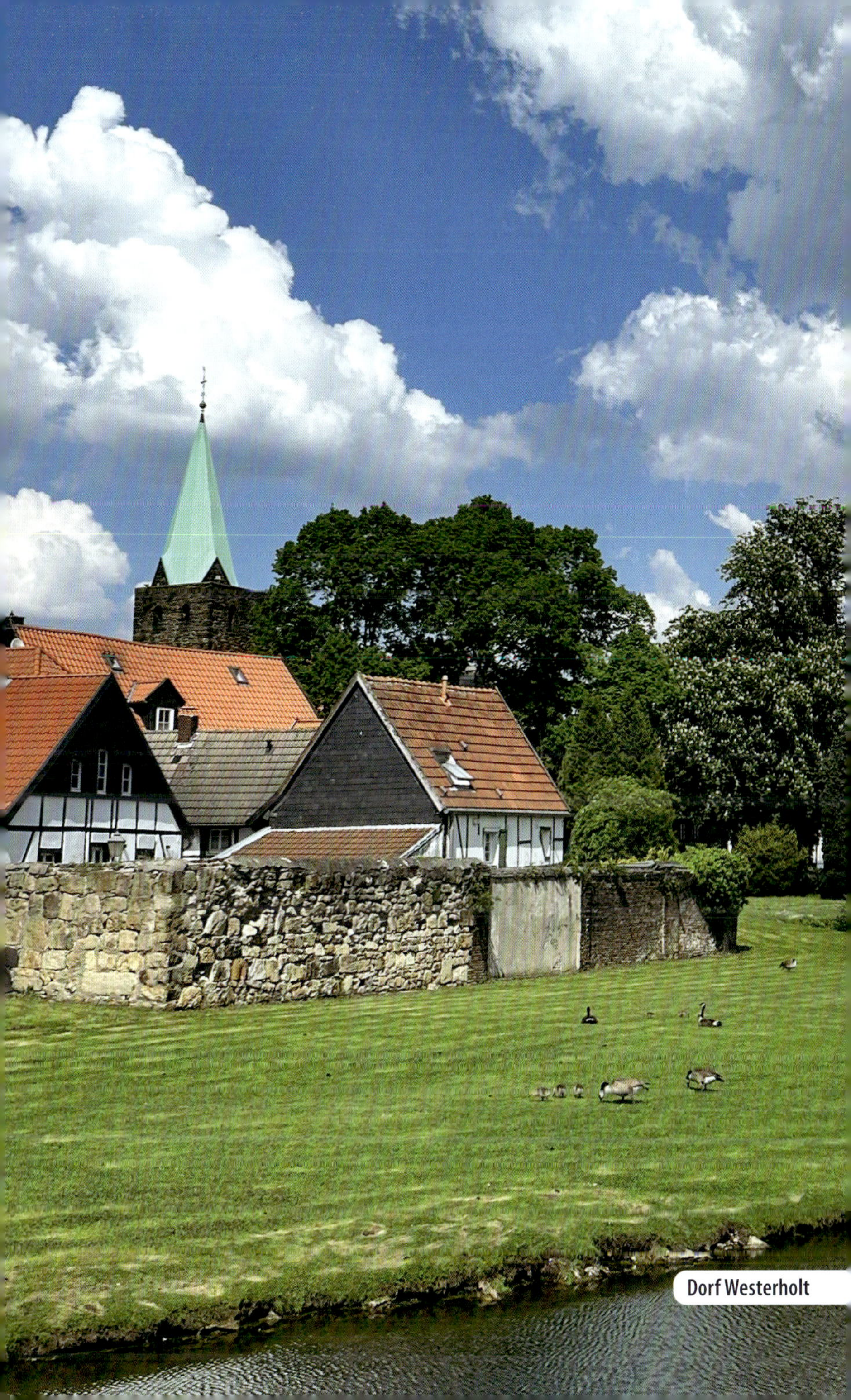

Dorf Westerholt

der **Schloßstraße.** Nachdem wir die **Martinistraße** überquert haben, warten links in der **Brandstraße** weitere Fachwerkhäuser auf uns. An einer Gabelung schwenken wir links in eine Sackgasse mit einem schmalen Durchgang ein. Vor einem Fachwerkhaus stillt dort auf einer Bank eine Mutter ihr Kind und wird dabei von einer Ziege beäugt. Wir betrachten die Steinfiguren eingehend.

Dann heißt es Abschied nehmen von der wunderbaren Fachwerkidylle. Geradeaus bringt uns **Über die Gräfte** zu einer Kreuzung, wo wir links über **Zur Baut** die Martinischule und unser Auto erreichen.

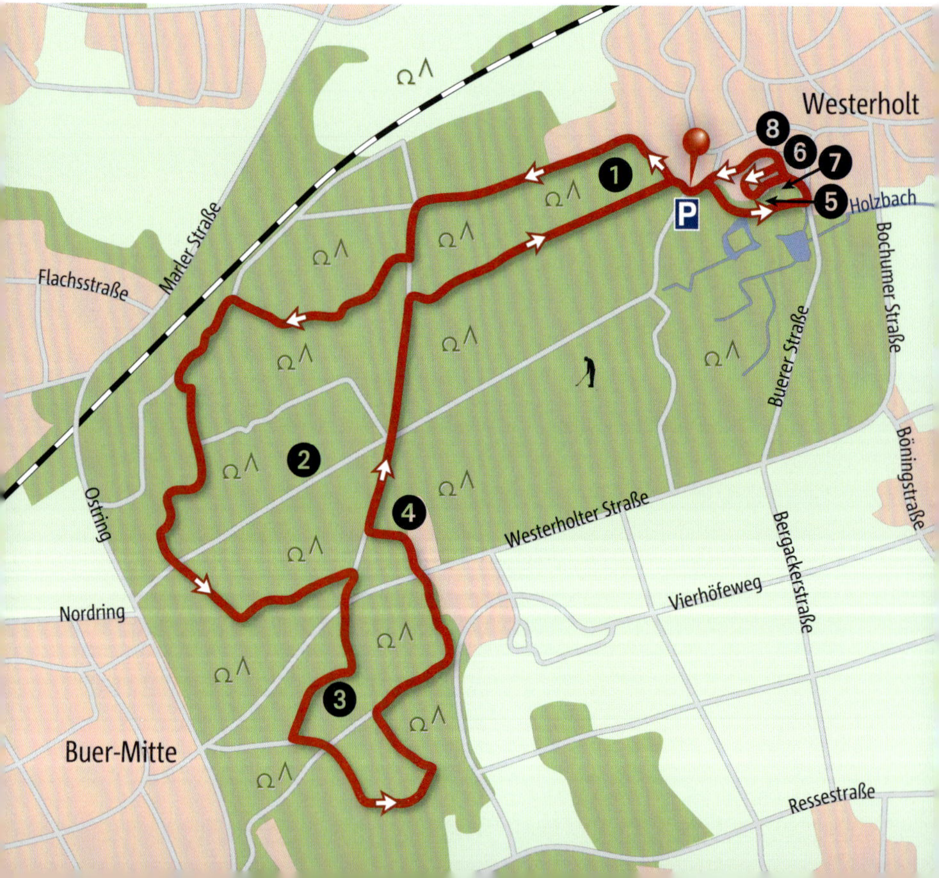

ALLES AUF EINEN BLICK

Entspannung 5/5
Abenteuer 2/5
Vielfalt 4/5

WIE & WANN

Straßen, befestigte und unbefestigte Wege. Ganzjährig interessant; bei lang anhaltendem Regen und Tauwetter weichen einige der Waldwege stark auf.

HIN & WEG

Auto: Wanderparkplatz, Zur Baut 8, 45701 Herten-Westerholt
(GPS: 51.598021 7.086373)
ÖPNV: Bus 212 ab Herten Mitte Richtung Gelsenkirchen-Buer/Rathaus bis Schloss Herten

ESSEN & ENTSPANNEN

4 **China-Restaurant Löwenpark ,** Westerholter Straße 135, 45894 Gelsenkirchen-Buer, Tel. (02 09) 3 89 93 10, www.loewenpark-wok-grill.de
5 **Hotel-Restaurant Schloss Westerholt,** Schloßstraße 1, 45701 Herten, Tel. (02 09) 14 89 40, www.schlosshotelwesterholt.de
7 **Restaurant Haus Alt Westerholt,**Schloßstraße 3, 45701 Herten-Westerholt, Tel. (02 09) 3 52 49, www.restaurant-alt-westerholt.de

ENTDECKEN & ERLEBEN

1 **Westerholter Wald**
2 **ehem. Löwenpark Graf Westerholt**
3 **Sieben-Schmerzen-Kapelle und Via Matris**
5 **Schloss Westerholt,** Schloßstraße 1, 45701 Herten
6 **Mühlenpforte,** Knappenverein St. Barbara Bergmannsglück/Westerholt 1993, Schloßstraße 1, 45701 Herten
8 **Schlosskapelle St. Martinus,** Schloßstraße 21, 45701 Herten

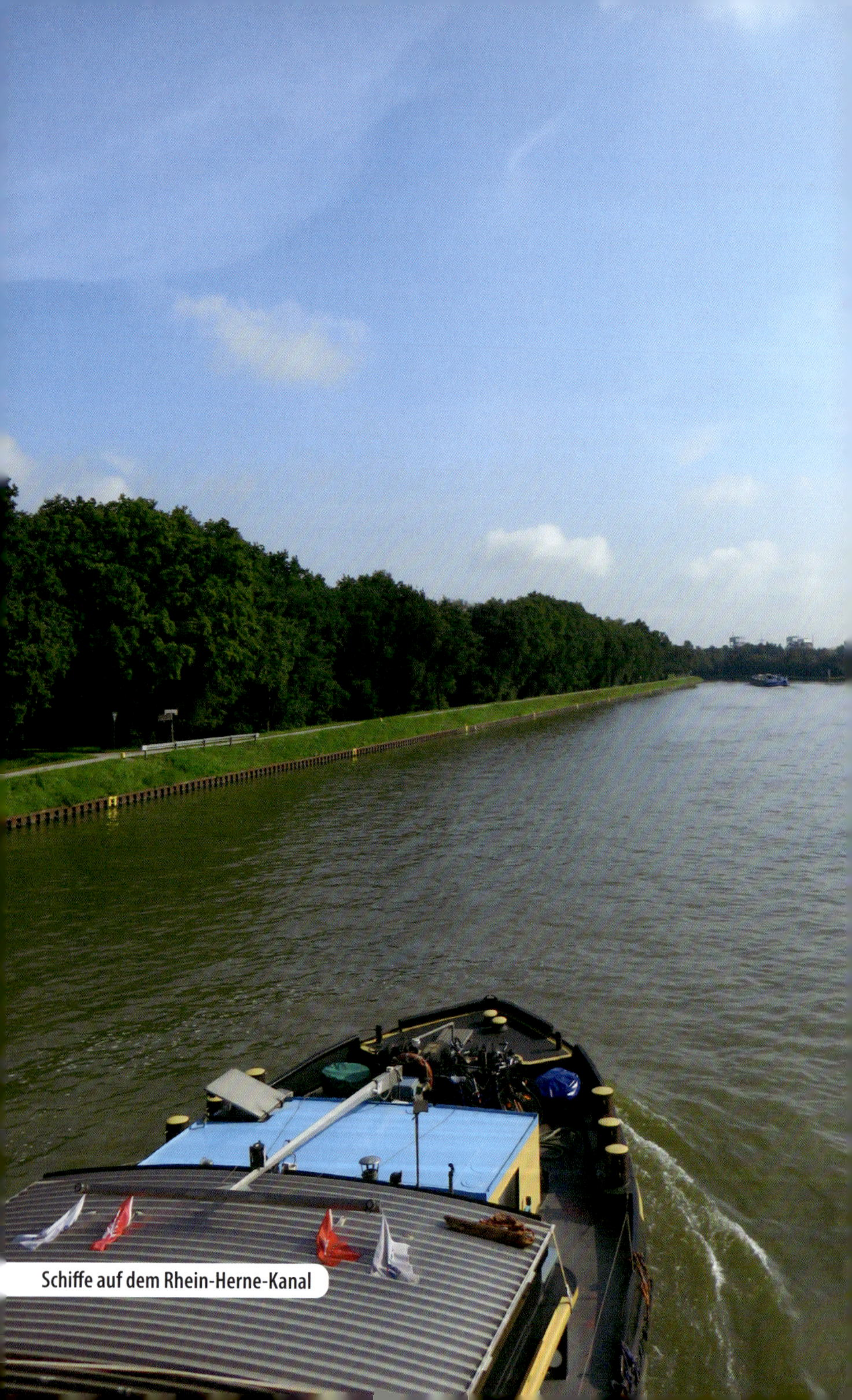

Schiffe auf dem Rhein-Herne-Kanal

So schön versumpft

Der Pöppinghäuser Wald

Ausgangspunkt unserer Wanderung ist ❶ **Schloss Bladenhorst,** das auf eine Ritterburg aus dem Jahr 1266 zurückgeht, im Wesentlichen aber aus dem 16. Jahrhundert stammt. Eine Brücke führt über den Schlossgraben zu einem wuchtigen Torhaus, dessen Proportionen durch ein halbrundes Dach und einen verhältnismäßig kleinen Durchgang sehr imposant wirken. Ein Zinnenturm spiegelt sich im dunklen Wasser, hinter dem eine grüne Wand aus Sträuchern und Bäumen jeden Einblick ins Schlossareal verwehrt. Lediglich ein Taubenhaus ist zu sehen und unterstreicht das noble Ambiente. Wir müssen uns mit dieser Außenansicht begnügen, denn das zu Wohn- und Arbeitszwecken umgebaute Schloss ist nur bei Veranstaltungen zu besichtigen.

Wir halten uns links und überqueren den **Westring.** Rechts bringt uns ein Fußweg am **Gestüt Forstwald** vorbei durch ein schmales Wäldchen und über einen Bach. Im Rechtsbogen nähern wir uns dem **Westring,** biegen aber knapp davor links in einen Trampelpfad ein. Durch einen lichten Bestand aus Birken, Ahorn, Erlen und Weiden kommen wir zum ❷ **Rhein-Herne-Kanal,** der seit mehr als 100 Jahren den **Rhein** mit dem **Dortmund-Ems-Kanal** verbindet und zum **westdeutschen Kanalnetz** gehört (s. Tour 18).

Kilometer: 9,2

Stunden: 2,5

RUNDWEG

Wir halten uns am Ufer rechts und erreichen dann über eine Treppe die markante rote **Bladenhorst Brücke.** Am anderen Kanalufer biegen wir rechts ins ❸ **Naturschutzgebiet Pöppinghäuser Wald** ein, das hier mit der **Döninger Heide** beginnt. Auf dem Kanal zie-

Senkungsmulden *bilden sich, wenn unter dem Druck oberer Gesteinsmassen durch Kohleabbau entstandene Hohlräume einbrechen. So haben sich einige Bereiche im Pöppinghäuser Wald in eine Sumpflandschaft verwandelt, aber auch der Lanstroper See (s. Tour 5) und das Emscherbruch (s. Tour 13) sind so entstanden.*

hen Frachtschiffe an uns vorbei, während Sportboote über das Wasser flitzen. Wie still ist es dagegen zu unserer Linken: Silbern glitzern Wasserbänder in der Sonne, aus mit lindgrünen Wasserlinsen bedeckten Tümpeln ragen mystisch anmutende Totholzstämme auf. Nur allzu gern lassen wir unsere Blicke in diese surreale Wasserwelt eintauchen, die größtenteils durch Bergsenkungen entstanden ist.

Am begrünten Hügel einer ehemaligen Deponie endet das Naturschutzgebiet. Hopfenranken umschlingen einen Zaun mit grüngelben Dolden und nehmen uns die Sicht. Am anderen Kanalufer weist ein Schild auf den ❹ **Hafen Rütgers** hin. Dort werden Steinkohleteerprodukte in der – so die Angabe des Unternehmens – weltweit größten Teerdestillationsanlage hergestellt.

Ein Bach begleitet uns durch die nun weite Landschaft. Vor einer Kanalbrücke zweigt links hinter ei-

Gräfte am Wasserschloss Bladenhorst

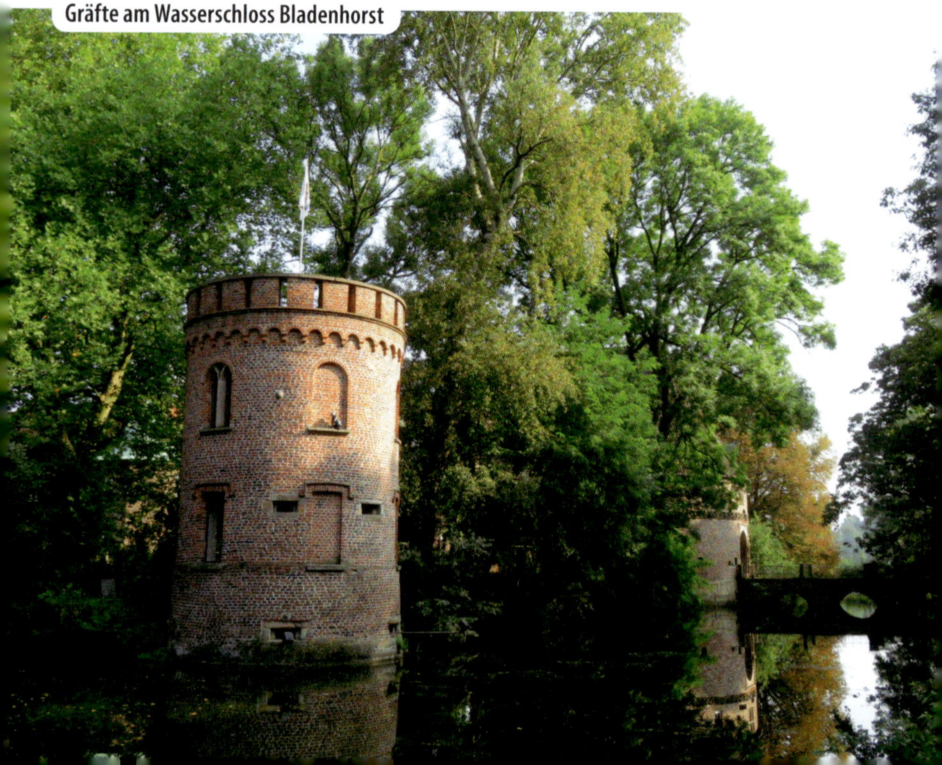

nem Haus ein gepflasterter Weg ab und führt über den Bach zur **Pöppinghauser Straße.** Wir folgen links einem Fuß- und Radweg an einem Hain mit einem Tümpel vorbei, auf der anderen Straßenseite erstrecken sich Pferdekoppeln und Obstwiesen. Hinter einer Recyclinghofzufahrt unterquert ein Bach unseren Weg. Kurz darauf überqueren wir an einem Hochspannungsmast die Pöppinghauser Straße und laufen geradeaus an einer großen Hofanlage vorbei. Das Holzschild an einer Scheune verrät, dass sie aus dem Jahr 1860 stammt. Gegenüber werden in einer Himbeerplantage zur Erntezeit frisch gepflückte Früchte verkauft.

Für die Seele

Zwischen Rhein-Herne-Kanal und Emscher entdecken wir wundersame Sumpfgebiete im Pöppinghäuser Wald.

Unser Weg wird von Eichen mit kugeligen Kronen gesäumt, dazwischen bieten uns Pfaffenhütchen ein feuriges Farbenspiel aus Orange und Magenta. Wir überqueren eine Brücke, von der wir die schnurgerade ❺ **Emscher** mit ihren grasbewachsenen Ufern gut überblicken können. Es ist kein sonderlich beeindruckender Fluss, aber seine Geschichte ist bewegend. Der einst betonierte, offene Abwasserkanal darf aber darauf hoffen, in naher Zukunft wieder als naturnahes Gewässer durch Auen zu plätschern.

Hinter der Brücke biegen wir durch weiß-blaue Wegpfosten links auf den **Emscherweg** ein, der dem gut 80 Kilometer langen Fluss von der Quelle in Holzwickede bis zur Mündung bei Dinslaken folgt. Dichtes Gebüsch versperrt uns die Sicht auf die Emscher, während sich rechts von Baumreihen unterteilte Felder mit einigen verstreut liegenden Häusern ausdehnen. An einer Kreuzung überqueren wir links eine mit bunten Musikinstrumenten und Notenschlüsseln besprühte Brücke. Dahinter bringt uns die **Pöppinghauser Furt** zunächst geradeaus durch eine Ackerlandschaft, dann durch eine Siedlung. Wir überqueren die **Pöppinghauser Straße** und folgen links einem Fuß- und Radweg. Hinter einigen Mehrfamilienhäusern gelangen wir

Ein unterirdisches Rohrsystem für die durch den florierenden Kohlebergbau verursachten Abwässer war wegen drohender Bergsenkungen nicht realisierbar. Anfang 1900 verwandelten schnurgerade, trapezförmige Betonschalen Emscher und Lippe mit ihren Zuflüssen in ein offenes Abwassersystem. Seit 1991 wird ein abwasserfreies Emschersystem mit ***naturnahen Uferzonen*** *gestaltet.*

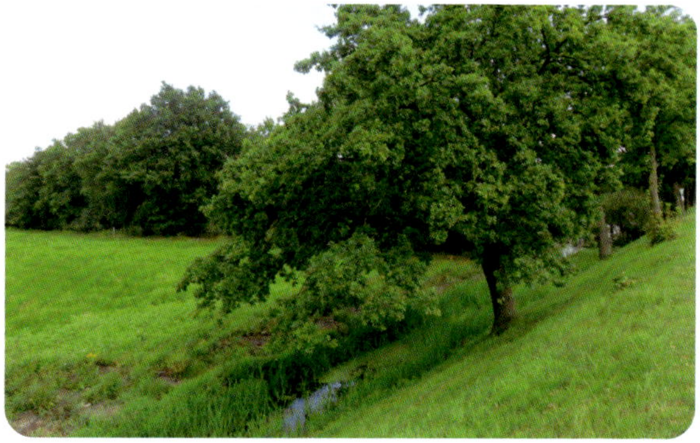

über den rechts abknickenden **Ringelrodtweg** in eine Siedlung, vor der sich Ackerflächen ausbreiten. Im Rechtsbogen geht es an einem Umspannwerk vorbei, wo der Ringelrodtweg in die **Wewelingstraße** übergeht.

An einer Kreuzung folgen wir links der **6 König-Ludwig-Trasse.** Auf dieser zum Radweg umfunktionierten Eisenbahnstrecke verkehrten einst Güterwaggons zwischen der Zeche König Ludwig und dem werkseigenen Verladehafen. Wir folgen ihr, bis rechts der als Sackgasse gekennzeichnete **Ringelrodtweg** ins Naturschutzgebiet abzweigt. An einem einzelnen Haus geht es über eine Kreuzung geradeaus und im Linksbogen zum **7 Yachthafen des Automobil- und Motorbootclubs.** Er ist 1964 zunächst aus dem ehemaligen Monopol-Schlepperhafen entstanden, wenige Jahre später kam der Kohleverladehafen König-Ludwig hinzu.

Im Biergarten der **Gaststätte Zum Yachthafen** spendet eine Trauerweide Schatten. Den besten Blick bietet aber eine an die Marina des Yachthafens angrenzende Terrasse – ideal, um das Treiben auf dem **Rhein-Herne-Kanal** zu betrachten. Vor dem Lokal verlassen wir die nach links abknickende Straße und wandern geradeaus weiter am Kanal entlang. Bald neigen sich ausladende Eichen über einen mit Schilf bewachsenen Wassergraben. Wir sind an der **8 Dicken Heide** angekommen, die ebenfalls zum **Naturschutzgebiet Pöppinghäuser Wald**

Von 1914 bis 1967 war das Schleppamt Duisburg für den staatlichen Monopol-Schleppdienst auf den Binnenkanälen verantwortlich. Damals zog ein Motorschiff mehrere mit langen Trossen verbundene motorlose Schleppkähne. Heute sind ***Schubverbände*** *mit einem Motorschiff und mehreren antriebslosen Leichtern ein wirtschaftlich effektives Massentransportmittel.*

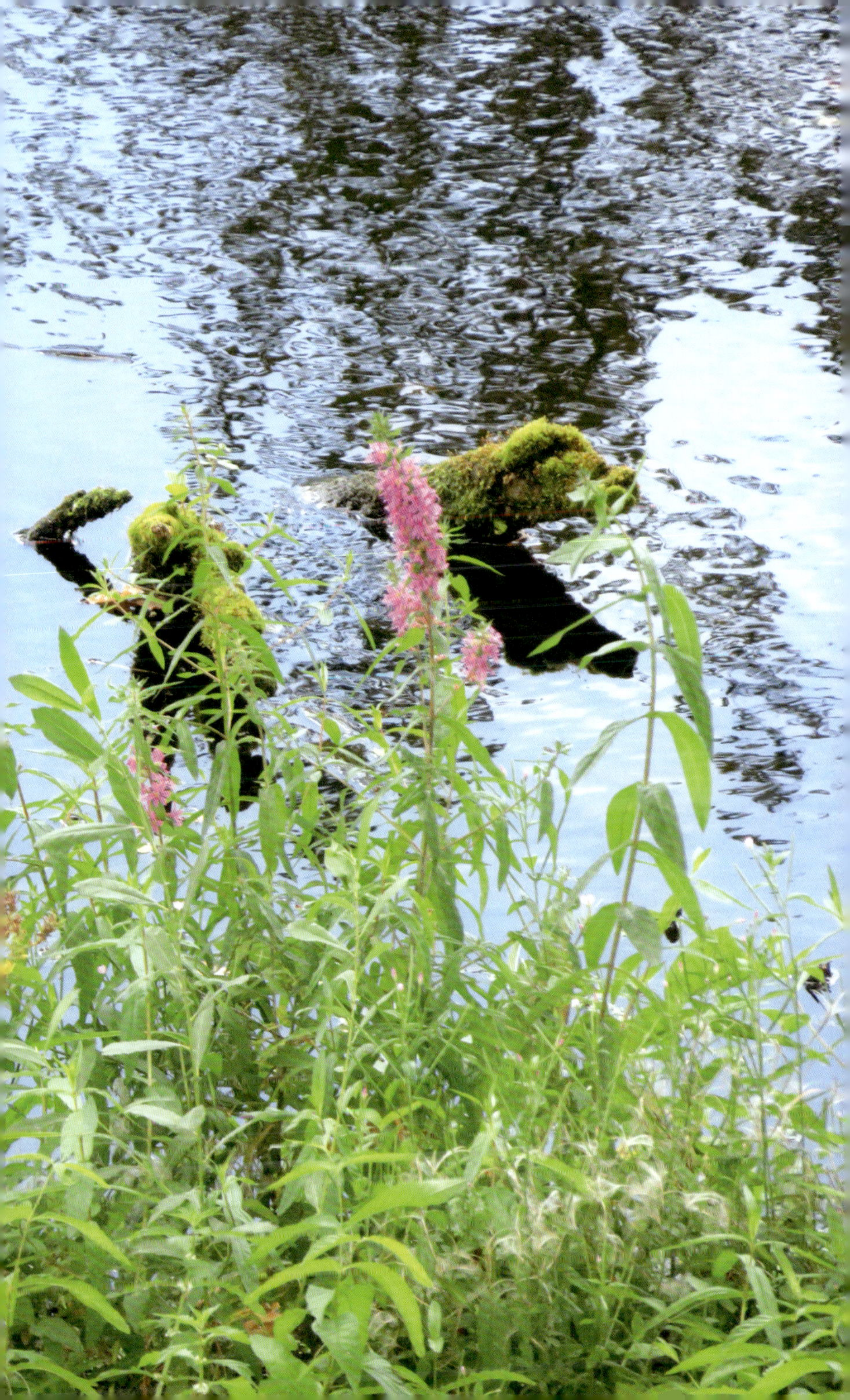

In der ***Dicken Heide*** *ist aus alten Tonabgrabungen ein wertvoller Lebensraum entstanden. In einem Weidenbruchwald verflechten sich trockene Flächen, schlammige Wassergruben und sumpfige Stellen. An für Menschen kaum zugänglichen Kleingewässern fühlen sich Rohrammer und Teichhuhn zwischen Schaumkraut und Sumpfdotterblume ebenso wohl wie Teichmolche und Libellen.*

gehört. Tümpel sind mit Seggen, Fluss-Ampfer und Blutweiderich bewachsen. Abgestorbene Bäume ragen düster in einem Bruchwald aus Erlen, Birken und silbrigem Weidengebüsch auf. Die urtümliche Stimmung dieser Sumpflandschaft zieht uns in ihren Bann.

Vor uns liegt wieder die **Bladenhorst Brücke.** Wir steigen die Stufen hinauf, überqueren den Kanal und laufen den vom Hinweg bekannten Weg zurück: Hinter der Brücke links hinab über die Treppe ans Kanalufer und dort links über den bekannten Pfad zurück zur Gabelung. Dem rechts abzweigenden Weg folgen wir zum Schloss, überqueren den **Westring** und erreichen unseren Parkplatz.

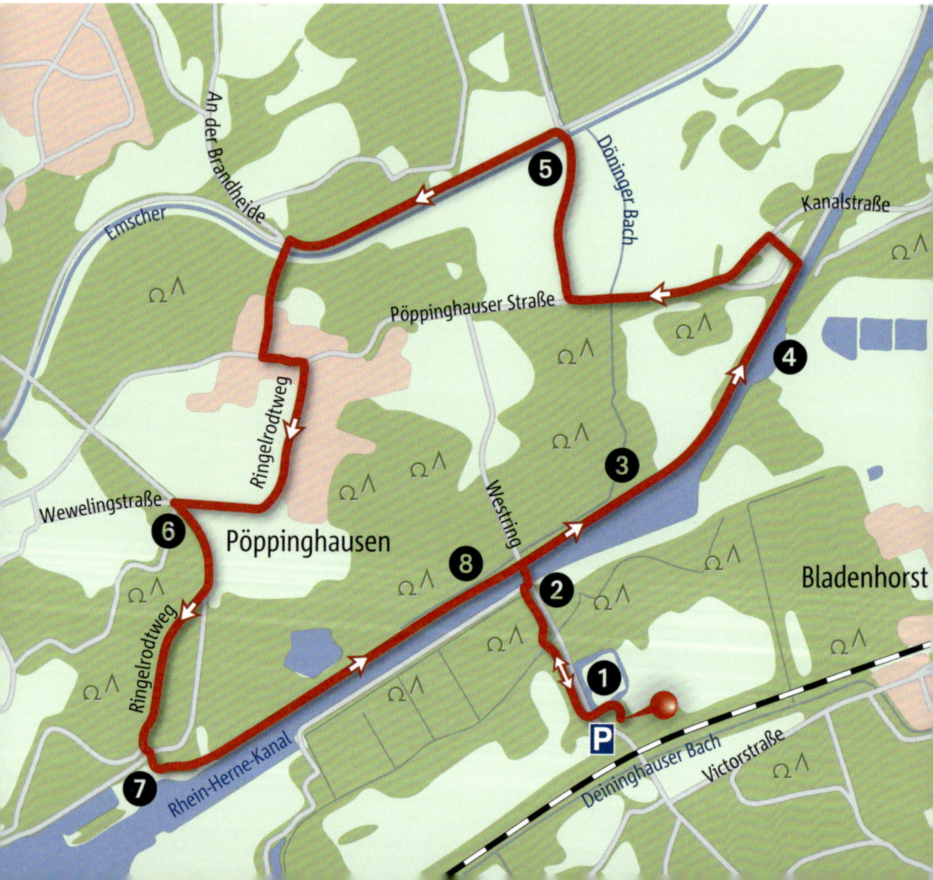

ALLES AUF EINEN BLICK

Entspannung 5/5
Abenteuer 1/5
Vielfalt 4/5

WIE & WANN

Befestigte Wege, asphaltierte und gepflasterte Straßen. Besonders schön im Frühling und Sommer. Der Emscher-Umbau kann Wegsperrungen erfordern, aktuelle Infos unter www.emscher-weg.de.

HIN & WEG

Auto: Wanderparkplatz Schloss Bladenhorst, Westring 346, 44579 Castrop-Rauxel (GPS: 51.568997 7.279352)
ÖPNV: Keine direkte Anbindung an die Strecke

ESSEN & ENTSPANNEN

7 **Restaurant-Gaststätte-Café Zum Yachthafen,** Ringelrodtweg 161, 44579 Castrop-Rauxel, Tel. (0 23 05) 9 47 56 08, www.zum-yachthafen.de

ENTDECKEN & ERLEBEN

1 **Schloss Bladenhorst,** Westring 346, 44579 Castrop-Rauxel
2 **Rhein-Herne-Kanal**
3 **Naturschutzgebiet Pöppinghäuser Wald**
4 **Hafen Rütgers**
5 **Emscher**
6 **König-Ludwig-Trasse**
7 **Yachthafen AMC,** siehe ESSEN & ENTSPANNEN
8 **Dicke Heide**

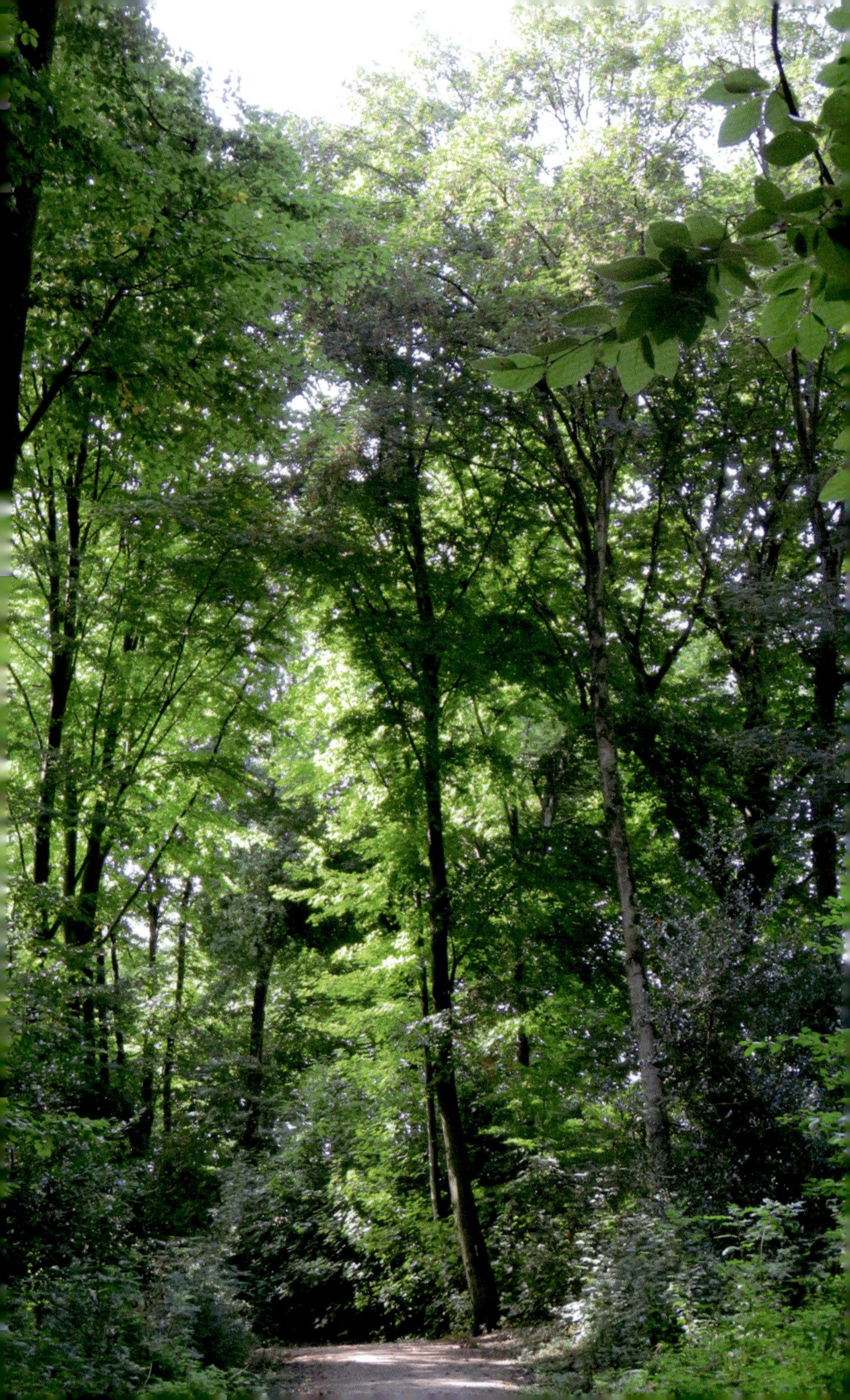

Zeitlos schön

Der Essener Norden

Vor dem Parkplatz biegen wir links in die **Frintroper Straße** ein, über die uns am ❶ **Restaurant Gummersbach** eine Fußgängerampel bringt. Geradeaus nimmt uns die **Schluchtstraße** auf, an deren Ende wir uns hinter rot-weißen Pfosten nach rechts wenden. Ein schmaler Asphaltweg führt an einer Kleingartenanlage entlang in ein bewaldetes, schmales Tal, in dem eine kleine Holzbrücke einen munter fließenden Bach überspannt. Wir sind im Naturschutzgebiet ❸ **Schönebecker Schlucht** angekommen, das sich v-förmig im Essener Ortsteil Schönebeck erstreckt.

Links hinauf überqueren wir die **Schacht-Kronprinz-Straße.** Sie erinnert an die Schachtanlage, in der Franz Haniel erstmals Kohle unterhalb der Mergeldecke erreichte. Geradeaus bringt uns ein Fußgängerweg **in einen weiteren Bereich des Naturschutzgebietes Schönebecker Schlucht,** wo uns üppig bewachsene Hänge umfangen. Auch hier plätschert unter einer Holzbrücke ein Bach.

Aufwärts erreichen wir die Kalkstraße und laufen rechts hinauf zur Schönebecker Straße. Wir folgen geradeaus der Straße Kiek Ut an der 1927 geweihten ❸ **St. Antonius Abbas Kirche** vorbei, die wie viele andere Kirchen im Ruhrgebiet vom Abriss bedroht ist. In einem abschüssigen Linksbogen erreichen wir die Heißener Straße und überqueren sie. Vor dem katholischen Friedhof führt rechts ein schmaler Weg zwischen Büschen und Bäumen hinab in ein bewaldetes Siepental. Unten wenden wir uns nach links und wandern an einer Verzweigung weiter hinab ins ❹ **Naturschutz-**

*Die **Ruhrhöhen** zwischen Bochum und Duisburg sind von bewaldeten Bachtälern, den sogenannten Siepen, durchzogen, zu denen die Naturschutzgebiete Schönebecker Schlucht und das Kamptal gehören. Es ist die Wasserscheide zwischen der Ruhr, die das Ruhrgebiet mit Frischwasser versorgte, und der Emscher, die als Abwasserkanal diente.*

Kilometer: 7,5

Stunden: 2,5

RUNDWEG

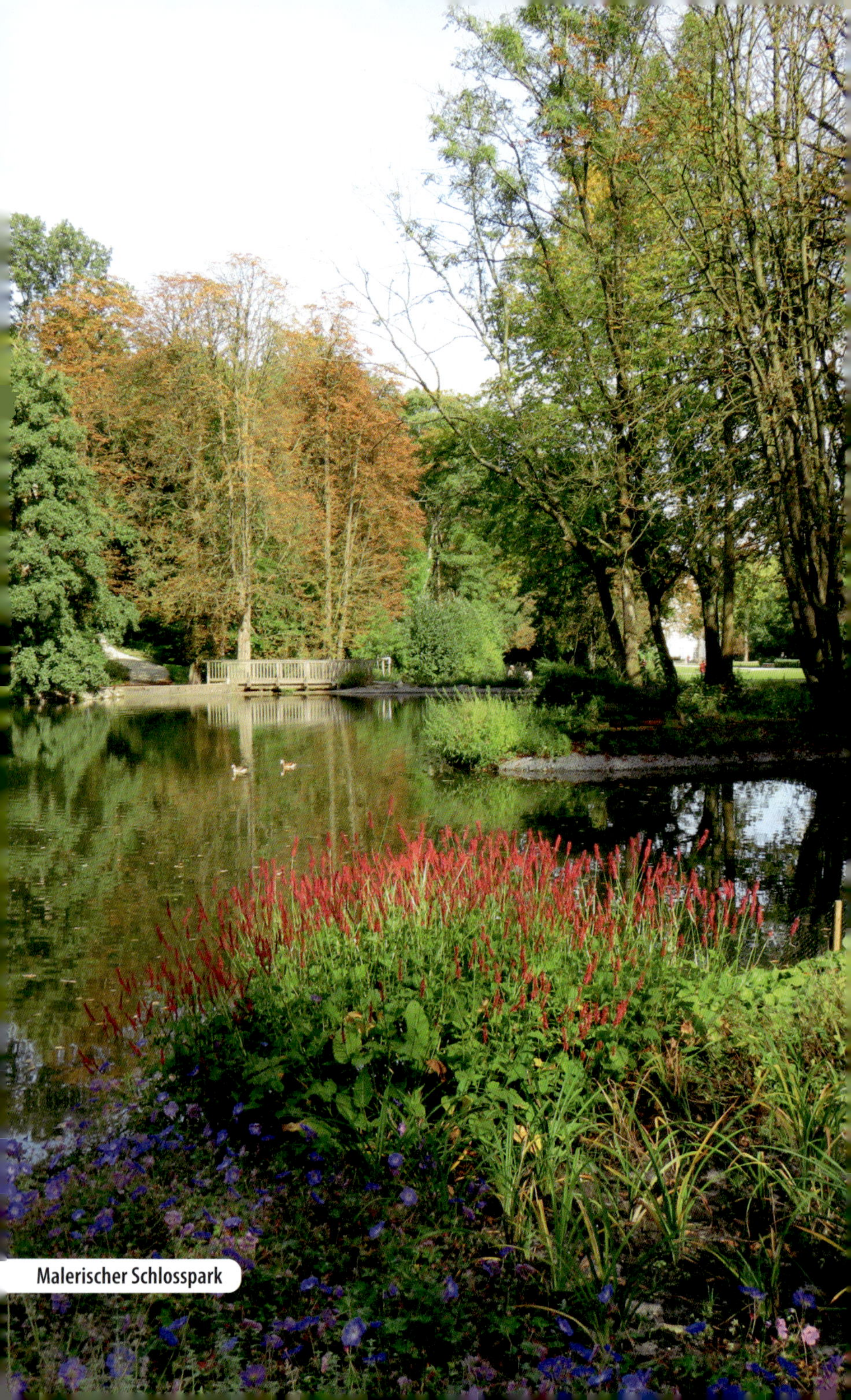

Malerischer Schlosspark

gebiet Winkhauser Tal. Es liegt an der Grenze zu Mülheim und wird zusammen mit dem Kamptal vom Rosendeller Bach und Winkhauser Bach geprägt. Ein Holzsteg leitet uns über ein mit krautigen Pflanzen überwuchertes Bachbett zu einem ansteigenden Waldweg. Im Schatten der Bäume ignorieren wir einen linken Abzweig und schlendern gemächlich im Rechts-Links-bogen durch eine regelrechte Wildnis. Unter üppigen Weiden, Eschen, Erlen und Hainbuchen breiten sich Hochstauden wie Wasserdost aus, in einer feuchten Senke wächst Schilf. In dieser grünen Fülle tanken wir spürbar frische Lebensenergie. Als der Auenwald sich lichtet, finden wir uns in einem weiten, sonnigen Tal inmitten unbebauter Natur wieder. Bäume rücken nah an uns heran, unser Weg steigt sanft an und teilt sich. Links nimmt uns ein schmaler Schotterweg auf. Er bringt uns schließlich in gepflasterten Bögen hinab zum parkartigen **5 Terrassenfriedhof,** den es seit 1926 gibt und den wir geradeaus durch ein Tor betreten. Geradeaus gelangen wir hinab zu einer ausgedehnten Wiese mit einem lockeren Baumbestand. Schilf säumt einen Bach, der unseren Weg unterquert. Vor einer breiten Treppe mit leicht verwittertem Charme schwenken wir rechts ab, laufen hinter rot-weißen Wegpfosten an einer Streuobstwiese entlang über die Heißener Straße und gelangen links neben einem Backsteinhaus geradewegs ins Naturschutzgebiet Schönebecker Schlucht. An einem malerisch von Sträuchern und Bäumen gerahmten Tümpel laufen wir rechts hinauf zur Schluchtstraße und dort über den bekannten Weg zurück zur Frintroper Straße.

Neben dem **Restaurant Gummersbach** nimmt uns geradeaus die **Fürstenbergstraße** auf. Den **Freiherrnweg** rechts ignorieren wir und wählen links einen Fußweg, der sich gleich gabelt. Links hinunter kommen wir in

Für die Seele

Durch die Schönebecker Schlucht und das Kamptal wandern wir zum Waldpark am Borbecker Schloss.

Franz Haniel *durchstieß 1834 in Schönebeck zum ersten Mal die Mergeldecke und nutzte eine neue Tiefbautechnik, um einströmendes Grundwasser abzupumpen. Die zur Erzeugung von Koks benötigte Fettkohle konnte nun aus mehreren Hundert Metern Tiefe gefördert werden, was die Nordwanderung des Kohlebergbaus ermöglichte (s. Tour 9).*

den ❸ **Borbecker Schlosspark,** wenden uns nach links und nehmen an einer Gabelung den rechten unteren Weg. Zu unserer Linken steigt ein bewaldeter Hang an, rechts erstreckt sich ein von Schilf gerahmtes Feuchtbiotop. Vor uns liegt der Schlossteich, an dessen Ufer wir uns rechts orientieren, um dann links im Halbkreis eine Wiese zu umrunden. Eine kleine Steinbrücke bringt uns über die **Borbecke,** die durch die Wiesen mäandert.

*Im **Stift Essen,** um 850 gegründet, leiteten Fürstäbtissinnen mit enormer politischer Macht über 1000 Jahre lang die Geschicke der heutigen Stadt und verliehen das Recht zum Kohleabbau. Schloss Borbeck wurde im 13. Jahrhundert zu ihrer Lieblingsresidenz, ist seit 1941 in städtischem Besitz und dient als Standesamt und kulturelles Zentrum.*

Vor uns erhebt sich das strahlend weiße ❼ **Schloss Borbeck,** das über Jahrhunderte die Lieblingsresidenz der Essener Fürstäbtissinnen war. Die von filigranen Sprossenfenstern symmetrisch unterteilte Fassade wirkt zeitlos elegant. Rechts neben dem imposanten Gebäude verbreitert sich der Schlossgraben zu einem Teich mit einer Fontäne, die glitzernde Miniaturregenbögen zaubert. Ein fotogenes grünes Ruderboot ist an der Schlossterrasse vertäut, die zum Schlossgewölbe gehört. Dort ließen einst die Reichsfürstinnen Münzen prägen.

Im ehemaligen Wirtschaftsgebäude links neben dem Schloss befindet sich eine Abteilung der Folkwang-Musikschule. Ein kunstvoll geschmiedetes Tor entlässt uns dort auf den Schlossvorplatz. Eine Brücke führt zum schlichten Schlossportal, das von zwei quadratischen Türmen flankiert wird. Im 18. Jahrhundert regierte die Fürstäbtissin Franziska Christine von Pfalz-Sulzbach das Stift Essen fast 50 Jahre lang und residierte vorzugsweise im Schloss. Sie ließ es umfassend umbauen und brachte als einzigen Farbtupfer ihr Wappen über dem Eingang an.

Wir kehren durch das Tor zurück, überqueren die bekannte Brücke der **Borbecke** und halten uns dahinter rechts. Die Äbtissin Elisabeth von Manderscheid-Blankenheim ließ im 16. Jahrhundert einen Waldpark anlegen, den ihre Nachfolgerinnen dem jeweiligen Zeitgeist anpassten. Von der einstigen Gartenarchitektur mag wenig geblieben sein, doch nicht minder

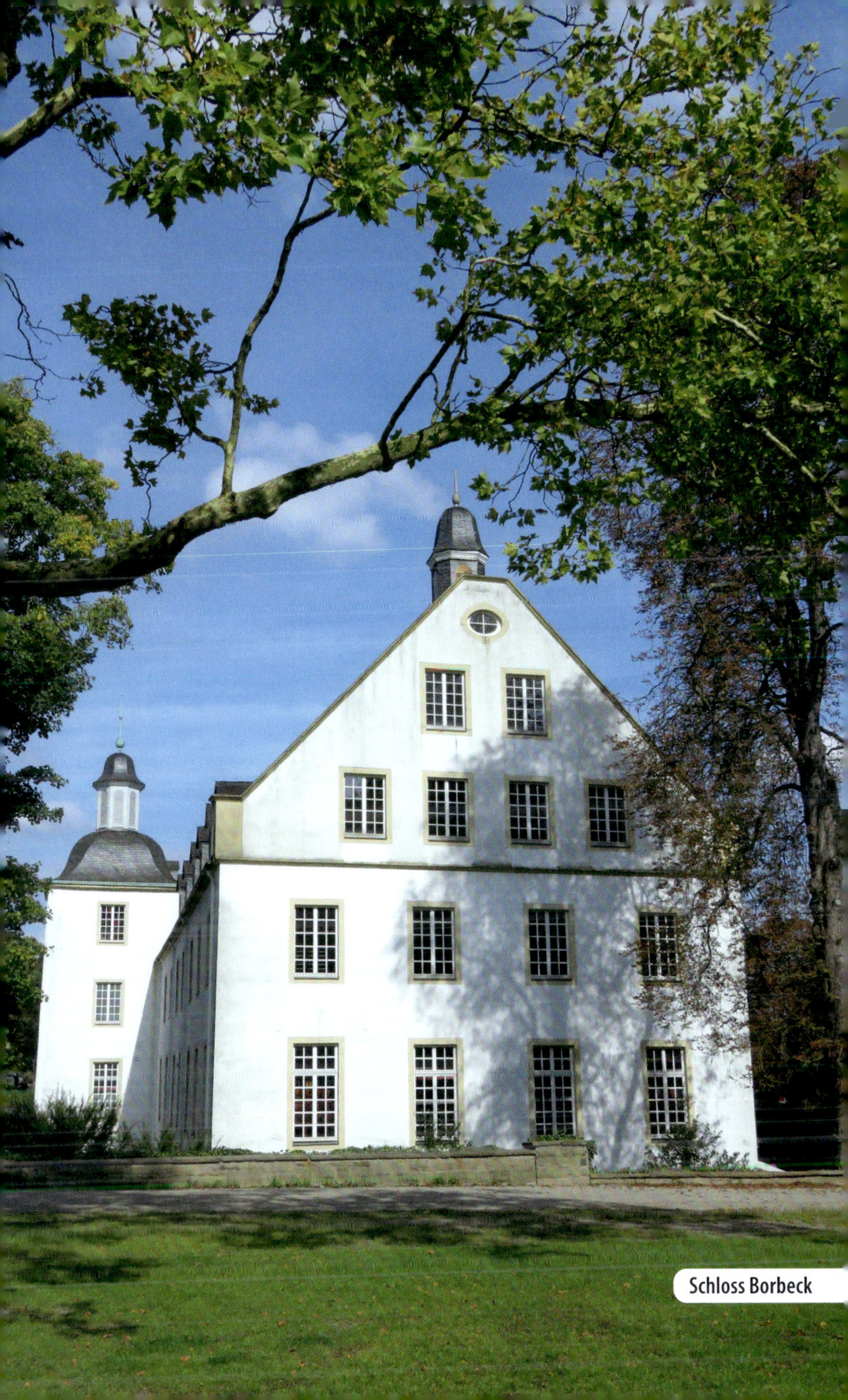

Schloss Borbeck

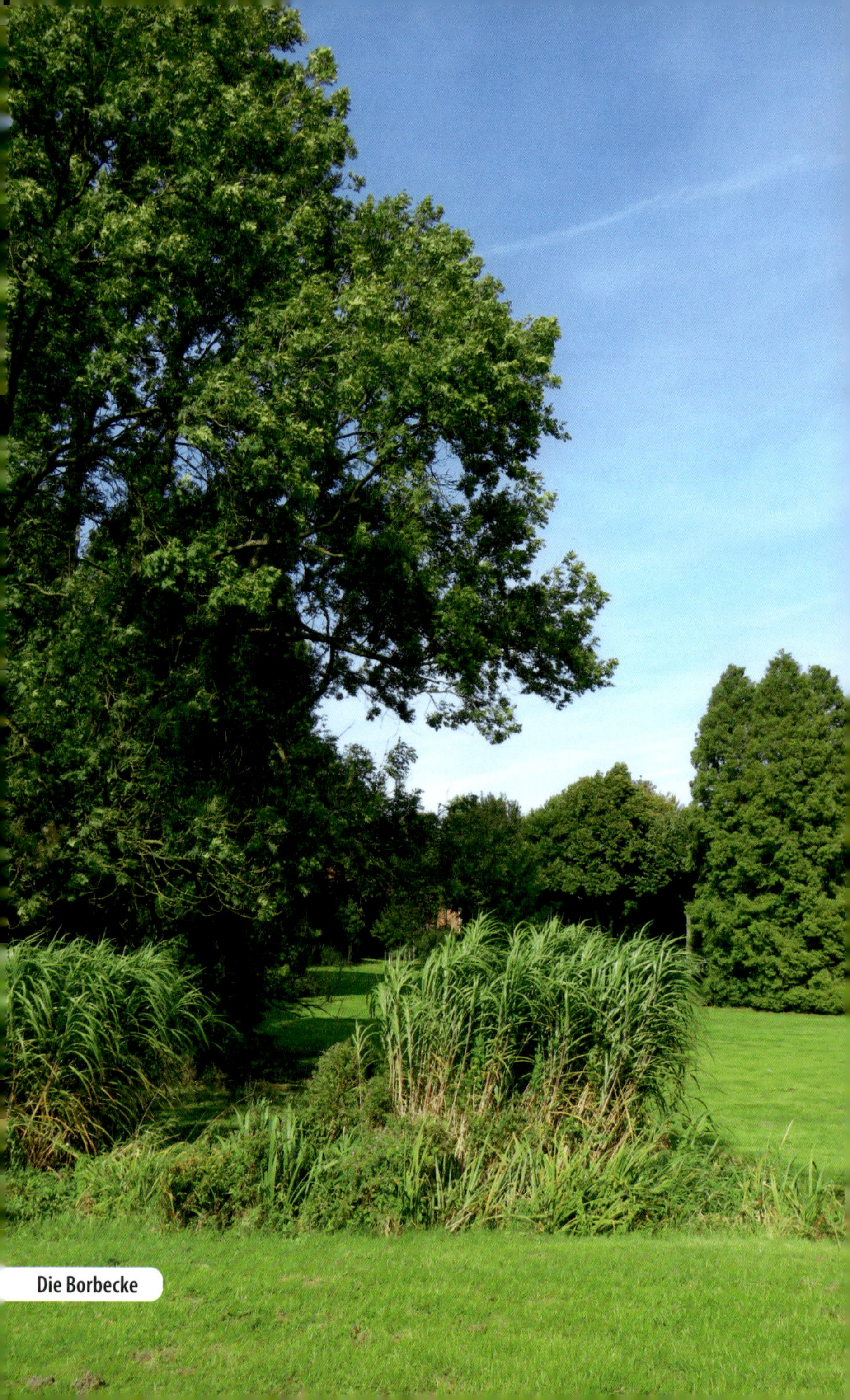

Die Borbecke

schön sind die ausgedehnten Wiesen, die heutzutage zum Picknicken, Sonnetanken und Herumtollen einladen. Wir lustwandeln unter alten Bäumen, die ihre Schatten wohltuend über uns ausbreiten. Bis 1920 waren all diese Vergnügungen ein adeliges Privileg, erst danach wurde der Park gegen Eintrittsgeld öffentlich zugänglich. Kostenlos ist das Umherwandern, seit er städtisches Eigentum ist.

An einer Kreuzung halten wir geradeaus auf den Schlossteich zu, vor dem uns eine Holzbrücke rechts über die **Borbecke** bringt. Hinter der Brücke halten wir uns links und bleiben auch an einer Gabelung weiterhin am Teichufer. Wir ignorieren den ersten Abzweig, der am Ende des Gewässers rechts hinaufführt, nehmen aber den nächsten mit einer Raute markierten Wanderweg rechts hinauf in den Wald. Dort halten wir uns an einer Verzweigung links und folgen dem nun als A1 markierten Weg zu einem T-Abzweig, wo wir uns nach links wenden.

Dann geht es links hinab in eine bewaldete Schlucht. Die **8 Quelle der Borbecke** tritt hier an meh-

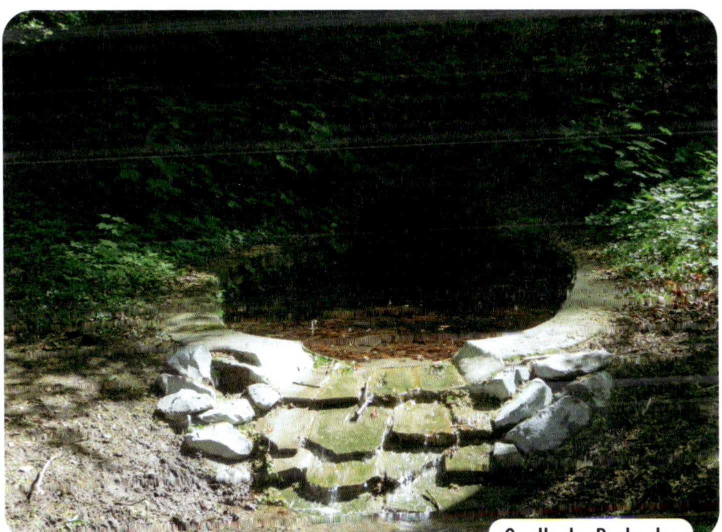

Quelle der Borbecke

reren Stellen aus dem Hang aus, wird in Natursteinbecken aufgefangen und zu einer Quelleinfassung geleitet. Von hier durchfließt der Bach ein kleines Tal und den Schlosspark, bevor er im Schlossgraben versiegt. Immer wieder tauchen wir unsere Hände in das kühle Nass und freuen uns über diesen erfrischenden Ort.

Doch schließlich ist es Zeit, rechts hinauf weiterzuwandern. An einer Gabelung halten wir uns links und setzen unsere Route an einer Kreuzung so fort, dass eine Schutzhütte zu unserer Rechten bleibt. Nachdem wir an einem T-Abzweig rechts abgebogen sind, gelangen wir zur **Frintroper Straße** und zu unserem Auto zurück.

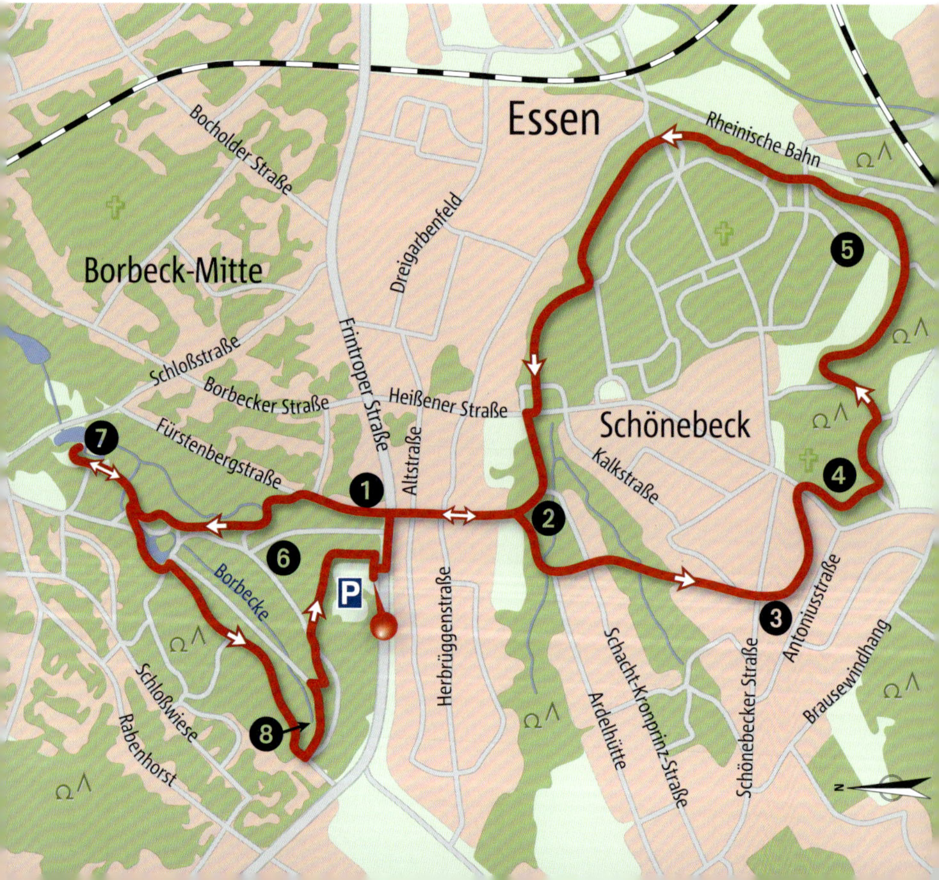

ALLES AUF EINEN BLICK

Entspannung 5/5
Abenteuer 3/5
Vielfalt 5/5

WIE & WANN

Wenig befahrene Straßen, befestigte und unbefestigte Pfade und Wege. Ganzjährig schön, aber bei feuchter Witterung sind einige Strecken rutschig.

HIN & WEG

Auto: Parkplatz an der Frintroper Straße (Hausnr. 100 ist für das Navi hilfreich), 45355 Essen (GPS: 51.462744 6.937801)
ÖPNV: Tram Linie 105 ab Frintrop u. Essen Hbf. bis Heißener Straße

ESSEN & ENTSPANNEN

1. **Restaurant Gummersbach,** Fürstenbergstraße 2, 45355 Essen, Tel. (02 01) 67 64 64, www.gummersbach-essen.de

ENTDECKEN & ERLEBEN

2. **Naturschutzgebiet Schönebecker Schlucht**
3. **Kirche der Gemeinde St. Antonius Abbas,** Kiek Ut 6, 45359 Essen
4. **Naturschutzgebiet Winkhauser Tal**
5. **Terrassenfriedhof,** Heißener Straße 55, 45359 Essen
6. **Borbecker Schlosspark**
7. **Schloss Borbeck,** Schloßstraße 101, 45355 Essen
8. **Quelle der Borbecke**

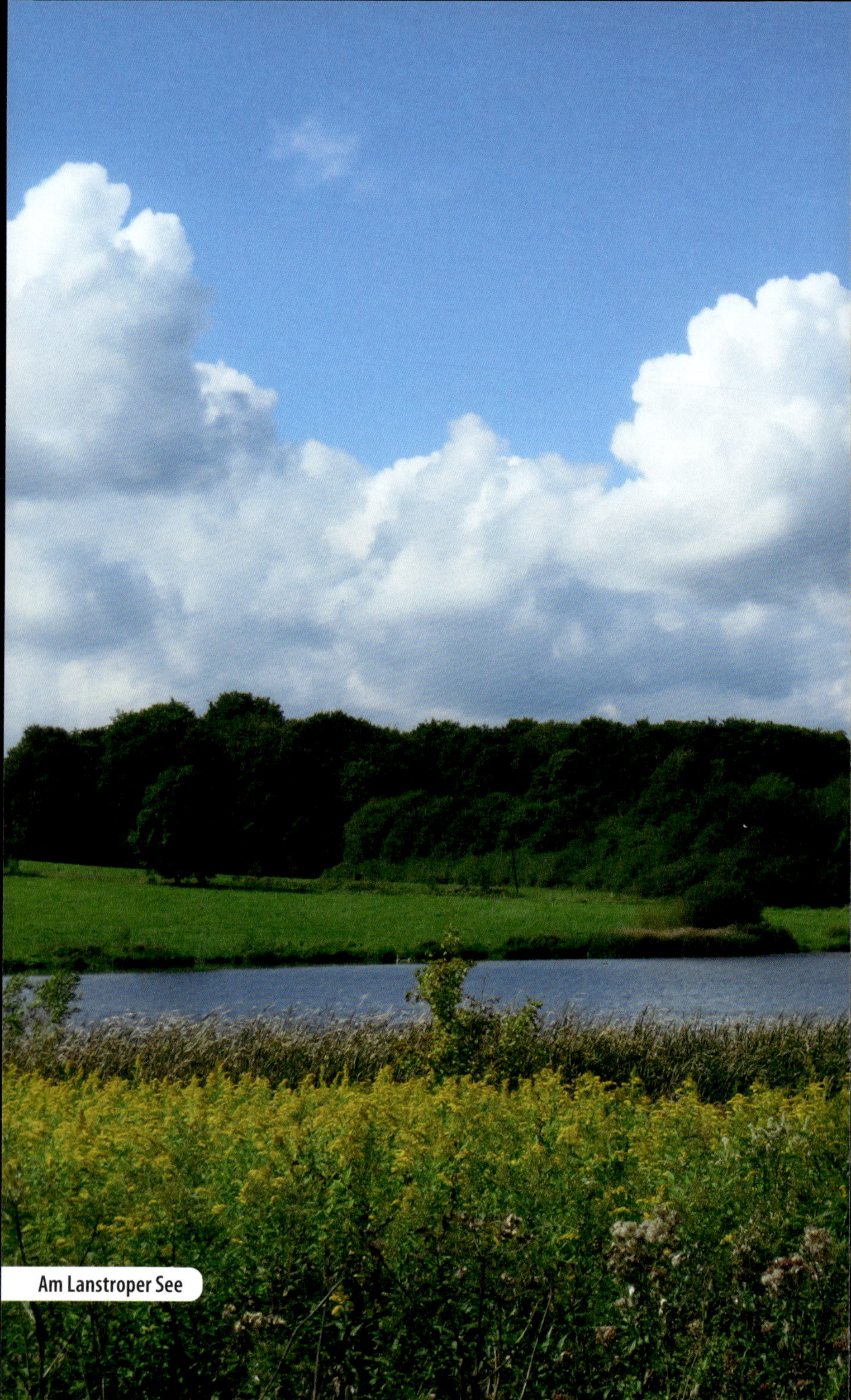

Am Lanstroper See

Rund ums Ei

Unterwegs in Lanstrop

Gleich rechts neben unserem Parkplatz führt ein von Birken, Erlen und Linden gesäumter Wanderweg geradeaus von der **Lindenallee** weg und durch die Felder ins **➊ Naturschutzgebiet Kurler Busch.** Hinter rot-weißen Wegepfosten geht es geradeaus durch ein zerfurchtes, von Wasserläufen durchzogenes Waldgebiet, in dem abgestorbene, mit smaragdgrünem Moos überzogene Bäume für uns ein schöner Anblick und für zahllose Insekten ein paradiesischer Lebensraum sind. Nach einer Weile biegen wir am Waldrand vor einem einzelnen Haus links ab. Ein Schild verrät uns, dass wir bis jetzt auf dem **Salzweg** waren, auf dem im 18. Jahrhundert Salz von der Saline in Königsborn zur Lippe bei Lünen transportiert wurde.

Hinter einem weiteren Haus zweigt rechts ein Feldweg ab. An einer Kreuzung geht es rechts in sanft geschwungene Felder, wo an einem Wegekreuz zwei Bänke zu einer Rast locken. Wir aber wandern weiter geradeaus und erreichen an der nächsten Kreuzung links den Ortseingang von **Lanstrop.** Die Straße **Wasserfuhr** verläuft auf einer Kuppe, die uns einen Blick in die Ebene und auf das einige Kilometer entfernte **Schloss Cappenberg** bietet (s. Tour 9). Rechts nimmt uns die **Kippstraße** mit durch eine Siedlung. An einer Kreuzung führt uns geradeaus die **Merkurstraße** im Rechtsbogen und am Bergmannsknapp vorbei zur **Lanstroper Straße.** Wir halten uns links und biegen auf der anderen Straßenseite rechts in einen Park ein, in dem uns alte Buchen und eine beeindruckende Kastanie begrüßen.

Kilometer: 10,5
Stunden: 2,5
RUNDWEG

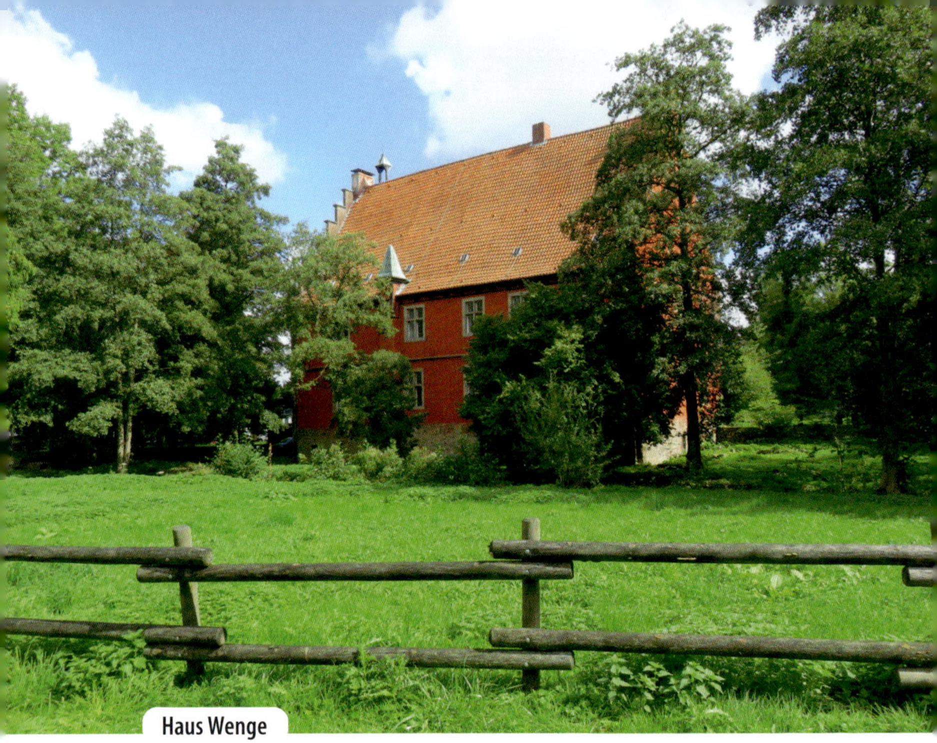

Haus Wenge

In Königsborn erzeugte man schon im 14. Jahrhundert ***Sole*** *durch ins Salzgestein eingeleitetes Wasser, das in Siedepfannen durch Verdampfen Salzkristalle bildete. Im 17. Jahrhundert war Holz für die Befeuerung knapp und teuer. Der Umstieg auf Steinkohle machte das Salzwerk zur Triebfeder des Bergbaus. Dass 1799 die erste Dampfmaschine im Ruhrgebiet in der Saline und nicht in einer Zeche eingesetzt wurde, zeigt die damalige Gewichtung der Industriezweige.*

Uns zieht geradeaus die orangerote Fassade von ❷ **Haus Wenge** an. Das von einem Wassergraben umschlossene Herrenhaus geht vermutlich auf einen Rittersitz aus dem 14. Jahrhundert zurück und ist in Privatbesitz. Eine Hinweistafel verrät uns die wichtigsten Fakten. Dort biegen wir links ab und wandern unter ausladenden Baumkronen durch den städtischen Park. Der zweite Abzweig rechts bringt uns durch das Eingangstor eines Gartenvereins zur ❸ **Gaststätte Auf der Lauke.** Wir lassen uns von bequemen Stühlen auf der Terrasse zu einer Pause verleiten. Anschließend biegen wir hinter einer rot-weißen Wegschranke links in die **Schafstallstraße** ein. Zwischen Kleingartenanlage und Häuserzeile erreichen und überqueren wir die Straße Friedrichshagen. Wir halten uns links und biegen gleich rechts ins Naturschutzgebiet ❹ **Lanstroper See** ein. Eine Streuobstwiese erstreckt sich zu unserer Linken, während rechts inmitten unbebauter Wiesen der **Lanstroper See** liegt. Im Uferbewuchs aus Goldrute und Wasserdost flirren Libellen im Sonnenlicht umher.

Bänke laden zu einer Rast mit Seeblick ein. Ein steiniger Pfad schlängelt sich unter Bäumen am Uferbereich entlang, zwei kleine Holzbrücken bringen uns über muntere Bäche. Wir kommen nun dicht an den See heran, doch ein Holzbohlenweg schützt die empfindliche Ufervegetation und ihre Bewohner. Dahinter führt ein Pfad leicht aufwärts und im Links-rechts-Bogen vom See weg. Hinter einer rot-weißen Wegschranke geht es unter Bäumen ein gutes Stück vom See entfernt weiter, doch er bleibt in Sichtweite. Schafe, die wohl zu einem links hinter Hecken verborgenen Bauernhof gehören, stehen auf einer Wiese und beobachten uns neugierig. Unsere Route verläuft in Bögen zwischen Waldrand und Pferdekoppeln zur Straße **Rote Fuhr,** an der rechts der ❺ **Luftschacht Rote Fuhr** liegt.

Für die Seele

Unsere Wanderung führt vom idyllischen Lanstroper See zum weithin sichtbaren Wasserturm Lanstroper Ei.

Wir aber folgen auf der anderen Straßenseite links einem Gehweg zu einer schmalen, unbeschilderten

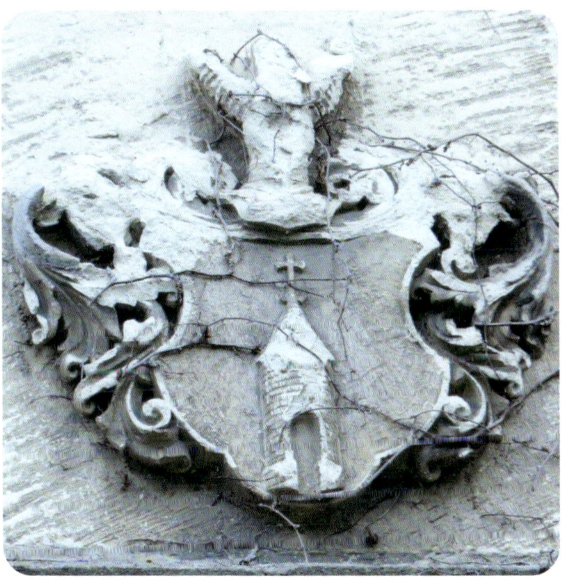

Straße, die uns rechts in die Felder bringt. Von hier können wir den Luftschacht gut sehen. Viel näher liegt aber das etwa 60 Meter hohe 6 **Lanstroper Ei,** eine Stahlkonstruktion mit einem eiförmigen Behältnis. Es zählt zu den wohl imposantesten Dortmunder Landmarken, aber eine nähere Besichtigung ist derzeit nicht möglich.

*Der etwa 4 Meter tiefe **Lanstroper See** ist in den 1960er-Jahren durch Bergsenkungen entstanden (wie das geschieht, erklärt Tour 3). Die strukturreiche Vegetation lockt Löffel-, Pfeifen- und Krickenten, Kormorane, Haubentaucher und Blessrallen an. Pflanzen auf und unter der Wasseroberfläche bieten Amphibien und Fischen ideale Lebensbedingungen.*

Unsere abschüssige Route mündet geradeaus in die **Bönninghauser Straße,** die uns links aufnimmt. Unsere Blicke schweifen vom Wasserturm über uns bis zur dunstigen sauerländischen Gebirgskulisse, die sich an die Ebene anschließt. Vor einem Bauernhof folgen wir einem Rechtsbogen und erreichen rechts über einen Abzweig der Bönninghauser Straße zwischen Pferdekoppeln hindurch 7 **Gut Bönninghausen.** Geblieben ist von einem ehemaligen Herrenhaus aus dem 18. Jahrhundert ein anheimelndes Fachwerkhaus mit Scheune. Der tief ausgehöhlte Stamm einer Weide passt schön in dieses nostalgische Bild.

An einen jungen Erlenwald grenzt eine Schonung mit Buchen, während sich rechts Felder, Wiesen und Pferdekoppeln ausdehnen. Einige Kilometer entfernt wird der Dortmunder Westfalenpark vom weithin sichtbaren Florianturm überragt, der 1959 mit einer Höhe von 219,3 Metern als höchstes Gebäude Deutschlands errichtet wurde. Doch bald nehmen uns junge Bäume in einem dichten Unterbewuchs die Sicht und wir gelangen hinter rot-weißen Pfosten in einen Wald. Einen Abzweig lassen wir links liegen, laufen geradeaus und im Linksbogen am Waldrand entlang. Am **katholischen Friedhof Kurl** biegen wir links in die **Kurler Straße** ein. Wenig später schwenken wir links ab in die Straße **Rehkamp.** Wir verlassen sie da, wo sie im Rechtsbogen in die **Theodor-Hürth-Straße** übergeht, und folgen geradeaus einem Waldweg.

*Der aus roten Backsteinen erbaute **Wetterschacht Rote Fuhr** sorgte in der Zeche Preußen II für frische Luft. Mit seinen klaren Formen entsprach er in den 1920er-Jahren dem Wunsch der Bergwerksgesellschaft Harpener Bergbau nach einer repräsentativen Architektur. Das denkmalgeschützte Gebäude wird als Schulungs- und Bildungszentrum genutzt.*

An einer Kreuzung wandern wir geradeaus, in den Feldern liegt linker Hand das 8 **Mowwe Restaurant & Café.** An der Kreuzung Im **Ostfeld/Ramsloher Weg** folgen

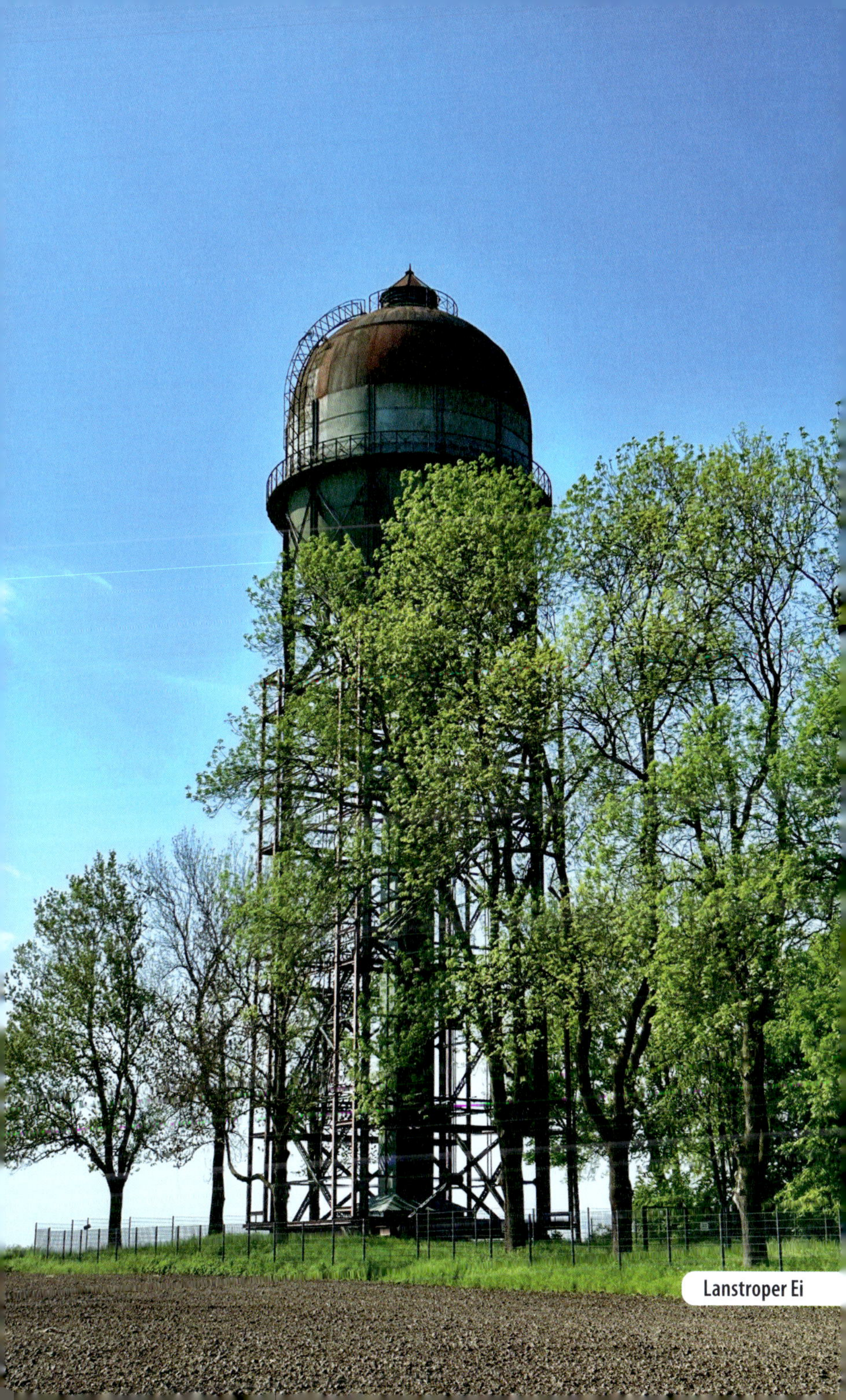

Lanstroper Ei

*1906 veränderte der wegen seines Aussehens **Lanstroper Ei** genannte Wasserturm das Leben vieler Haushalte mit Toilettenspülungen und fließendem Wasser aus Wasserhähnen. Er versorgte aber auch die nahen Zechen mit Ruhrwasser. Ein Förderverein bewahrt den 1980 stillgelegten Wasserturm vor dem Verfall. Es ist der letzte dieser Bauart im Ruhrgebiet.*

wir dem rechts abknickenden Waldweg und lassen gleich einen Abzweig links liegen. Zwischen einer großen Wasserkuhle und einem flachen Wassergraben genießen wir die Ruhe in dem lichten Laubwald. An einer Kreuzung biegen wir links ab, um gleich rechts einem laubbedeckten Pfad zu folgen. Nach einiger Zeit mündet er in einen breiten Weg. Nun schlendern wir links durch ein von malerischen Wasseradern durchzogenes Waldstück, das uns Vogelgezwitscher und das leise Rascheln von Laub unter unseren Füßen wahrnehmen lässt. An einer Kreuzung führt uns rechts der vom Hinweg bekannte Streckenabschnitt aus dem Wald hinaus in die Felder und zum Parkplatz zurück.

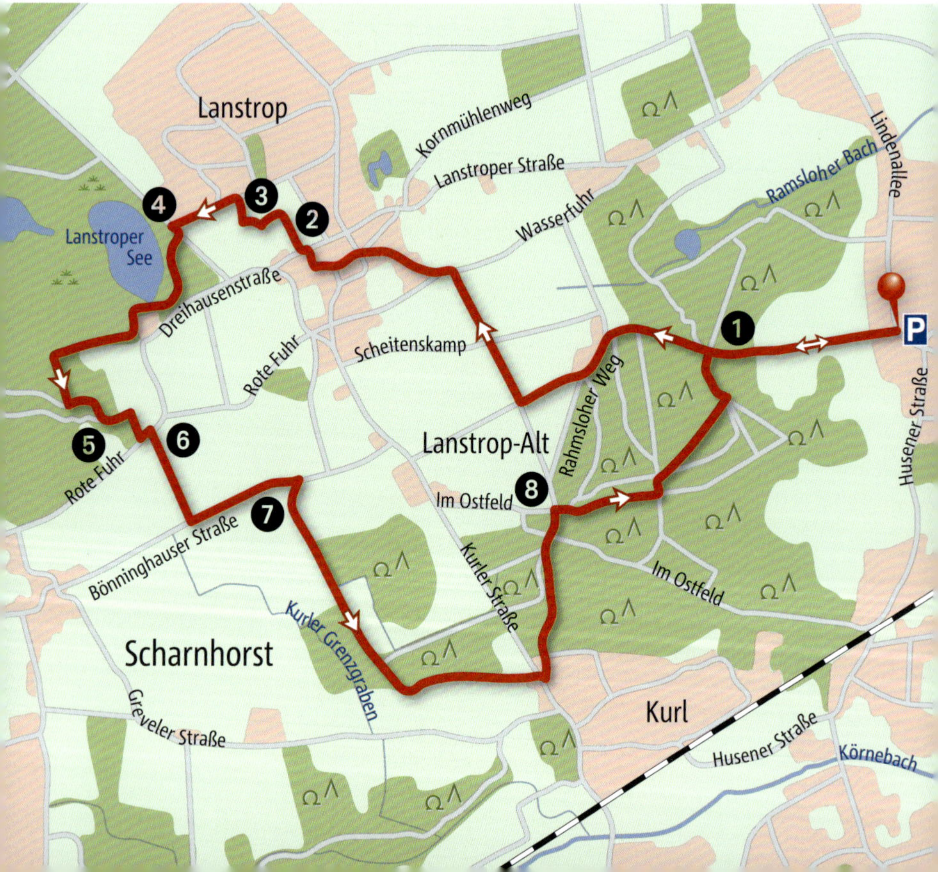

ALLES AUF EINEN BLICK

Entspannung 5/5
Abenteuer 1/5
Vielfalt 5/5

WIE & WANN

Wenig befahrene Straßen, befestigte und unbefestigte Wald- und Feldwege. Beste Wanderzeit ist von April bis November. Bei nasser Witterung kann es streckenweise unwegsam sein.

HIN & WEG

Auto: Wanderparkplatz Lindenallee (hilfreich fürs Navi: Hausnr. 13), Ecke Robert-Koch-Straße, 59174 Kamen (GPS: 51.572062 7.599621)
ÖPNV: Buslinie C24, Kamen-Methler Bf. bis Max-Planck-Straße (wenige Minuten Fußweg zum Einstieg in die Wanderung); Bus 444 (Moselbahn) nach Neuerburg Heidbachstraße, Nähe Marktplatz

ESSEN & ENTSPANNEN

3 **Gaststätte Auf der Lauke,** Schafstallstraße 30, 44329 Dortmund-Lanstrop, Tel. (02 31) 41 91 27 66, www.auf-der-lauke.de
8 **Mowwe Restaurant & Café,** Im Ostfeld 185, 44329 Dortmund-Lanstrop, Tel. (02 31) 35 13 31, www.mowwe.de

ENTDECKEN & ERLEBEN

1 **Naturschutzgebiet Kurler Busch**
2 **Haus Wenge Alekestraße,** 44329 Dortmund
4 **Naturschutzgebiet Lanstroper See**
5 **Luftschacht Rote Fuhr,** Rote Fuhr 70, 44329 Dortmund
6 **Lanstroper Ei**
7 **Gut Bönninghausen**

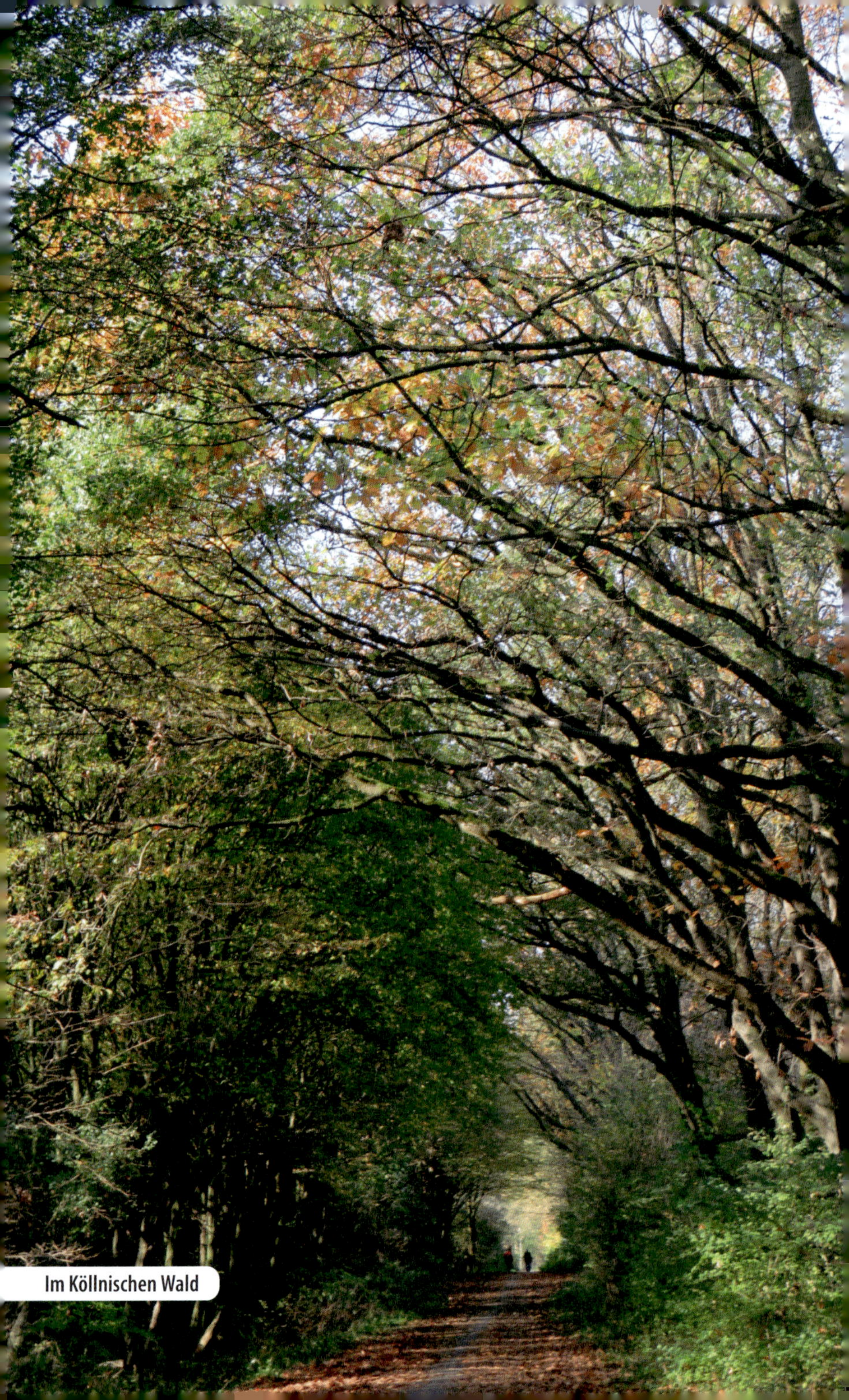

Im Köllnischen Wald

Besinnlicher Aufstieg

Rund um die Halde Haniel

Am Wanderparkplatz **Hohe Buchen** kehren wir der **Oberhausener Straße** den Rücken, biegen gleich an der Wanderwegekreuzung rechts ab und gelangen durch einen Buchenwald zu einem Spiel- und Grillplatz. Rechts bringt uns der unbeschilderte **Schlehenkamp** zur **Oberhausener Straße,** die wir an einer Fußgängerampel überqueren. (Dort steigen mit dem Bus angereiste Wanderer in die Tour ein.) Geradeaus geht es unter Eichen, Buchen und Ebereschen durch das **1 Naturschutzgebiet Köllnischer Wald.** Bald liegt links am Waldrand eine Siedlung, dort wenden wir uns hinter einer Wegschranke nach rechts und biegen dann links in die **Fernewaldstraße** ein. Ein sehr schmaler Gehweg führt an Hecken und Bäumen entlang zum Besucherparkplatz der **2 Zeche Franz Haniel,** deren Förderturm vor uns aufragt.

Mit Schließung der Zeche Franz Haniel ging Ende 2018 die ***Ära des Bergbaus*** *im Ruhrgebiet zu Ende. Die Zeche bildete seit 1974 mit den Zechen Prosper und Jacobi das Verbundwerk Prosper-Haniel. Weltweit wegweisend waren gemeinsam mit Hochschulen entwickelte Technologien für die Kohleförderung.*

Wir überqueren links den Parkplatz vor der Zechenzufahrt und folgen dann rechts der Beschilderung zum Kreuzweg Halde Haniel. In Sicht- und Hörweite der Autobahn A2 geht es an einem Bolzplatz vorbei zu einem T-Abzweig, dem wir rechts folgen. Rechts bringt uns die **Kreuzwegbrücke** zum Fuß der **3 Halde Haniel,** wo eine Schautafel Informationen zum Landschaftsbauwerk Halde gibt.

Kilometer: 11

Stunden: 3,5

RUNDWEG

Dort führt uns rechts ein **Kreuzweg** mit 15 ungewöhnlich gestalteten Stationen aufwärts. Der biblische Leidensweg ist auf Bilderstöcken mit Zeichnungen dargestellt, die von der 1903 als adlige Offizierstochter geborenen, im Jahr 2001 verstorbenen Künstlerin

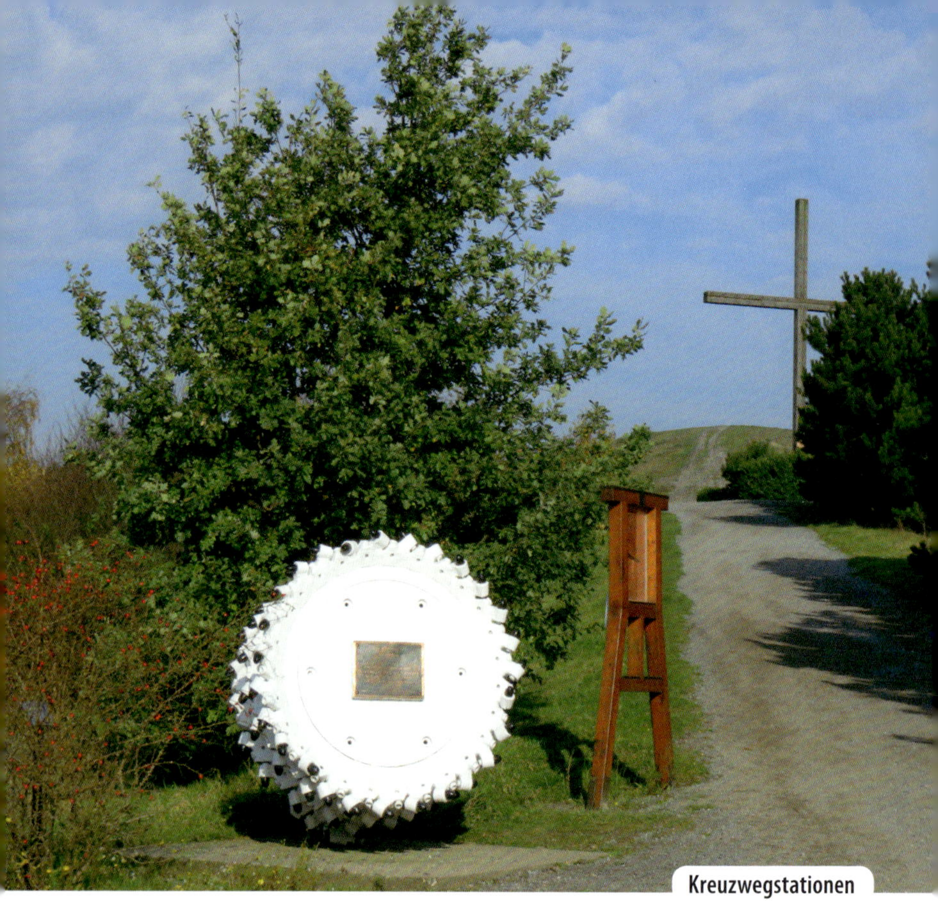

Kreuzwegstationen

Nebengestein der Kohleförderung, Berge genannt, wurde zu spitzkegeligen Halden aufgeschüttet, jedoch rutschten Böschungen ab und Kohlereste entzündeten sich. Später entfernte man Kohlereste achtsamer und begrünte terrassenförmige Halden zum Schutz vor Erosionen. Die ***Halde Haniel*** *ist als eine der höchsten Bergehalden im Ruhrgebiet frei zugänglich.*

und Ordensfrau Tisa von der Schulenburg stammen. Jeder Zeichnung steht ein Arbeitsgerät aus dem Bergbau gegenüber, das jeweils mit einer Schrifttafel versehen ist. Und für uns sind es die dort aufgeführten Zitate, die einen aufwühlenden Bogen zwischen Kirche und Bergbau schlagen.

Wir folgen dem in Serpentinen angelegten Hauptweg und ignorieren alle Trampelpfade. Bäume spenden uns Schatten, ab und an laden Bänke zur Rast ein. Nach der achten Station knickt der Schotterweg rechts ab, ein Holzschild weist auf den weiteren Kreuzwegverlauf hin. Ab der neunten Station geht es durch Wiesen mit zart blühenden Wildrosen schnurgerade hinauf.

Unterhalb der Haldenkuppe steht auf einem weitläufigen Plateau ein **Haldenkreuz** aus hölzernen Spurlatten, die der Führung der Förderkörbe im Schacht dienten. Es wurde 1987 von Auszubildenden des Bergwerks für den Besuch von Papst Johannes Paul II. errichtet. Ein **Gedenkstein** erinnert an die im Bergwerk Prosper-Haniel verunglückten Bergleute. Obwohl wir einen Hauch von Melancholie verspüren, begeistert uns die Aussicht restlos: Der Förderturm der Zeche Franz Haniel, das einige Kilometer entfernte Bottroper Tetraeder und der Oberhausener Gasometer (dem wir uns in Tour 10 nähern) sind unübersehbare Landmarken. Doch Kirchtürme prägen ebenso die Silhouette des Reviers wie die Industrieanlagen. So weit das Auge reicht, dehnen sich Wald und Wiesen aus. Siedlungen wirken darin aus dieser Höhe wie eingesprenkelt.

Für die Seele

Ein ungewöhnlicher Kreuzweg bringt uns auf die Haldenkuppe mit einer bunten Kunstinstallation.

Mit grandiosem Weitblick gehen wir über das Plateau an drei weiteren Kreuzwegstationen vorbei. Links um die Kuppe herum sind die Bergarena und die Installation des spanischen Künstlers Ibarrola ausgeschildert. Wir wandern an einem flachen Wassergraben mit Rohrkolben und Blutweiderich entlang. In der Ferne sehen wir die Hüttenwerke Krupp-Mannesmann in Duisburg, den Förderturm der Zeche Loh-

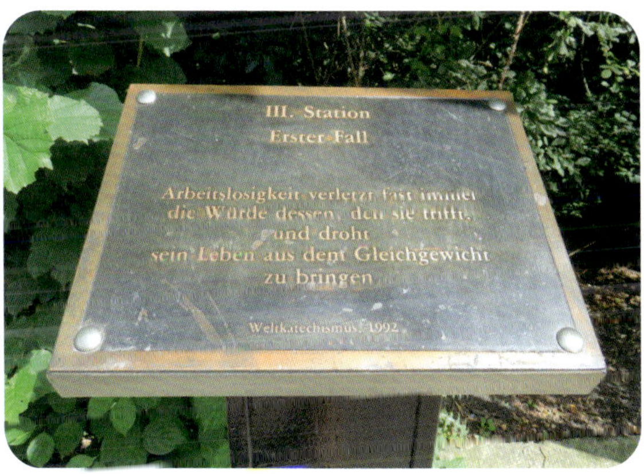

berg und das aktive Steinkohlekraftwerk in Duisburg-Walsum. Die Industrieanlagen liegen aus dieser Perspektive mitten im Grünen.

Zwei aufeinanderfolgende Gabelungen führen uns rechts weiter hinauf. Am Hang wachsen sonnenverliebter Ginster und Sanddorn, die karge Böden und Trockenheit gut aushalten. Dann aber endet die Vegetation abrupt, um uns herum breitet sich eine anthrazitgraue Mondlandschaft aus. Es gibt hier oben keinerlei Schatten, die Sonne hat den dunklen Boden aus Bergematerial stark aufgeheizt. Wir sind sehr froh, dass wir ausreichend Mineralwasser im Rucksack haben.

Vor uns liegt im Schutz des hoch aufragenden Haldenkamms die **Bergarena,** die für Veranstaltungen ge-

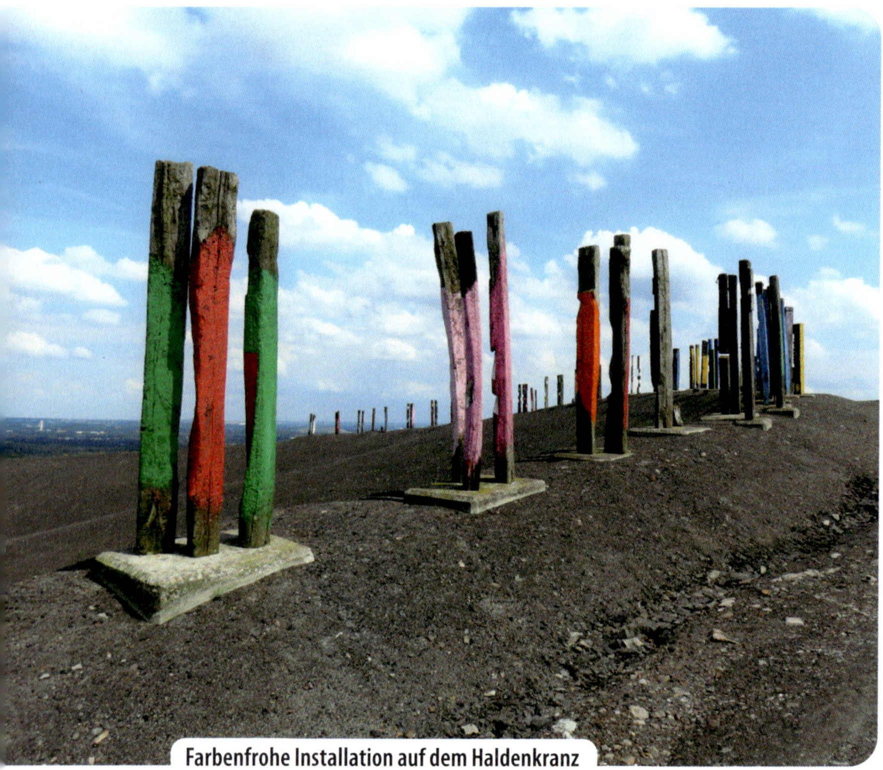

Farbenfrohe Installation auf dem Haldenkranz

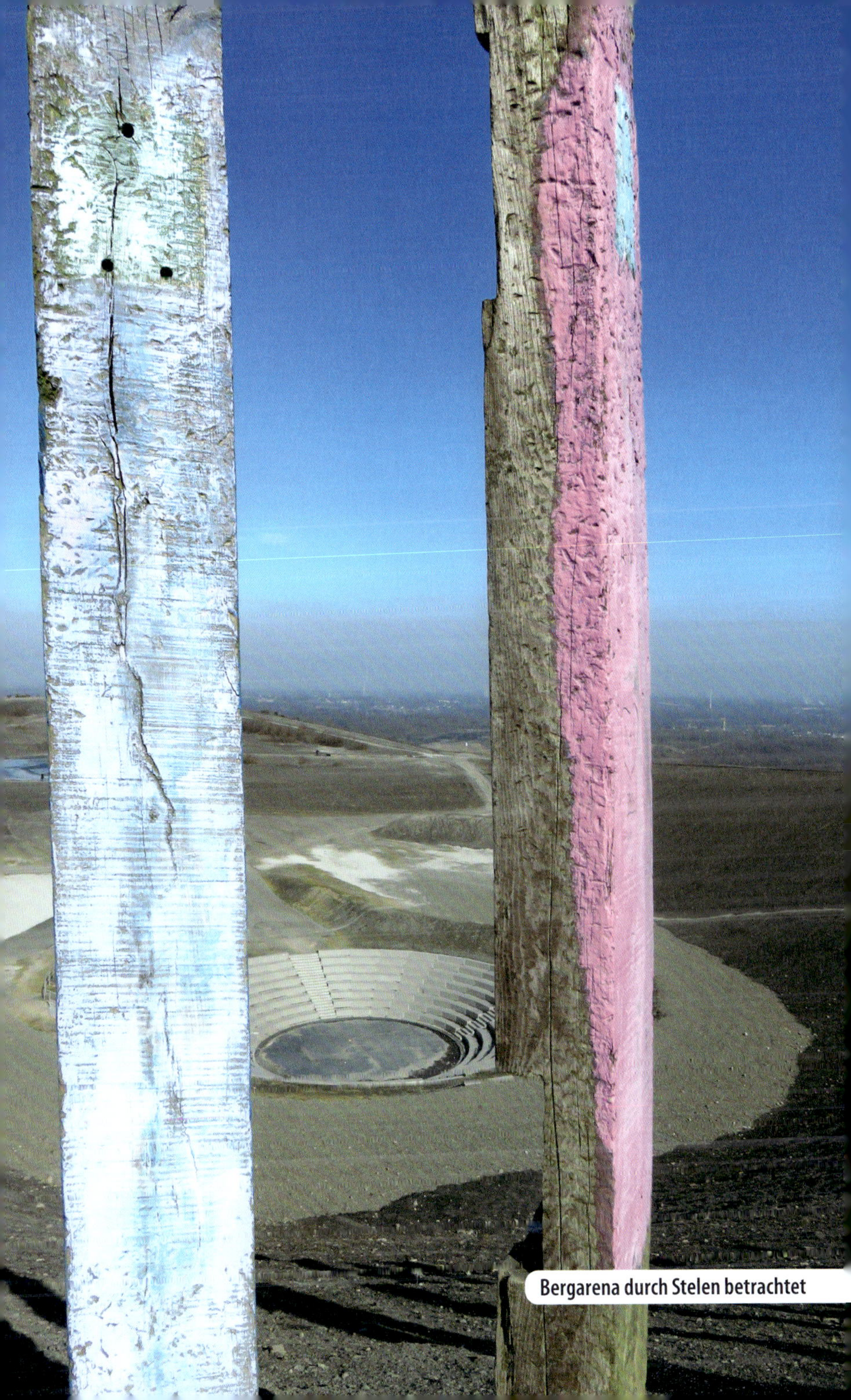

Bergarena durch Stelen betrachtet

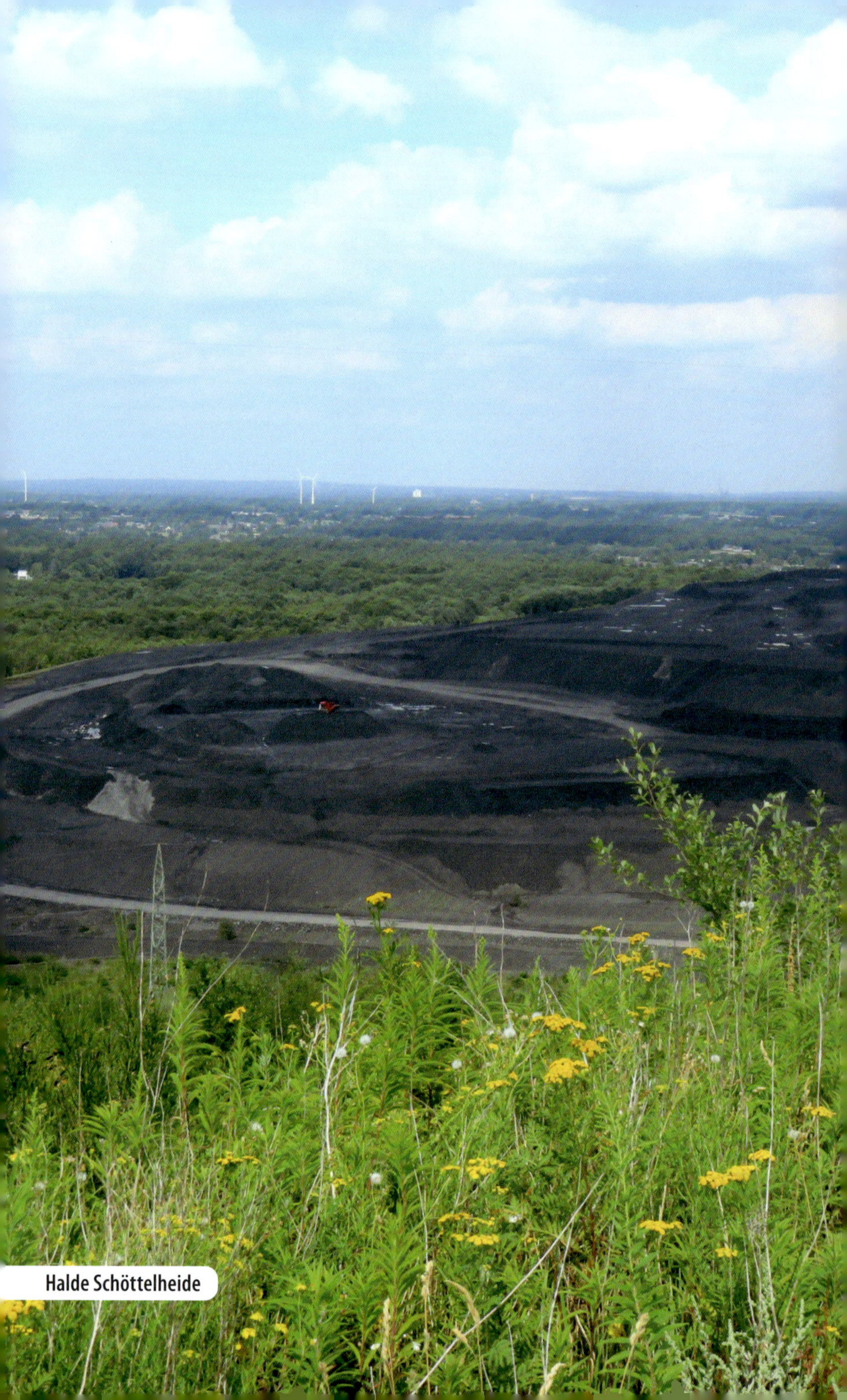

Halde Schöttelheide

nutzt wird, wie ein Amphitheater angelegt ist und 800 Besuchern Sitzplätze bietet. Unser Weg führt uns weiter hinauf zum höchsten Punkt der Halde. Auf einem Grat stehen dicht aneinandergereihte Eisenbahnschwellen, die der baskische Künstler Augustin Ibarrola in eine kunstvolle Installation mit dem Titel **Totems** verwandelt hat. Die bunten Stelen heben sich als farbenfroher Kontrast vom dunklen Untergrund ab und rahmen die überwältigenden Ausblicke zur umliegenden Landschaft.

An der letzten Stele geht es abwärts zu einer Gabelung und geradeaus hinauf auf einen flacheren Haldenkamm. Unter uns liegt die **4 Halde Schöttelheide,** die bis zur Stilllegung der nahe gelegenen Zeche aufgeschüttet wurde. Daneben erstreckt sich wie ein wogendes Meer aus Baumkronen der **Köllnische Wald.** Im Linksbogen stoßen wir auf einen Asphaltweg, der uns rechts hinab auf die vom Hinweg bekannte Route führt. Wir folgen links einem Abzweig zu den Wegweisern, die in Richtung Bergarena und Kreuzweg hinweisen, und biegen genau dort scharf rechts ab. An einer Kreuzung mit mehreren Abzweigen nehmen wir den Weg, der uns geradeaus zwischen Wildrosen, Sanddorn, Ginster, niedrigen Robinien und buschigen Kiefern abwärts leitet. Nach einer ganzen Zeit treffen wir unten auf einen T-Abzweig. Dort biegen wir rechts ab, laufen im Linksschwenk zu einer Brücke und biegen dahinter links auf den leicht abschüssigen Weg ein.

An einer Gabelung halten wir uns links und folgen dem Weg im Rechtsbogen. Ein Grünstreifen mit Sträuchern trennt uns von der Halde Schöttelheide zu unserer Linken. Wir wandern so lange am Waldrand entlang, bis uns rechts der **Weinbrinkweg** als unbeschilderter, sehr breiter Waldweg ins **Naturschutzgebiet Köllnischer Wald** führt. Über unseren Köpfen wölbt sich ein dichtes Laubdach. Grün-goldenes Sonnenlicht fällt auf bemooste, umgestürzte Bäume, die im Farn liegen. Plätschernde Bäche schaffen eine ruhige Waldromantik, von der wir uns gerne einnehmen lassen. Auch nachdem wir uns an einer Gabelung nach links gewendet haben, schlängeln sich silberne Wasserläufe durch den Waldboden.

Weiter geradeaus endet unser Weg an der **Oberhausener Straße.** Wir aber biegen vor der Wegschranke rechts auf den spitz abknickenden Waldweg ein. In weiten Bögen und über einen linken Abzweig hinweg geht es hinab durch abwechselnd lichten und dichten Wald. Nach einem weiteren Linksbogen führt der nun schmalere Weg zu einer Wegschranke. Während wir über die Oberhausener Straße geradeaus zu unserem Parkplatz gelangen, lassen wir unsere Gedanken noch einmal zurückschweifen zu unserer entspannten und besinnlichen Wanderung.

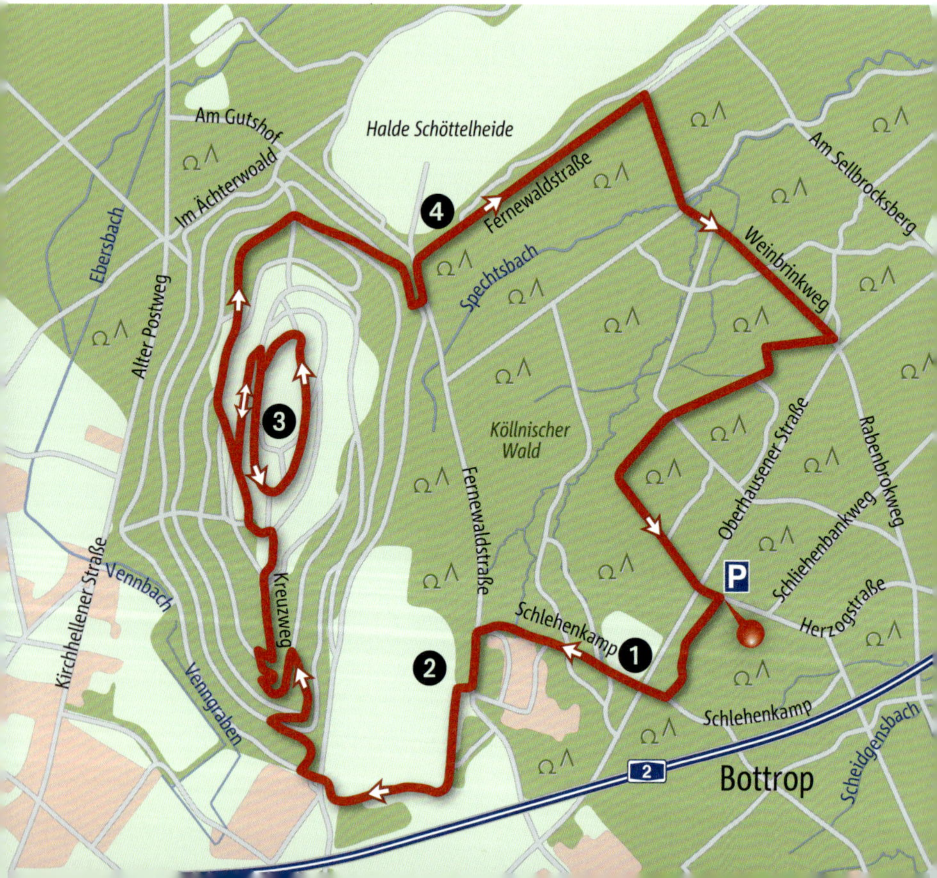

ALLES AUF EINEN BLICK

Entspannung 4/5
Abenteuer 3/5
Vielfalt 5/5

WIE & WANN

Befestigter Kreuzweg, überwiegend feste Waldwege, wenig befahrene Straßenabschnitte. Ganzjährig interessant. Karfreitag findet regelmäßig eine traditionelle Kreuzweg-Prozession des Bistums Essen zur Halde hinauf statt (die allerdings bei extremen Wetterverhältnissen ausfallen kann).

HIN & WEG

Auto: Wanderparkplatz Hohe Buchen, Oberhausener Straße/Ecke Herzogstraße, 46240 Bottrop (GPS: 51.546832 6.896951)
ÖPNV: Bus Stadtlinie 251 ab Bottrop ZOB Berliner Platz Richtung Grafenwald Schneider-/Bottroper Straße bis Bischofssondern (Einstieg in die Wanderung am Grill- und Spielplatz Bischofssondern)

ESSEN & ENTSPANNEN

Rucksacksackverpflegung nicht vergessen!

ENTDECKEN & ERLEBEN

1. **Naturschutzgebiet Köllnischer Wald**
2. **Förderturm der Zeche Franz Haniel/Bergwerk Prosper-Haniel,** Fernewaldstraße, 46242 Bottrop
3. **Halde Haniel,** mit Kreuzweg, Kunstinstallation von Ibarrola, Bergarena
4. **Halde Schöttelheide**

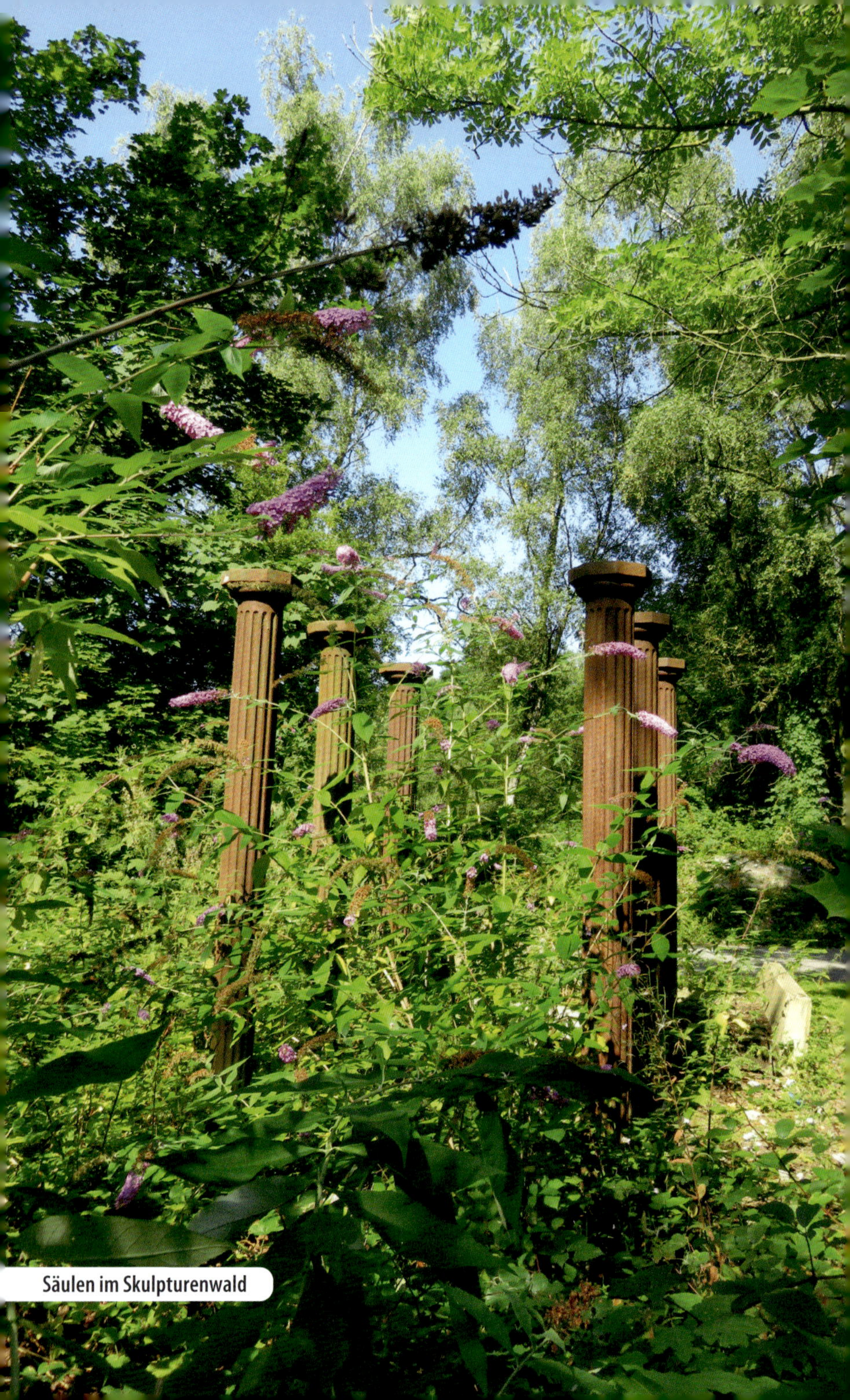

Säulen im Skulpturenwald

Rückkehr der Natur

Skulpturenwald & Mechtenberg

Der ❶ **Lichthof** in der umgebauten Maschinenhalle der 1928 stillgelegten **Zeche Rheinelbe** ist unser Ausgangspunkt. Dort ist der frei zugängliche ❷ **Skulpturenwald** ausgeschildert, den wir über einen Schotterweg erreichen. Unmittelbar hinter rot-weißen Wegpfosten biegen wir links ab. Neben uns ragt die bewaldete ❸ **Nordhalde** auf. Sie ist eine von zwei Bergehalden, die Jahrzehnte nach Schließung der **Zeche Rheinelbe** noch in Betrieb waren. Unter einer Stützwand aus Backsteinen liegt der vergitterte Eingang eines ehemaligen Sprengstoffbunkers. Als ❹ **Blaue Grotte** gehört er ebenso zum **Skulpturenwald** wie das durch zwei Betonblöcke symbolisierte **Nord-Ost-Tor** gegenüber. In diesem ungewöhnlichen Wald wartet das nicht minder ungewöhnliche Vermächtnis des 2008 verstorbenen Künstlers Herman Prigann darauf, von uns entdeckt zu werden.

Bald erreichen wir links ein ❺ **rotes Tor,** durch das wir links tiefer in den Industriewald gelangen. An einem T-Abzweig halten wir uns links. Eine ❻ **Schautafel** klärt uns darüber auf, dass wir hier nicht auf Waldboden laufen, sondern auf Bergematerial. An einer Gabelung, an der es geradeaus hinauf auf die Halde geht, biegen wir rechts ab. Quer zur Halde bringt uns der Weg ans obere Ende der ❼ **Großen Treppe.** Wir schreiten rechts die von ausgewaschenen Stein- und Betonquadern gesäumten, unregelmäßigen Stufen hinab. Walderdbeeren wachsen in den Fugen und breiten sich um uns herum wie ein Teppich aus. Was in den Sonnenstrahlen, die flirrend durch die Blätter fallen, auf uns wie das Überbleibsel ei-

Kilometer: 9,2
Stunden: 2,5
RUNDWEG

ner längst vergangenen Epoche wirkt, ist harmonisch angeordnetes Abbruchmaterial.

Unten geht es an einer Kreuzung links ab und am rechter Hand liegenden **archäologischen Feld** vorbei, ein Projekt Priganns, der dort mit Schülern der Gesamtschule Ueckendorf nach Resten der industriellen Vergangenheit forschte. An zwei Gabelungen hinter-

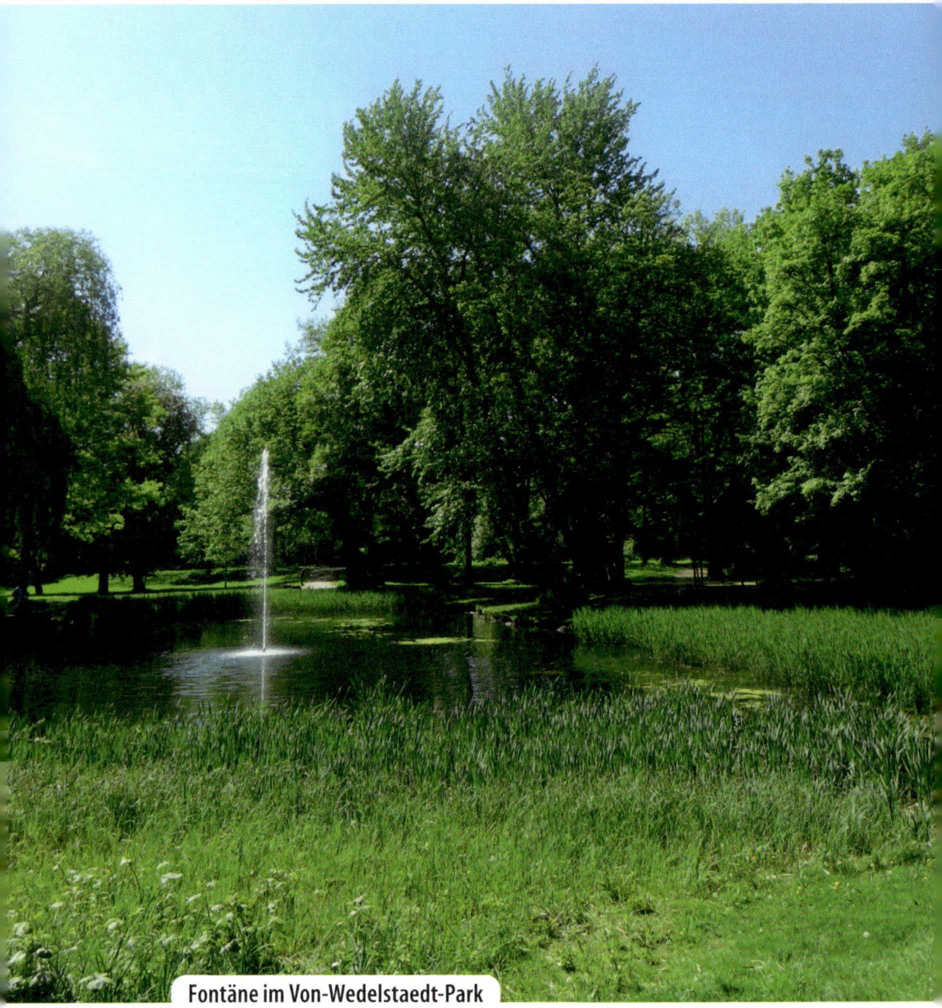

Fontäne im Von-Wedelstaedt-Park

einander halten wir uns links, bis wir eine Gabelung erreichen, an der sich der rechte ansteigende Abzweig später im Rechtsbogen vom Haldenfuß entfernt. Unsere Route mäandert durch eine natürlich entstandene Wildnis. Wir ignorieren eine Treppe, die rechts hinabführt, überqueren den **Emscher-Park-Radweg** und gelangen geradeaus auf einen Weg, der sich gleich verzweigt. Der linke Abzweig verläuft, durch einen Gehölzstreifen abgeschirmt, parallel zum Radweg. Etwas später stehen links am Wegrand sechs Säulen. Sie ähneln antiken Schmuckelementen, denen wir im Bergbau allerdings keine Funktion zuordnen können. Gleich dort an einer Gablung schlängelt sich der rechte Abzweig durch üppiges Grün zu einem Schotterweg. Wir biegen links und gleich vor der Brücke rechts ab.

Für die Seele

Im Skulpturenwald steigen wir die Himmelstreppe hinauf und kehren ein in ein Bauernhofcafé am Mechtenberg.

Im **8 Von-Wedelstaedt-Park,** den der Amtmann Carl von Wedelstaedt Ende des 19. Jahrhunderts als Gemeindepark anlegen ließ, folgen wir links einem Rundweg durch Wiesen mit wunderschönen alten Bäumen. Den ersten Abzweig rechts ignorieren wir, biegen aber danach rechts ab. In einem von Schilf gerahmten Teich versprüht eine Wasserfontäne belebende Frische. Wir laufen daran entlang und geradeaus auf das um 1900 erbaute **9 Gärtnerhaus** zu. Links ab schenkt uns eine Schutzhütte direkt am Ufer schöne Ausblicke. Wir entfernen uns vom See, wandern über eine Kreuzung geradeaus und biegen danach links ab.

Wir verlassen den Park rechts über einen Schotterweg und halten uns bei der nächsten Möglichkeit rechts. Dort, wo rechts im Park die Rückseite des Gärtnerhauses zu sehen ist, führt uns links ein unbefestigter Weg zu einem Metallgeländer im Wald.

Von den drei Wegen, die sich dahinter aufteilen, bringt uns der mittlere geradeaus an kleinen Abzwei-

*Auf der **Zechenbrache Rheinelbe** machten in einer sich allmählich ausbreitenden Wildnis Ideen von Herman Prigann aus Fundstücken und Abbruchmaterialien verschiedener Zechen Kunst. Das Konzept entstand während der Internationalen Bauausstellung Emscher Park, die in den 1990er-Jahren als Impulsgeber für einen innovativen Strukturwandel stand.*

gen vorbei. An einer Gabelung halten wir uns rechts, wandern an einer kleinen Kreuzung geradeaus und wenden uns an der nächsten Kreuzung nach rechts. Der linke Abzweig einer Gabelung schlängelt sich durch einen lichten Birkenwald zum **Emscher-Park-Radweg.**

Auf der anderen Seite sehen wir an der vom Hinweg bekannten Stelle ein Holzschild mit der Aufschrift Forststation. Stufen führen links hinab zu einer Gabelung, der wir links folgen. Hinter der aktiven ⑩ **Umspannanlage Rheinelbe** ignorieren wir den rechts abzweigenden Weg und kommen rechter Hand an der in einem stillgelegten Umspannwerk untergebrachten ⑪ **Forststation Rheinelbe** vorbei. Sie versteht sich als Lernort für waldbezogene Umweltbildung. Dort halten wir uns links und laufen unbeirrt geradeaus zu einer Gabelung, die rechts von einem Grundstückszaun begrenzt wird. Dort verlassen wir über den linken Abzweig und durch das stilisierte ⑫ **Süd-West-Tor** den Skulpturenwald und biegen rechts in den **Emscher-Park-Radweg** ein.

Durch Nennung ihrer Herkunft wurden die Kapitalgeber der Zechen Rheinelbe und Holland geehrt, dagegen war die Zeche Westerholt schlicht nach ihrem Standort benannt. ***Zechennamen*** *wie Glückauf und Gottessegen thematisierten das Arbeitsrisiko. Durch Zusammenlegung einstmals eigenständiger Zechen entstanden ganz pragmatisch Bergwerk West oder Ost.*

An der stählernen ⑬ **Windwaage** folgen wir an der Kreuzung rechts dem hinteren Abzweig, der uns durch üppiges Grün hinauf zur Halde Rheinelbe bringt. Vor einer Brücke geht es links hinauf zu einer Gabelung, der wir links aufwärts folgen. Orangefarbener Sanddorn ist an dem üppig grün bewachsenen Hang ein echter Blickfang. In der Ebene unter uns wird das Lohrheidestadion vom **Alten Förderturm der Zeche Holland** überragt.

Den Beinamen **Spiralberg** verdankt die **Halde Rheinelbe** drei spiralförmig angelegten Wegen, die sich auf dem Haldenplateau zu einem Kreis verbinden. Stufen bringen uns auf die vegetationslose, kegelförmige Haldenkuppe mit der ⑭ **Himmelstreppe.** Die mit Graffiti besprühten Betonblöcke sind aufeinandergestapelte Zechengeschichte, die hier oben in einem neuen Kontext thront. Das setzt sich in dem großartigen Panorama unter uns fort: In der bewaldeten Ebene erheben sich das UNESCO Weltkulturerbe Zeche Zollverein,

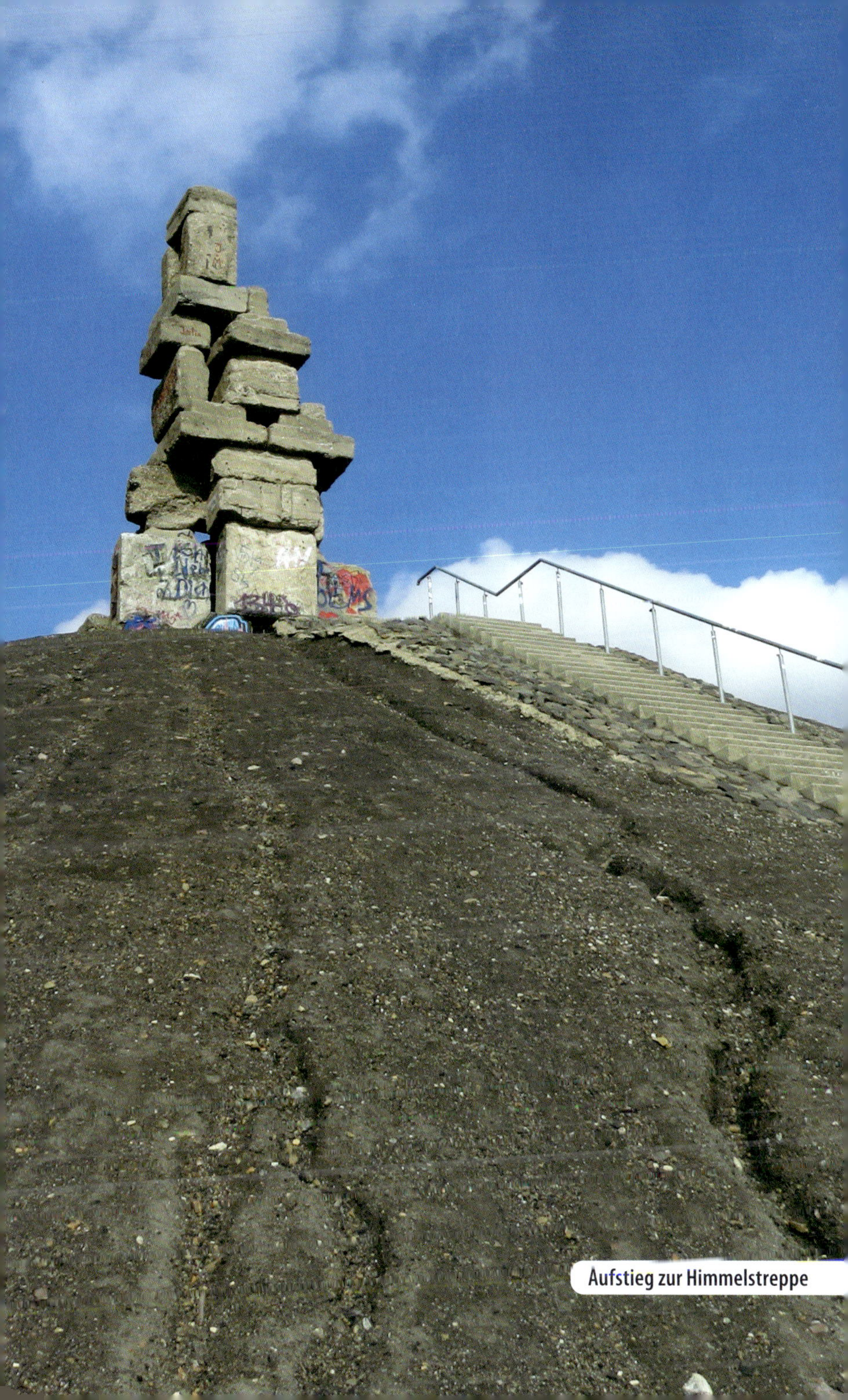

Aufstieg zur Himmelstreppe

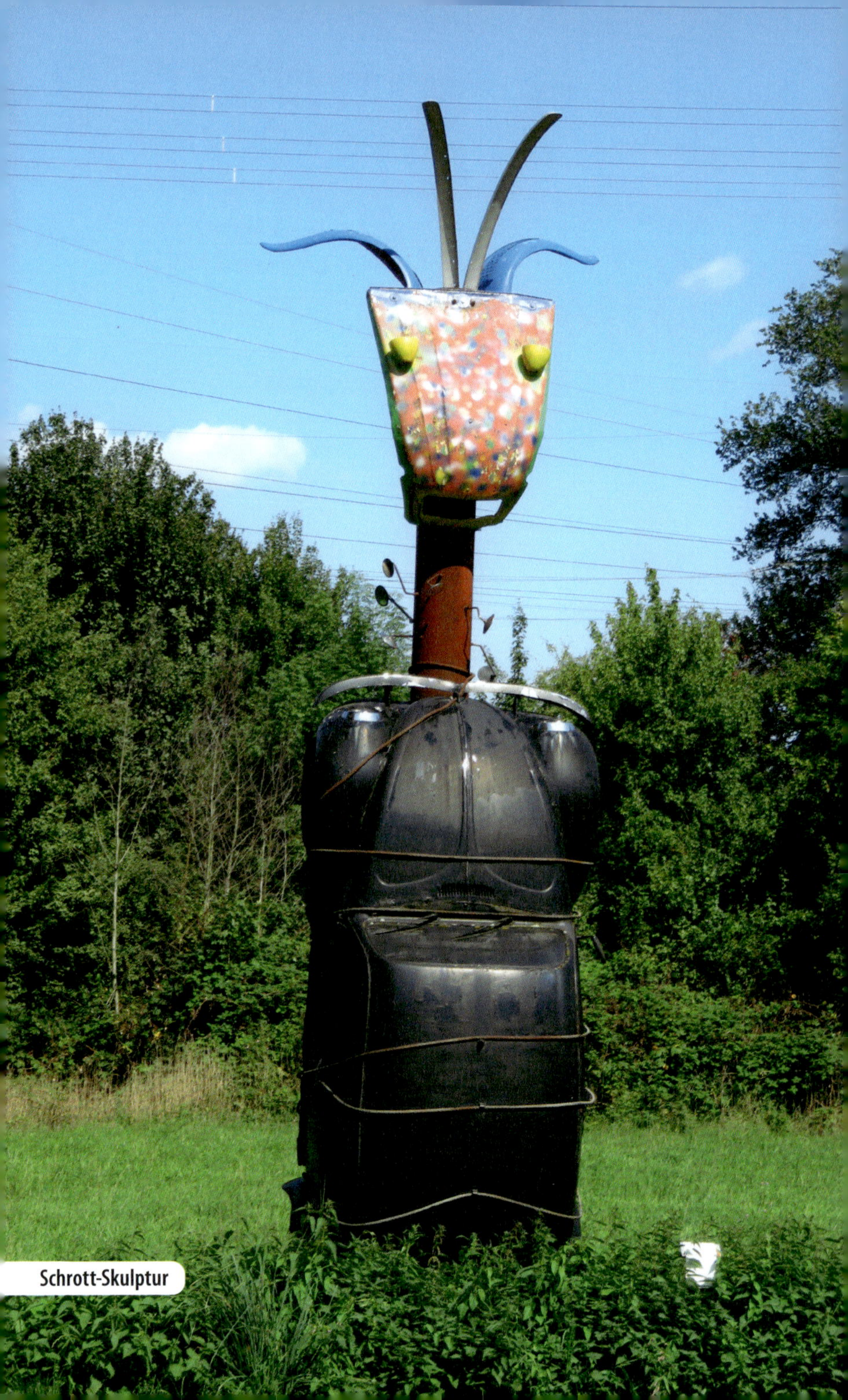

Schrott-Skulptur

das Bottroper Tetraeder und die Halde Hoheward mit dem Horizontobservatorium.

Wir steigen die Stufen hinab, überqueren den Weg darunter und biegen rechts in den oberen abschüssigen Weg ein. Er bringt uns zu den ⑮ **Bergmannsäulen,** die mit Bergmannslyrik unsere Route im Linksbogen säumen. Zunächst laufen wir durch einen Hohlweg, dann aber schweift unser Blick frei über den Wald. An der **Windwaage** wählen wir geradeaus den unteren Weg zur **Leithestraße,** die wir überqueren. Stur geradeaus bringt uns zwischen Schrebergärten der Rad- und Fußweg **Kray-Wanner-Bahn,** eine ehemalige Bahntrasse, über die **Krayer Straße** und weiter zu einer Brücke über die Hattinger Straße. Dahinter biegen wir rechts ab und folgen rechts einem Schild zum ⑯ **Bauernhofcafé,** das links in der Straße **Am Mechtenberg** im Grünen liegt.

Nach unserer Kaffeepause wandern wir links vor dem Café weiter zur **Hattinger Straße,** in die wir links einbiegen. Rechts führt uns ein Weg in die Felder, die links vom eiszeitlich geformten ⑰ **Mechtenberg** begrenzt werden. Auf ihm steht ein um 1900 als Feuersäule errichteter, nicht begehbarer Bismarckturm. Am Ackerrand klärt eine Stele unter dem Schriftzug „Bier und Korn" über den Anbau von Gerste auf. Nachdem wir an einer Kreuzung rechts zwischen einer Obstwiese und einer Grünfläche ins ⑱ **Naturschutzgebiet Mechtenberg** eingebogen sind, wählen wir von zwei nebeneinanderliegenden Brücken die größere ⑲ **Mechtenbergbrücke.** Sie nimmt uns über den Leither Bach und die Hattinger Straße mit in den ⑳ **Landschaftspark Mechtenberg,** in dem sich von Bäumen gerahmte, weitläufige Wiesen mit Weidengebüsch und Sträuchern finden. Leicht abschüssig geht es geradeaus über die autofreie **Hövelmannstraße** und unter Linden, Ahorn, Eschen, Erlen und Birken weiter zum **Haffmannsweg.** Auf der anderen Straßenseite durchquert geradeaus der unbeschilderte **Hermann-Kusch-Weg** den ㉑ **Rhein-**

Seit 1959 ist der ***Rheinelbe-Park*** *städtisch und frei zugänglich. Neben dem einstigen Villengrundstück des Industriellen Emil Kirdorf umfasst er einen früheren Privatpark für leitende Angestellte der Zechen Rheinelbe und Alma, denen er auch als Jagdrevier diente.*

elbe-Park, der durch einen alten und dichten Baumbestand beeindruckt.

Kurz bevor wir das Ende der Parkanlage erreichen, erwähnt eine Infotafel am **22 Hermann-Kusch-Stein,** dass wir diesem Mann das Wanderwegenetz im Emscher-Lippe-Raum und Münsterland verdanken. Rechts erreichen wir über Stufen die Leithestraße und folgen in der abknickenden Vorfahrt rechts der **Virchowstraße.** Gegenüber der links abzweigenden **Rheinelbestraße** bringt uns rechts ein gepflasterter Weg am **M:AI,** dem Museum für Architektur und Ingenieurkunst NRW, vorbei zum **Lichthof** zurück.

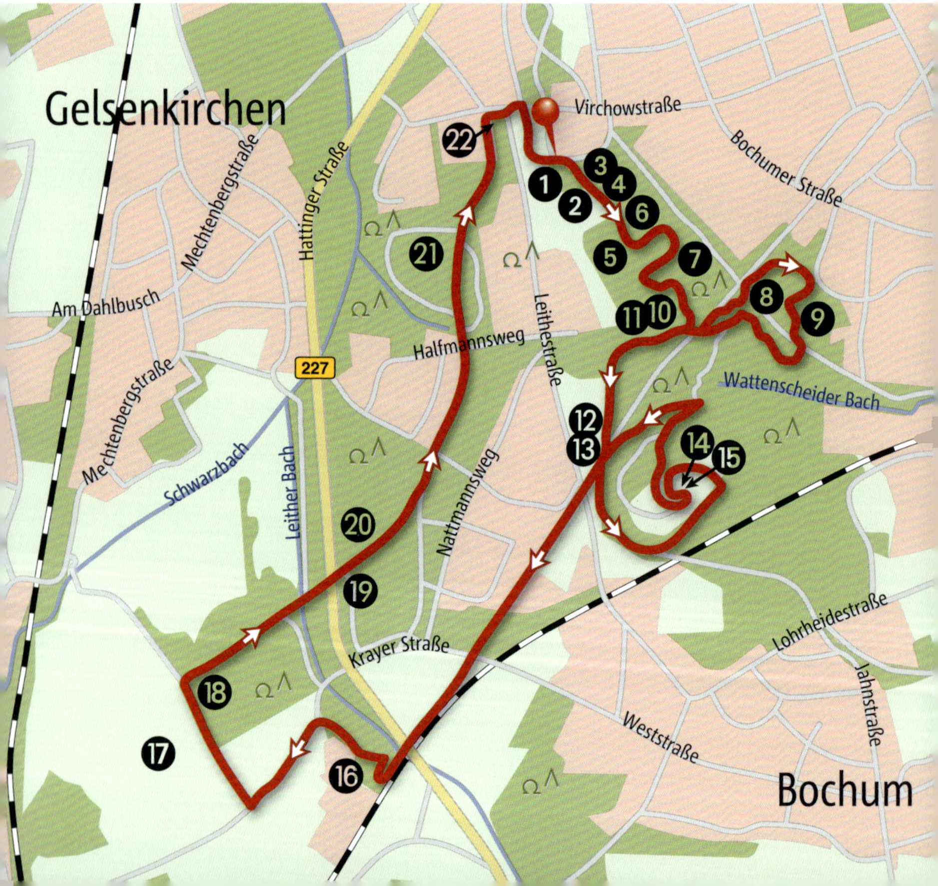

ALLES AUF EINEN BLICK

Entspannung 2/5
Abenteuer 5/5
Vielfalt 5/5

WIE & WANN

Befestigte, teils asphaltierte Wege, unbefestigte Pfade.
Ideal von April bis November.

HIN & WEG

Auto: Parkstreifen Leithestraße/Rheinelbestraße. Einstieg in die Wanderung am Lichthof, Leithestraße 37, 45886 Gelsenkirchen (GPS: 51.495305 7.106231)
ÖPNV: Buslinie 389 ab Gelsenkirchen Hbf. bis Virchowstraße

ESSEN & ENTSPANNEN

16 **Bauernhofcafé am Mechtenberg**, Am Mechtenberg 5, 45309 Essen, Tel. (02 01) 5 58 77 26, www.bauer-budde.de

ENTDECKEN & ERLEBEN

1 **Lichthof,** Leithestraße 37, 45886 Gelsenkirchen
2 **Skulpturenwald** 3 **Nordhalde**
4 **Blaue Grotte/Nord-Ost-Tor** 5 **Rotes Tor**
6 **Schautafel Bergematerial** 7 **Große Treppe**
8 **Von-Wedelstaedt-Park,** Parkstraße, 45886 Gelsenkirchen
9 **Gärtnerhaus**
10 **Umspannwerk Rheinelbe**
11 **Forststation Rheinelbe,** Virchowstraße 123, 45886 Gelsenkirchen
12 **Süd-West-Tor**
13 **Windwaage**
14 **Halde Rheinelbe/Himmelstreppe**
15 **Bergmannsäulen**
17 **Mechtenberg mit Bismarckturm**
18 **Naturschutzgebiet Mechtenberg**
19 **Mechtenbergbrücke**
20 **Landschaftspark Mechtenberg**
21 **Rheinelbe-Park**
22 **Hermann-Kusch Stein**

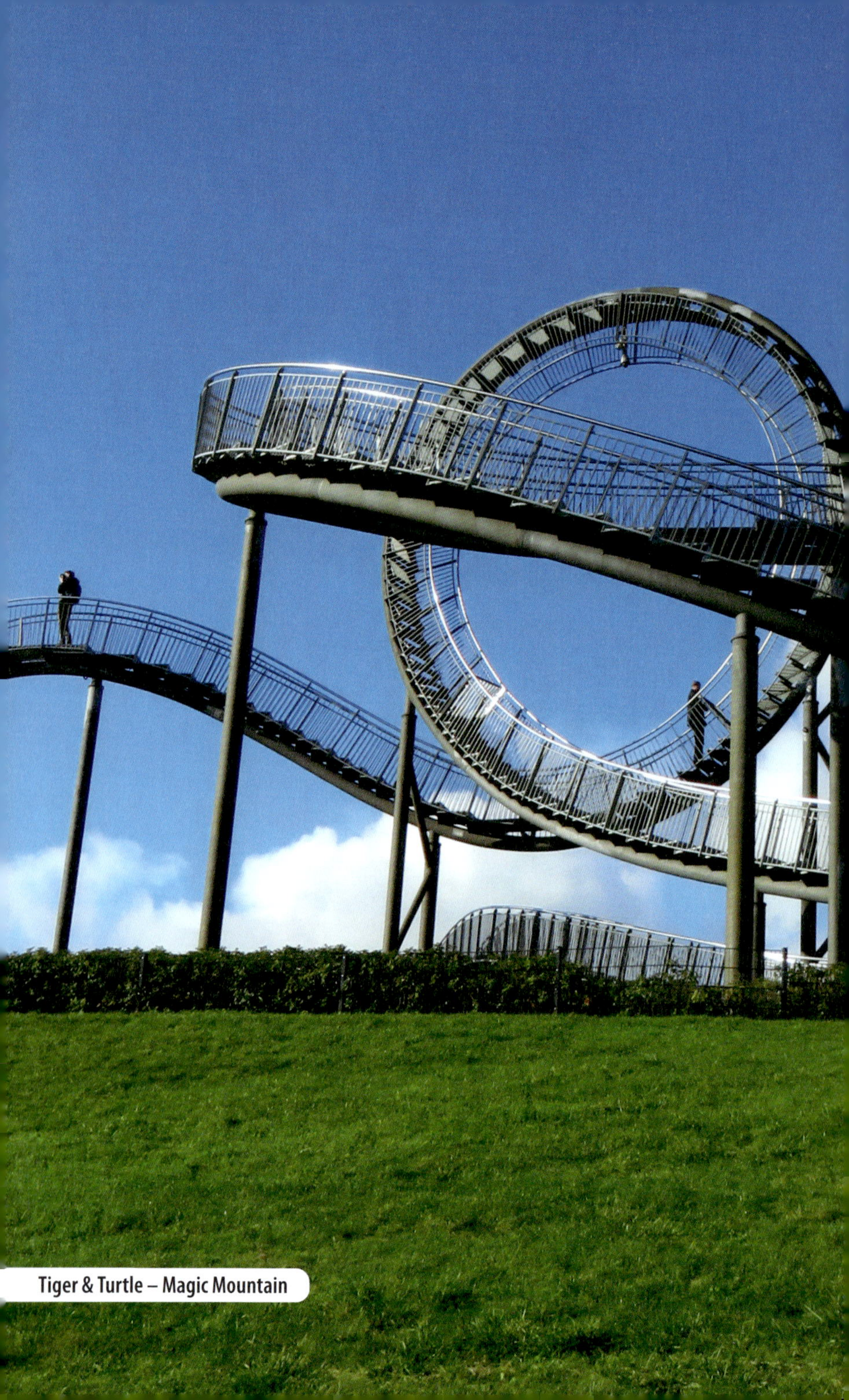

Tiger & Turtle – Magic Mountain

Schwungvoll hinauf

Rhein & Anger in Duisburg

Den hohen Schornstein an der **Ehinger Straße** im Rücken, sehen wir rechts neben einer Logistikhalle einen rot-weißen Wegpfosten, der einen Asphaltweg markiert. Ihm folgen wir rechts und im Linksbogen um den mit Bäumen bewachsenen Haldenfuß herum. Der **Angerbach,** der durch das nach ihm benannte **Angerland** von Düsseldorf nach Duisburg fließt, begleitet uns ein Stück durch den **Anger-Park.** Ein Abzweig bringt uns schließlich links hinauf auf die Haldenkuppe. Silbern glänzend erhebt sich dort inmitten einer ausgedehnten Wiese die beeindruckende Stahlkonstruktion mit dem klangvollen Titel ❶ **Tiger & Turtle – Magic Mountain.** Wir erklimmen über Stufen die schwungvollen Windungen dieser stilisierten Achterbahn. Unterschiedliche Perspektiven zeigen uns kontrastreiche Ausblicke: Das riesige Werksgelände der Hüttenwerke Krupp Mannesmann (HKM) und der Rhein-Ruhr Terminal Duisburg werden vom üppigen Grün der umliegenden Wälder, Wiesen und Felder eingerahmt.

*Die von Ulrich Genth und Heike Mutter entworfene Landmarke **Tiger & Turtle** steht seit 2011 auf der Werkdeponie der ehemaligen Zinkhütte Hüttenheim, die aus Abbruchgestein und belastetem Boden besteht. Durch Kunststoffbahnen versiegelt und mit einer dicken Erdschicht abgedeckt, erhielt das Landschaftsbauwerk seine heutige Form.*

Es gibt nur einen Weg auf die Halde und wieder hinunter. Also kehren wir um und biegen unten auf dem bereits bekannten Asphaltweg rechts ab. In der Rechtskurve verlassen wir ihn geradeaus und halten uns gleich an einer Gabelung rechts. Geradeaus führt ein schmaler Weg zwischen Zäunen hindurch zur **Kaiserwerther Straße.** Auf der anderen Straßenseite geradeaus begrüßen uns im ❷ **Landschaftsschutzgebiet Am Alten Angerbach** sanft rauschende Silberweiden und schnatternde Enten. Von einer Holzbrücke blicken wir auf den Bachlauf, der

Kilometer: 8,2
Stunden: 2,5
RUNDWEG

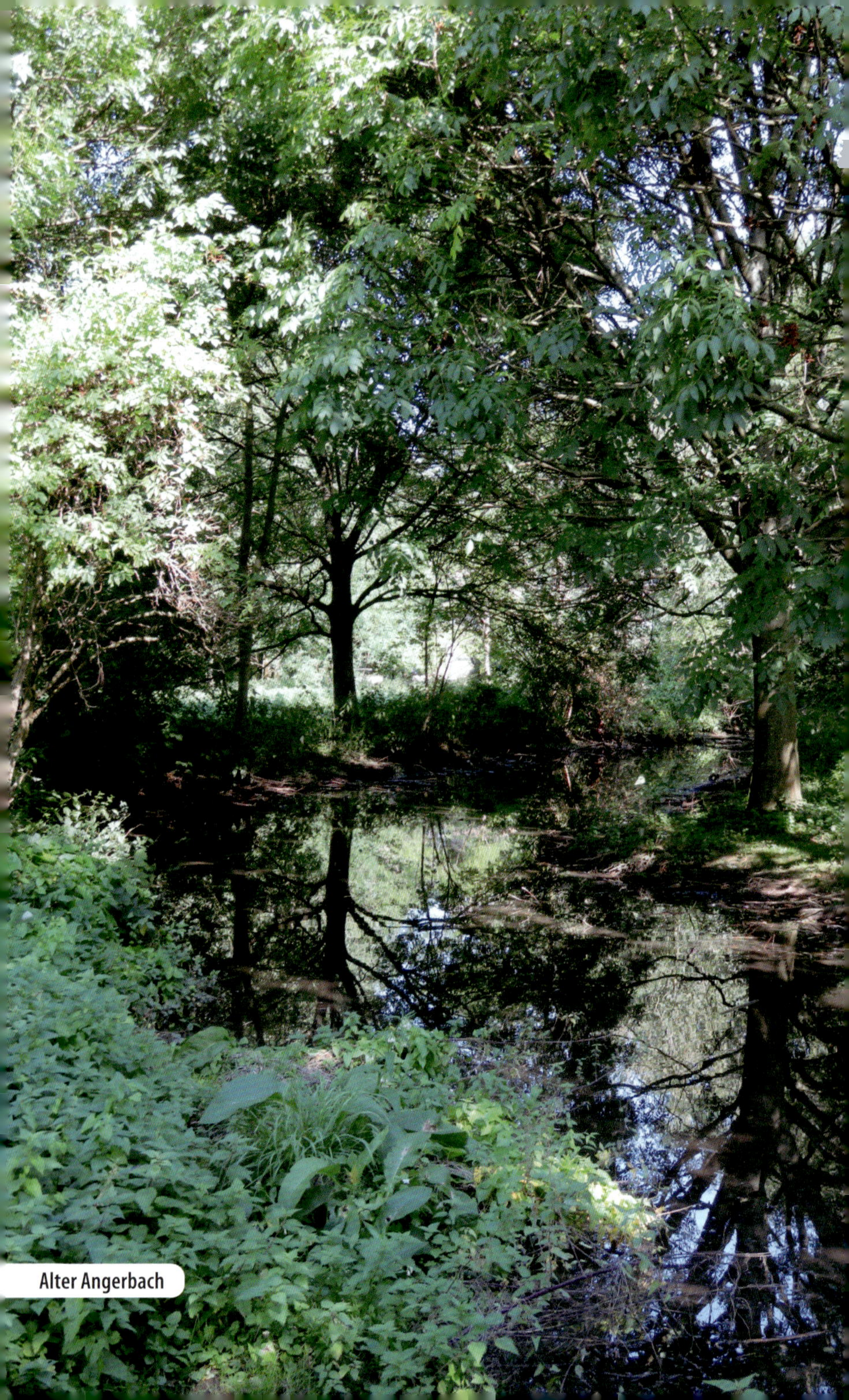

Alter Angerbach

hier frei mäandert und sich zu einem Teich mit vegetationsreichen Uferzonen verbreitert.

Geradeaus geht es über die **Angerhauser Straße** und schräg links durch rot-weiße Wegpfosten hinab in den ❸ **Erholungspark Biegerhof,** kurz **Biegerpark** genannt. Seit den 1960er-Jahren hat er sich zu einer Grünanlage mit hohem Freizeitwert gemausert. Am **Alten Angerbach** geht es über eine Kreuzung hinweg geradeaus weiter. Fast majestätisch wirken die hohen, alten Bäume um uns herum. Jemand liegt lesend auf einer großen, von Büschen gerahmten Wiese zu unserer Rechten, hinter der wir rechts abbiegen, um uns dann an einer Kreuzung links zu halten. Wenig später kommen wir zum ❹ **Biergarten Biegerpark.** Im Schatten alter Bäume kann man hier kühles Fassbier genießen, doch wir entscheiden uns für alkoholfreie Erfrischungsgetränke und Knabbereien.

Für die Seele

Schwungvoll stimmt uns Tiger & Turtle auf eine Wanderung im Biegerpark und auf schöne Rheinblicke ein.

Unsere Route führt uns in einer weiten Rechtskurve um den Park herum, bis wir am ❺ **Biegerhof** ankommen, dem der Park seinen Namen verdankt. Im 14. Jahrhundert stand dort ein Lehnshof der Grafen von Berg. Übrig geblieben ist davon lediglich ein unscheinbarer Burghügel auf einem Vereinsgelände, vor dem wir jedoch rechts abbiegen. Kurz bevor wir die **Angertaler Straße** erreichen, biegen wir an einer Kreuzung links ab.

Nun geht es auf dem bekannten Weg zurück zum Anger-Park: Rechts über die **Angerhauser Straße** und schräg links zurück ins Landschaftsschutzgebiet **Am Alten Angerbach,** vor dem See rechts über die Brücke, weiter über die Kaiserwerther Straße zum Weg, der zwischen den Zäunen hindurchführt. Jetzt liegt dort allerdings ein riesiger ❻ **Tiger** im Gras und lauert auf Beute ... Ihn hat eine kreative Künstlerhand auf die Wand eines Klärwerks gemalt.

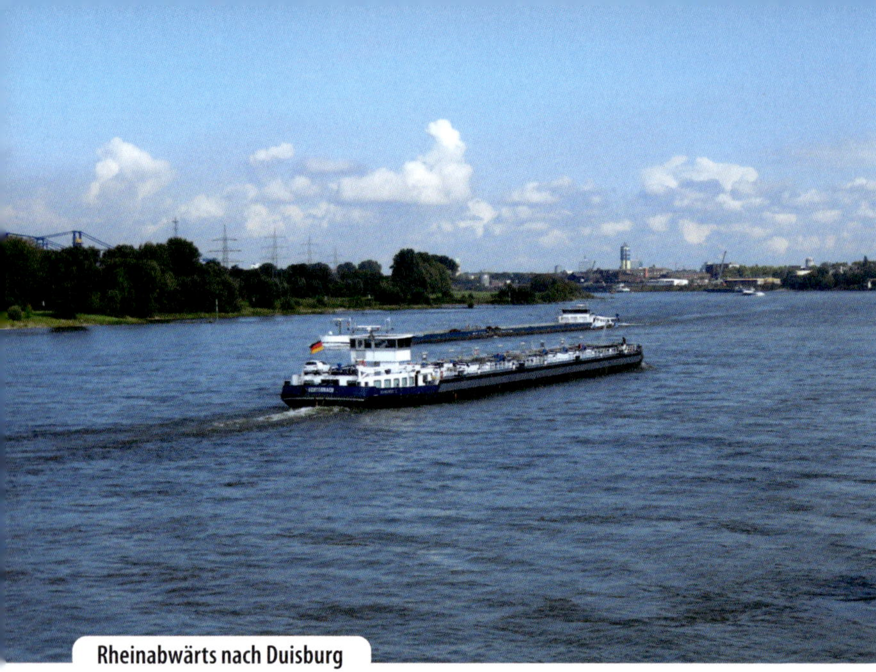

Rheinabwärts nach Duisburg

Auf dem Asphaltweg unmittelbar unterhalb der Halde wenden wir uns nach links. An einer Gabelung folgen wir diesmal links dem Weg hinab zum Angerbach, der uns von nun an links begleitet. An einer Brücke unter der **Ehinger Straße** verraten uns große rote Buchstaben, dass das **Rheinportal Angerort** noch 650 Meter entfernt ist.

*Dem **Angerbach** ist es nicht anders ergangen als vielen anderen Fließgewässern, auch er wurde begradigt und von seinen Altarmen getrennt, die zunehmend verlandeten. Der Alte Angerbach war solch ein verlandender Seitenarm, den man aber in den 1990er-Jahren renaturierte.*

Der plätschernde Angerbach ist nun nicht mehr eingeengt, die Ufer und Böschungen sind mit Weidengebüsch, Ahorn, Schling- und Kletterpflanzen zugewachsen. Unser Weg wird von jungen Kopfweiden und Erlen, später von knorrigen Weiden und Ahorn gesäumt und führt uns geradewegs zum Rhein. Obwohl wir unmittelbar zwischen dem HKM Werksgelände und dem Rhein-Ruhr Terminal Duisburg wandern, sehen wir nichts und hören kaum etwas von dem geschäftigen Treiben.

Als 7 **Rheinportal Angerort** wird die Angermündung seit 2011 von einem Aussichtssteg in Szene gesetzt. Neben uns ragt eine hohe Containerbrücke über den Fluss, auf dem reger Schiffsverkehr herrscht. Rheinabwärts haben wir einen schönen Blick auf die

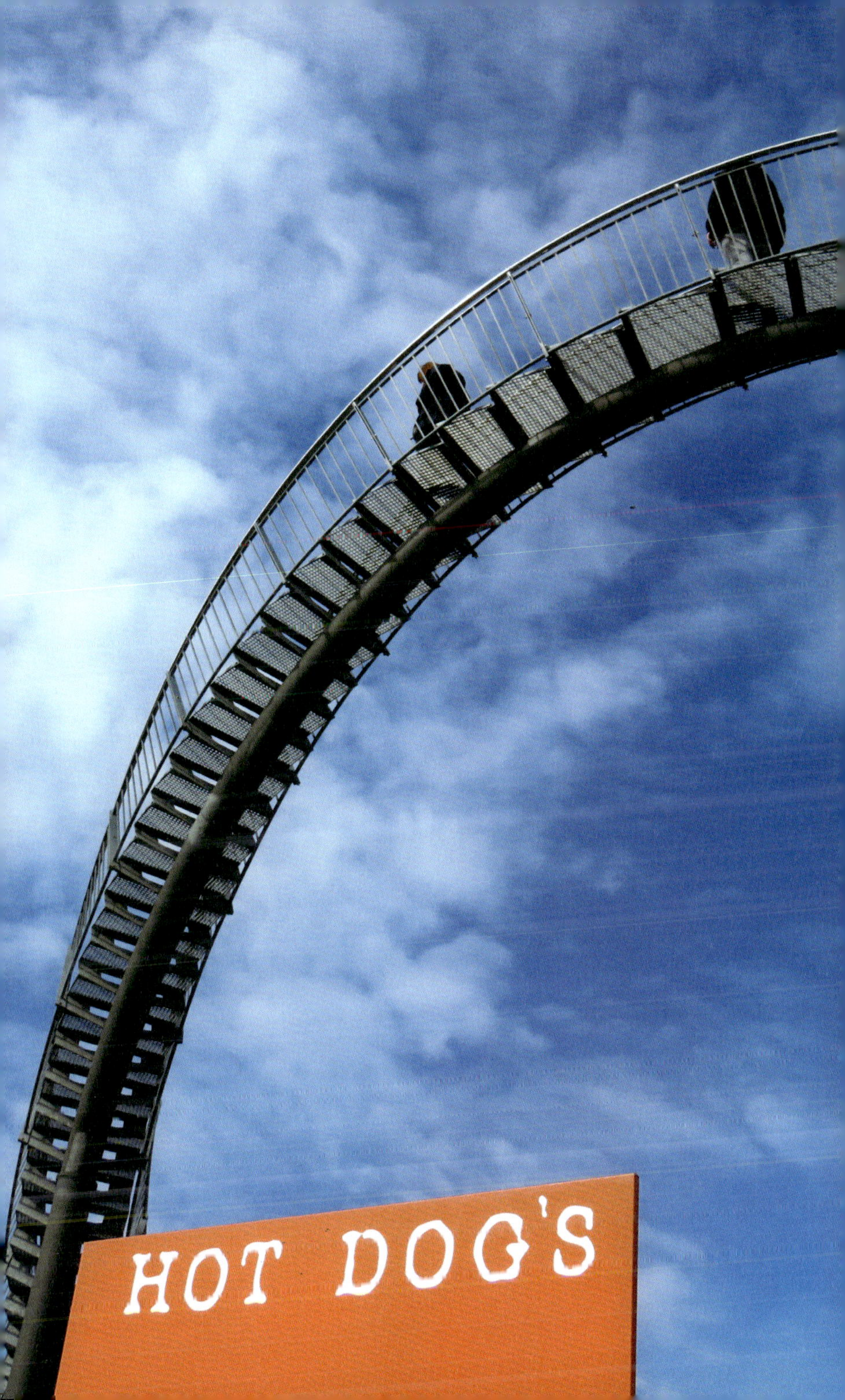
HOT DOG'S

Haus Angerort an der Angermündung geht auf eine Burg aus dem Jahr 1051 zurück. 1907 kaufte die Firma Schulz-Knaudt es samt Ländereien, um dort das Siemens-Martin-Stahlwerk – das heutige Hüttenwerk Krupp-Mannesmann (HKM) – zu bauen. Das unscheinbare Gebäude diente als Büro, später als Labor und steht heute ungenutzt als Bodendenkmal unter Schutz.

Duisburger Stadtkulisse, während sich vor uns am anderen Ufer das ländliche Idyll der Friemersheimer Rheinauen ausbreitet. Auch das als Bau- und Bodendenkmal geschützte **8 Haus Angerort** auf dem HKM Gelände ist von hier aus zu sehen.

Da es keinen anderen Weg zurück gibt, kehren wir um. Gleich hinter der Brücke wenden wir uns nach links und erreichen über die Treppe die **Ehinger Straße.** Jetzt haben wir die Wahl: Rechts steht unser Auto, links über die Brücke und gleich wieder links geht es zum **9 Restaurant Pizzeria Romeo.** Dort kann unser entspannter Tag auf der Gartenterrasse einen schönen Ausklang finden.

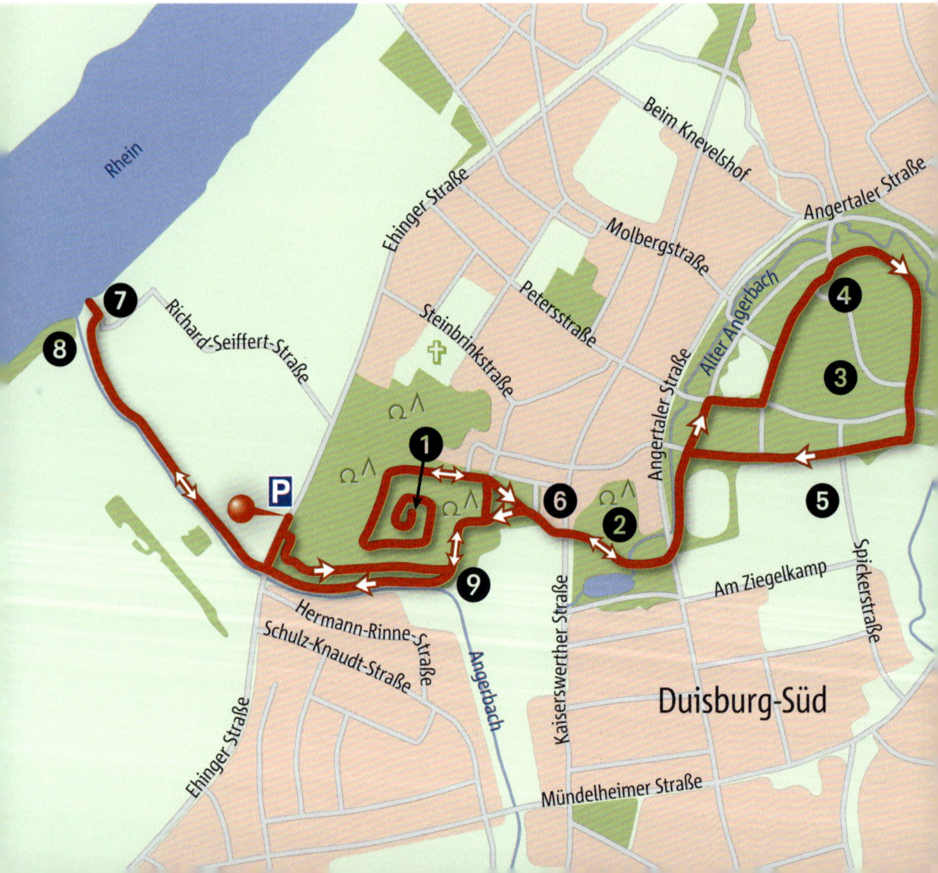

ALLES AUF EINEN BLICK

Entspannung 5/5
Abenteuer 2/5
Vielfalt 4/5

WIE & WANN

Befestigte Wege und Straßen. Ganzjährig schön.

HIN & WEG

Auto: Parkstreifen (direkt vor HKM), Ehinger Straße 200,47249 Duisburg (GPS: 51.375718 6.734294)
ÖPNV: Straßenbahnlinie 903 ab Duisburg Hbf. oder Dinslaken Bf. bis Tiger & Turtle

ESSEN & ENTSPANNEN

4 **Biergarten Biegerpark,** Angertaler Straße 99, 47249 Duisburg, Tel. (01 71) 2 72 86 22
9 **Restaurant Pizzeria Romeo,** Hermann-Rinne-Straße 6, 47259 Duisburg, Tel. (02 03) 78 44 44, www.restaurant-pizzeria-romeo.eatbu.com

ENTDECKEN & ERLEBEN

1 **Tiger & Turtle – Magic Mountain,** (nur bei widrigen Wetterverhältnissen geschlossen), Kaiserswerther Straße, Ecke Berzeliusstraße, 47249 Duisburg
2 **Landschaftsschutzgebiet Am Alten Angerbach**
3 **Erholungspark Biegerhof,** Angertaler Straße/Cramer-Klett-Straße, 47249 Duisburg
5 **Biegerhof**
6 **Tiger-Bild**
7 **Rheinportal Angerort**
8 **Haus Angerort**

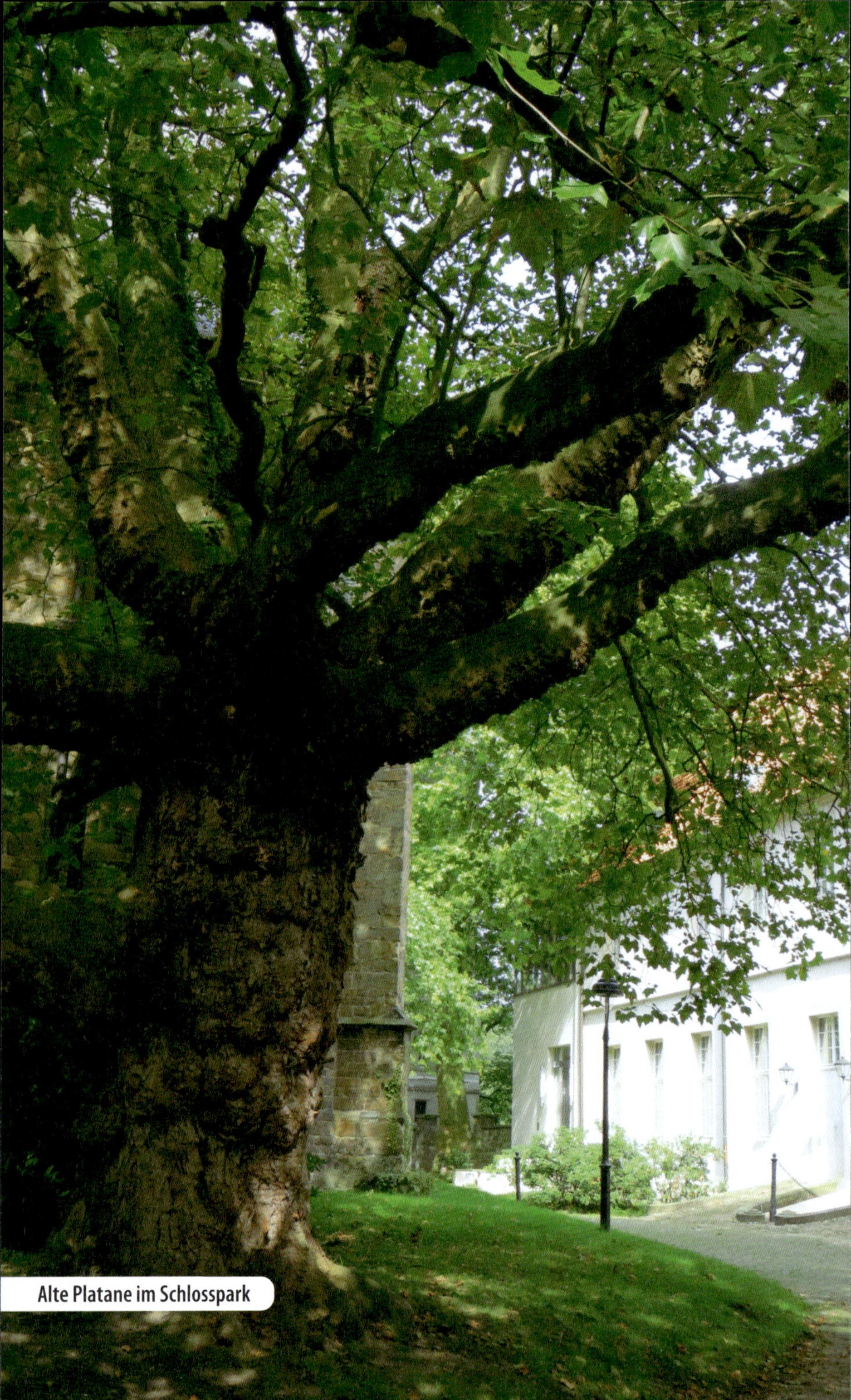

Alte Platane im Schlosspark

Tief verwurzelt

Von Altlünen nach Cappenberg

Vor unserem Parkplatz bringt uns ein Weg zwischen dem rechten Ufer eines schmalen Seeausläufers und den Liegewiesen eines Freibads zu unserer Linken geradewegs zu einem Haus, an dem es links hinab zum hier nun breiten ❶ **Cappenberger See** geht. Trauerweiden, Erlen und Pappeln neigen ihre Kronen über das Wasser, auf dem Enten mit beruhigender Langsamkeit schwimmen. Während Spaziergänger an uns vorbeischlendern, verlieren wir uns in dieser entspannenden Atmosphäre ein wenig in Tagträumereien.

Am Ende des Sees fließt Wasser über Kaskaden. Rechts daneben gelangen wir über Stufen hinauf zum **Richard-Schirrmann-Weg** und folgen ihm nach links. Zwischen einem Waldgebiet und Einfamilienhäusern erreichen wir die Straße **Am Vogelsberg** und folgen ihr nach rechts. Im Linksbogen geht es zwischen Waldrand und weitläufigen Gärten zur **Cappenberger Straße,** die wir überqueren. Vor dem **Friedhof Altlünen** schwenken wir nach rechts ab, um gleich hinter dem Friedhofsgelände am Waldrand links einzubiegen. Nach einer Weile mündet unser Weg **Im Holt** in die unbeschilderte **Bergkampstraße.** Dort steht an einem kleinen Teich ein von Buchen eingefasstes ❷ **Ehrenmal,** das seit 1925 an die gefallenen Männer aus den Bauernschaften Nordlünen und Alstedde erinnert. Rechts ab begleitet uns nun ein Bach, den wir wenig später überqueren. Von einer ausgedehnten Wiese entfernen wir uns im Rechts-links-Schwenk und werden erneut von einem Bach begleitet. Auf einem Hügel erhebt sich ein Bu-

*Im Jahr 1919 hoben Bagger Lehm für die Bahnstrecke von Dortmund nach Münster aus. So entstand der etwa 2 Meter tiefe und 400 Meter lange **Cappenberger See,** um den ein Rundweg zum Flanieren einlädt. Beim Rudern kann man die Stille auf dem See genießen, während Baden im angrenzenden Freibad erlaubt ist.*

Kilometer: 11,4

Stunden: 3

RUNDWEG

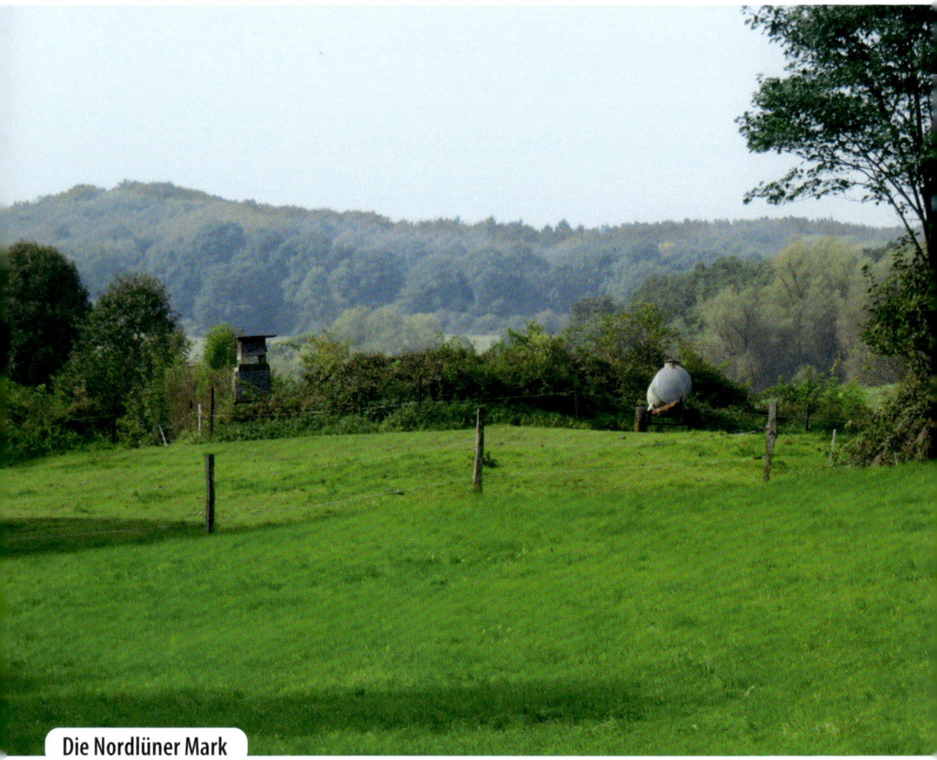

Die Nordlüner Mark

Gottfried von Cappenberg machte 1122 seine **Burg** *zum ersten deutschen Kloster des Prämonstratenser-Ordens. 1803 baute der Freiherr vom Stein es zu seinem Altersruhesitz um. Nachfahren des Staatsmannes, der das Bergbau- und Hüttenwesen im Ruhrgebiet stark beeinflusste, bewohnen heute das Schloss. Die Pfarrei wird von Prämonstratensern betreut.*

chenwald, während gegenüber Pappeln die **Nordlüner Mark** begrenzen. Wir können uns nicht sattsehen an den sanft hügeligen Wiesen, die von Baumgrüppchen und Heckenreihen unterteilt werden.

Hinter einer Streuobstwiese bildet **Am Struckmannsberg** die Stadtgrenze zwischen Lünen und Selm und nimmt uns nach links mit zu einer Schautafel. Sie verrät Wissenswertes über das **3 Naturschutzgebiet Wälder bei Cappenberg,** das sich auf Lünen, Selm und Werne verteilt. Wir wandern an einem Landhaus im Rechtsbogen weiter und erreichen neben einigen Häusern eine hölzerne Wegschranke. Dahinter bringt uns ein schnurgerader Weg durch einen Ruheforst zu Am **Brauereiknapp.** Dort biegen wir vor einem großen

Parkplatz rechts auf den Gehweg ein, überqueren dann die Straße **Schlossberg** und orientieren uns nach links. Durch die Sträucher schimmert ein See, der zum nicht mehr öffentlich zugänglichen ❹ **Wildpark Cappenberg** gehört. Unsere Route führt nun leicht aufwärts und über Betonstufen zum Ortseingang von **Cappenberg,** das zu Selm gehört. Rechts durchschreiten wir die von zwei weißen Torhäusern flankierte Zufahrt von ❺ **Schloss Cappenberg.**

Für die Seele

Wir starten am Cappenberger See und tauchen ein in die schillernde Geschichte von Schloss Cappenberg.

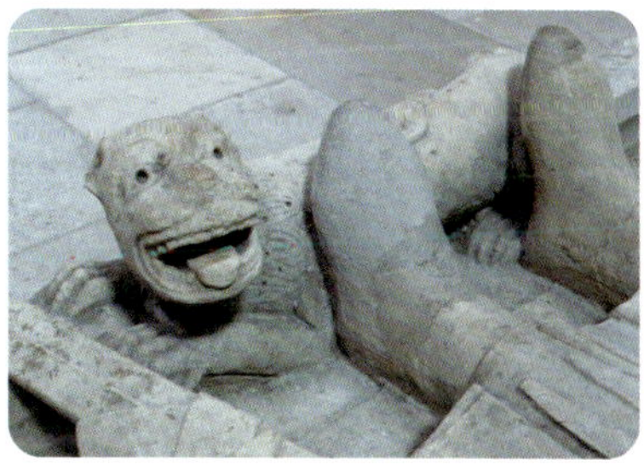

Das Schlossareal ist in Privatbesitz, aber viele Bereiche sind öffentlich zugänglich. Um das Flair dieses geschichtsträchtigen Ortes zuerst einmal in Ruhe aufzunehmen, wählen wir einen Platz vor dem **Café Alte Kegelbahn.** Wie mag es hier im 12. Jahrhundert ausgesehen haben, als aus der Burg Cappenberg ein Kloster wurde? Eine Mauer umfriedet das Schlossgelände, auf dem imposante Bäume unsere Blicke einfangen. Der Freiherr vom Stein verbrachte hier seinen Lebensabend und erinnerte sich vielleicht unter lauschigen Baumkronen an seine Beharrlichkeit, mit der er sich für den Einsatz der vom schottischen Maschinenbauer James Watt perfektionierten Dampfmaschine im Ruhrgebiet starkgemacht hatte.

Das dreiflügelige Schloss Cappenberg thront über einer Niederung der Lippe. Für 50 Cent, die ein Münzautomat aufnimmt, und nach zahlreichen Stufen schenkt uns ein alter Wasserturm einen unvergesslichen Panoramablick. Anschließend umrunden wir die einstige Stifts- und heutige **Pfarrkirche St. Johannes Evangelist,** die nicht nur für Gottesdienste, sondern auch für Ausstellungen und Konzerte genutzt wird. Vom schlicht gestalteten Innenraum heben sich die Schnitzereien des Chorgestuhls und ein Triumphkreuz aus dem 13. Jahrhundert ab. Das Prunkstück des Kirchenschatzes ist der vergoldete Bronzekopf Kaiser Friedrich Barbarossas aus dem 12. Jahrhundert. Das Kopfreliquiar mit Gewandresten des Evangelisten Johannes war, so heißt es, ein Geschenk Barbarossas an seinen Patenonkel, Otto von Cappenberg, den Bruder Gottfrieds.

Inmitten dieser facettenreichen Geschichte ist auch die Nordwanderung des Bergbaus erwähnenswert. Während Kohle südlich der Ruhr zutage trat, lagen die ertragreichen Flöze im Norden in großen Tiefen. Als ältestes Bergwerk nördlich der Lippe gilt die Zeche Werne, die 1902 die Kohleförderung aufnahm. Im Jahr 1978 gab es Pläne für einen Kohleabbau unter Cappenberg. Der Schlossherr befürchtete massive Schäden durch Bergsenkungen, doch sein Protest blieb erfolglos. Schließlich setzte aber eine Wende in der Energiepolitik dem Vorhaben ein Ende.

Wir verlassen den Schlosspark durch die beiden Torhäuser und wenden uns nach rechts. An einem Parkplatz nimmt uns auf der gegenüberliegenden Seite die **Hirschwiese** auf, von der uns gleich rechts ein Waldweg wegführt. Im Wald wählen wir an einer Kreuzung rechts den mit einem umgedrehten T markierten Wanderweg, der leicht aufwärts auf einen breiten Weg trifft. Rechts ab erreichen wir die **Varnhöveler Straße,** die uns rechts zum scharf links abknickenden **Am Sunderbach** leitet. In diesem zur Stadt Werne gehörenden Bereich des Naturschutzgebietes lenkt uns die leicht abschüssige Straße durch sanft hügeliges Grünland. Auf einer Koppel bieten Pferde vor einem kleinen Stall ein perfektes Motiv für ein Landschaftsgemälde.

Nachdem wir ein paar Häuser passiert haben, führt uns rechts ein breiter Weg in ein bewaldetes Landschaftsschutzgebiet, das in eine Ackerlandschaft übergeht. Wir wählen an einer Gabelung den rechten Weg über den **Düsterbach,** der unweit von hier in die **Lippe** mündet. Hinter einem landwirtschaftlichen Be-

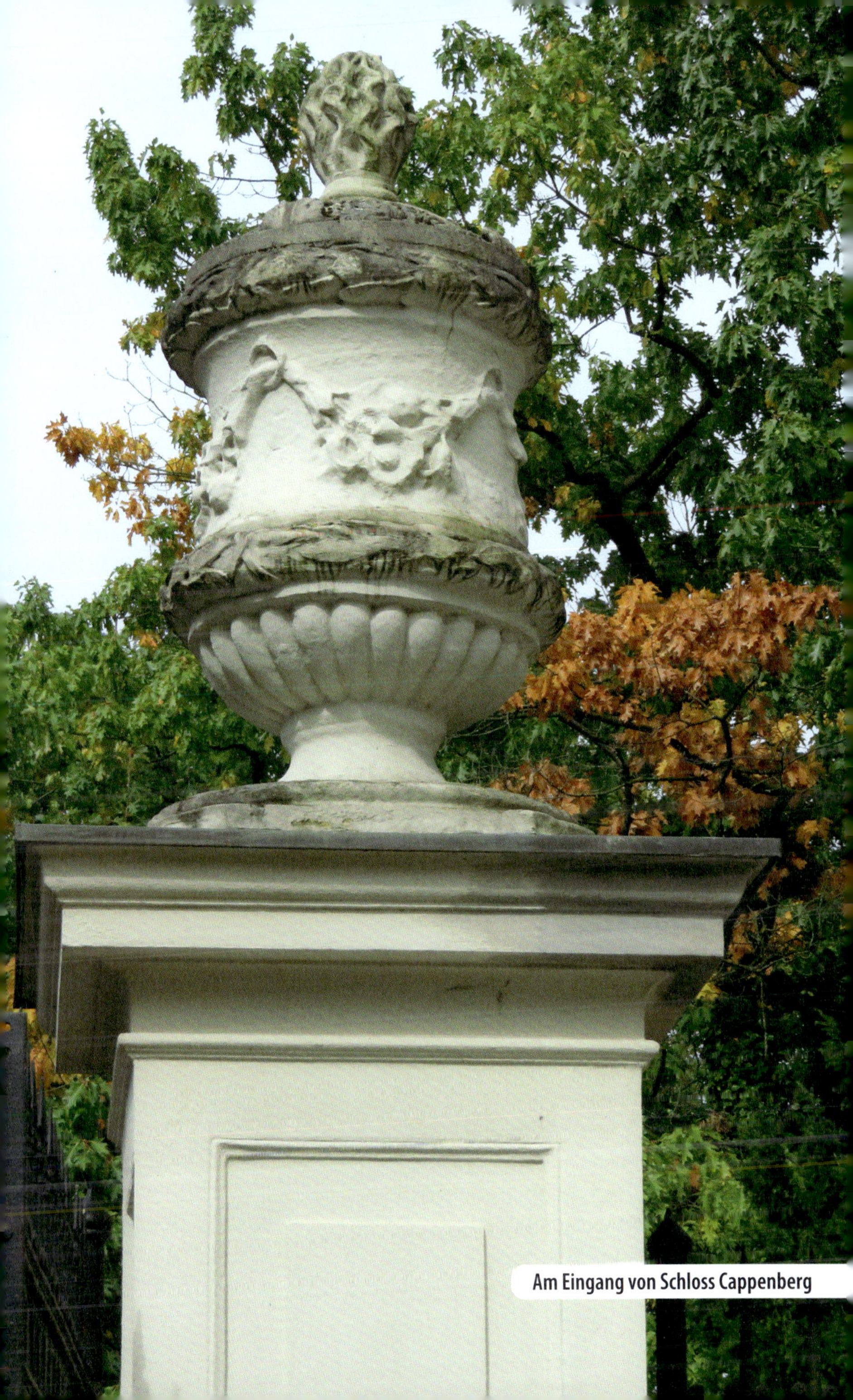

Am Eingang von Schloss Cappenberg

trieb mit einer Streuobstwiese liegt an der Straße **Dreischfeld** vor uns ein Backsteinhaus, vor dem wir links abschwenken. Gleich auf der gegenüberliegenden Seite nimmt uns rechts der **Richard-Schirrmann-Weg** auf, der von alten Eichen gesäumt und in großen Schwüngen zwischen Wald und Wiesen verläuft. An einer Kreuzung beginnt links hinter einer rot-weißen Wegschranke ein von Bäumen begrenzter, fester Sandweg. Wir wandern an den Liegewiesen des Freibades vorbei und kommen durch eine weitere Wegschranke in einen Park. Dort zweigt unsere Route an einer Gabelung rechts ab und führt am Feldrand entlang geradewegs zum **Cappenberger See** und zu unserem Auto zurück.

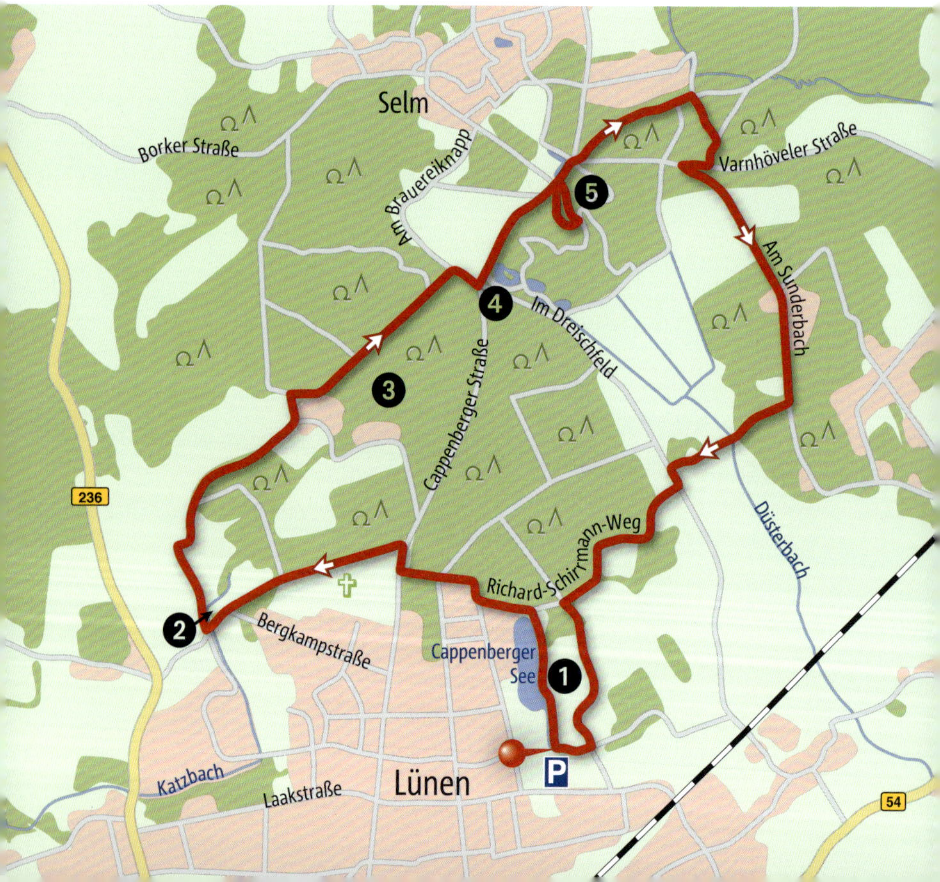

ALLES AUF EINEN BLICK

Entspannung 5/5
Abenteuer 1/5
Vielfalt 3/5

WIE & WANN

Wenig befahrene Straßen, befestigte und unbefestigte Wege.
Besonders schön von April bis Oktober.

HIN & WEG

Auto: Parkplatz am Cappenberger See, Cappenberger See 1, 44534 Lünen
(GPS: 51.630891 7.537842)
ÖPNV: Bus R11 ab Bergkamen Busbf. bzw. Lünen ZOB bis Cappenberger See

ESSEN & ENTSPANNEN

4 **Hotel Restaurant Ziegler,** 59379 Selm-Cappenberg, Tel. (0 23 06) 9 59 32 11, www.cafe-kegelbahn.de
5 **Café Alte Kegelbahn im Schloss Cappenberg,** Schloßberg 5, 59379 Selm-Cappenberg, Tel. (0 23 06) 9 59 32 11, www.cafe-kegelbahn.de

ERLEBEN & ENTDECKEN

1 **Cappenberger See**
2 **Ehrenmal**
3 **Naturschutzgebiet Wälder bei Cappenberg**
4 **Wildpark Cappenberg**
5 **Schloss Cappenberg mit ehemaliger Stiftskirche St. Johannes Evangelist,** Die Kirche ist während der Gottesdienste und im Rahmen öffentlicher Führungen sowie bei Ausstellungen und Veranstaltungen geöffnet. Darüber hinaus lässt ein Gitter hinter dem unverschlossenen Portal Blicke in die Kirche zu.

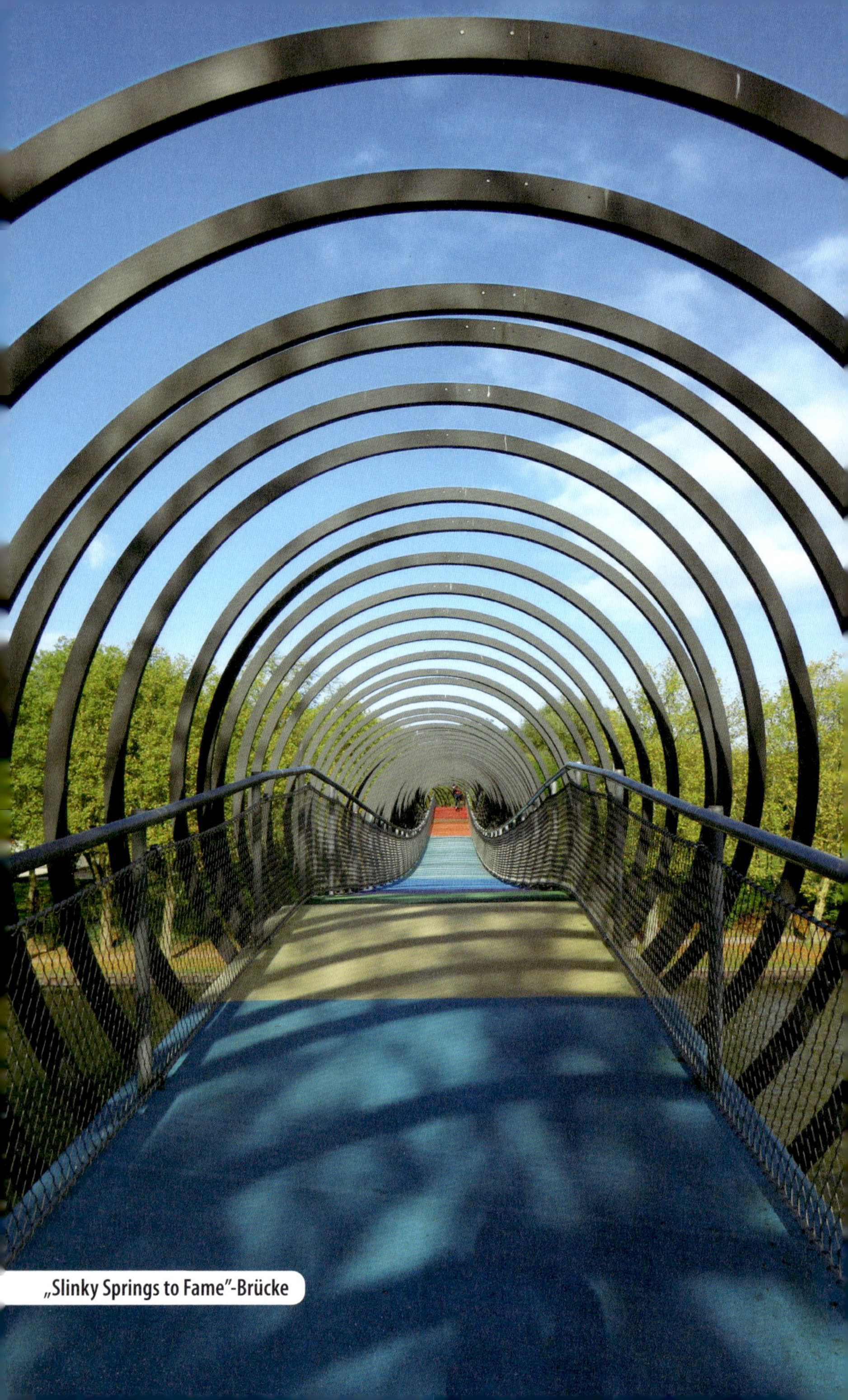

„Slinky Springs to Fame"-Brücke

Pulsierender Wandel

Am Gasometer Oberhausen

Ein ehrliches Wort vorweg: Diese Wanderung ist nichts für empfindliche Ohren. Die kontrastreiche Route lässt uns aber schnell die Autobahnen und Hauptverkehrsstraßen ausblenden, die zwar selten in Sicht-, aber oft in Hörweite sind.

Vor dem **Parkplatz P10** geht es unter einer Eisenbahnbrücke hindurch zum 1929 errichteten ❶ **Gasometer.** Wie eine riesige Tonne erhebt sich der 1988 stillgelegte Industriegasspeicher, der zu einem der außergewöhnlichsten Ausstellungsorte umfunktioniert wurde und als ein Wahrzeichen der Region auch für einen gelungenen Strukturwandel steht.

Links, gegenüber dem Eingang des Gasometers, führt ein Weg vor dem ❷ **tree2tree Hochseilgarten** unter einer Brücke hindurch in die denkmalgeschützte ❸ **Beamtenkolonie Am Grafenbusch,** die als renommierte Adresse galt. Das mag der Grund sein, warum alle Straßenzüge einheitlich Am Grafenbusch heißen. Als Mittelpunkt war der Pariser Platz geplant. Dies wurde aber nie umgesetzt.

Einen rechten Abzweig gleich hinter der Brücke ignorieren wir ebenso wie die rechts abzweigende Straße danach, biegen dann aber an der Straßenecke mit einer Radwegweisung rechts ab. Wir schlendern etwas neidvoll durch das harmonische Ensemble aus Villen, Doppel- und Reihenhäusern. Einige der großzügigen Grundstücke mit alten Bäumen wirken auf uns wie Oasen der Ruhe. Anders als in den Gärten der Arbeitersiedlungen, die früher mit Ställen und Gemüse-

Seit 1994 beherbergt der ***Gasometer*** *wechselnde, immer spektakuläre Installationen. Hier erlebt man Kunst als ein faszinierendes Raum- und Klangerlebnis. Es ist nicht sicher, was aufregender ist: sich mit dem gläsernen Aufzug über die Kunstelemente zu erheben oder von der Plattform in luftigen 117,5 Metern Höhe das Ruhrgebietspanorama zu genießen.*

Kilometer: 9,2
Stunden: 2,5
RUNDWEG

Der Architekt Bruno Möhring konzipierte 1909 die **Beamtenkolonie Am Grafenbusch** für die leitenden Angestellten der Gutehoffnungshütte (GHH). Die Nähe zu Schloss und Kaisergarten machte die Siedlung mit großzügigen Wohnflächen zu einer exklusiven Adresse. Zwar lag sie in Betriebsnähe, aber Bahndamm und Kanal schirmten sie von den Hochöfen und Walzwerken ab.

beeten der Eigenversorgung dienten, unterstrich hier eine ansprechende Gartenarchitektur den Parkcharakter. In den verträumten Straßen ist das einstige elitäre Flair noch immer zu spüren.

Am Straßenende biegen wir rechts ab und nehmen gleich links den Weg durch die Wiese. Neben einer Fußgängerbrücke, die nirgendwo hinführt, verläuft gleich rechts daneben ein Pfad zum ❹ **Rhein-Herne-Kanal.** Wir wenden uns nach links und unterqueren eine Rohrbrücke und die **Sterkrader-Straße-Brücke.**

Eine blaue Stele markiert den ❺ **Kaisergarten,** der zu den ältesten Stadtgärten im Ruhrgebiet zählt und den wir links betreten. Im Biergarten der **Schloss Gastronomie Kaisergarten** setzen wir uns in den Schatten ausladender Baumkronen und beobachten entspannt das heitere Treiben im Park. Gleich nebenan liegt das **Schloss Oberhausen** mit der **LUDWIGGALERIE,** die ihren Namen der Sammelleidenschaft der Eheleute Irene

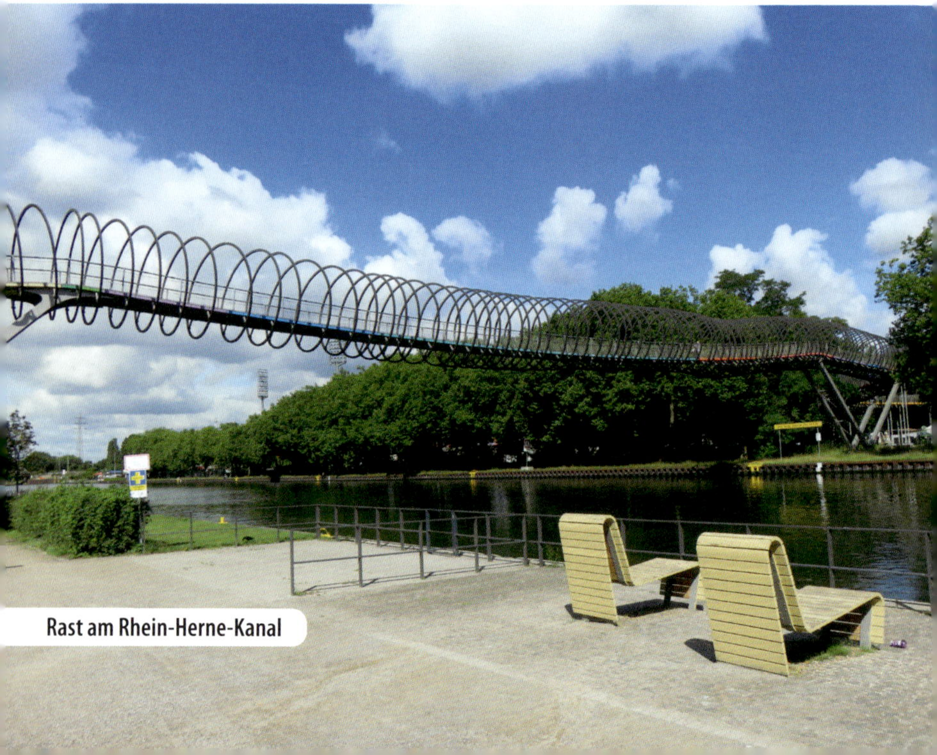

Rast am Rhein-Herne-Kanal

und Peter Ludwig verdankt. Neben Kunst aus deren Sammlung präsentieren Wechselausstellungen beispielsweise Pop Art, Comicfiguren, Karikaturen, Kinderbuchhelden und Fotografien von Alltagsmenschen und Stars.

Vor der LUDWIGGALERIE liegt rechts im Park der Zugang zur **6 Fußgängerbrücke Slinky Springs to Fame,** zu der wir durch den Park geradeaus und dann in einem Rechtsbogen gelangen. Ein gewöhnlicher Name würde zu dieser spiralförmigen Brückenskulptur des Frankfurter Künstlers Tobias Rehberger kaum passen. Leicht schwingend bietet sie uns schöne Ausblicke, während wir über ihren bunt gestreiften Bodenbelag auf die **Emscherinsel** gelangen. Auf diesem Landstreifen zwischen Rhein-Herne-Kanal und Emscher verläuft ein Rad- und Fußweg von Oberhausen bis nach Castrop-Rauxel.

Für die Seele

Vom Gasometer geht es durch die denkmalgeschützte Beamtenkolonie in den Emscher-Landschaftspark.

Hinter der Spiralbrücke wandern wir links unter Platanen am Rhein-Herne-Kanal entlang. Der Uferweg verläuft an einer Gabelung geradeaus, schwenkt dann links zum Ruderverein Oberhausen ab, wo ein Schild rechts in Richtung Gehölzgarten Ripshorst zeigt. Am Kinder-Verkehrsübungsplatz wenden wir uns nach rechts und am Kanal links. Dem Uferweg folgen wir eine ganze Zeit und unter verschiedenen Brückenbauwerken hindurch. Eins davon ist die Fachwerkbrücke, auf der Eisenbahnen früher Material zwischen der Zeche Osterfeld und der Gutehoffnungshütte beförderten. Seit der Landesgartenschau OLGA, die 1999 die Internationale Bauausstellung Emscher Park beendete, bringt sie Fußgänger und Radfahrer ins CentrO.

Bänke mit Kanalblick laden zum Verweilen ein. Kanalschiffer leben und arbeiten auf dem Wasser, auf dem sich Freizeitkapitäne, Ruderer und Stand-up-Paddler vergnügen. Um uns herum wird geradelt, fla-

1896 ließ die Stadt Oberhausen in unmittelbarer Schlossnähe den nach Kaiser Wilhelm I. benannten ***Volksgarten*** *anlegen. Als das Schloss 1911 in städtischen Besitz gelangte, wurde der Park Teil des Kaisergartens. 1947 eröffnete im Schloss die Städtische Galerie. Aus dem Ludwig Institut für Kunst der DDR, das 1983 hinzukam, wurde die LUDWIGGALERIE.*

niert, geschaut. Dominiert wird die quirlige Kulisse vom Gasometer. Dies ist Ruhrpott zum Durchatmen: Mitten im Geschehen, inmitten der Industriekultur, finden wir dieses Treiben einfach traumhaft gut.

Die ❼ **Tausenfüßlerbrücke,** die wegen der vielen Metallstreben so heißt, unterqueren wir ebenso wie die **Osterfelder-Straße-Brücke.** An der geschwungenen **Ripshorstbrücke** halten wir uns an der Verzweigung links. Auf dem oberen Weg kommen wir der **Emscher** nah, über die uns links eine Brücke bringt. Der in Beton gezwängte **Läpkes-Mühlenbach** fließt in die Emscher, die sich – durch den Emscher-Umbau (mit dem sich Tour 3 näher befasst) von ihrer schnurgeraden Betonrinne erlöst – über ihre wiedergewonnene Freiheit freuen darf.

Auf der ❽ **Brache Vondern** breitet sich eine artenreiche Industrienatur aus. Holzbohlen führen hinauf zum ❾ **Brachenthron,** der aus Material der längst ver-

LudwigGalerie Schloss Oberhausen

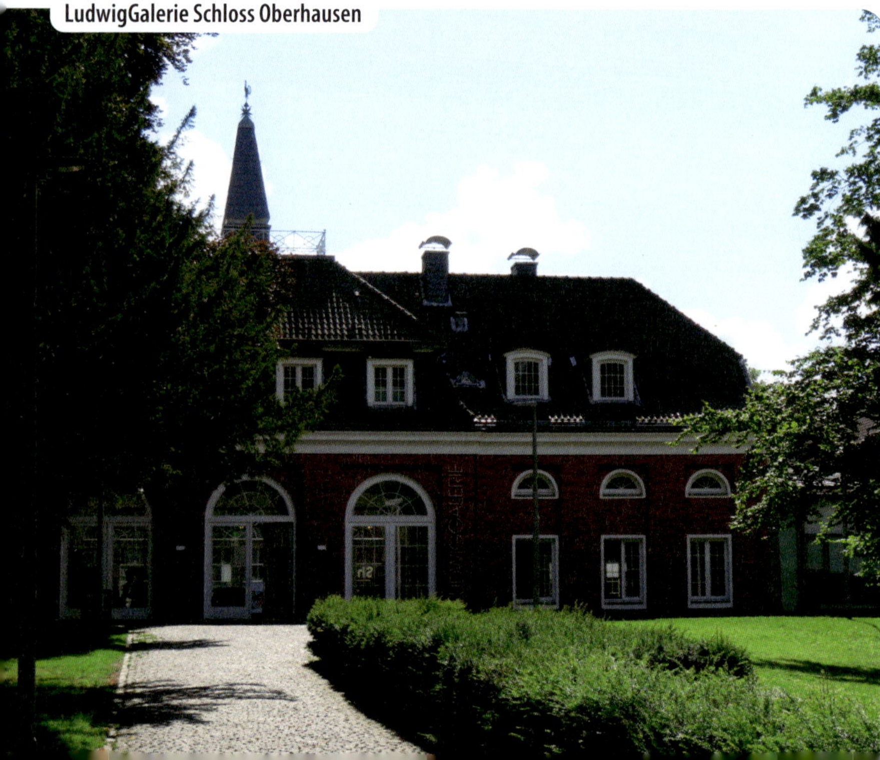

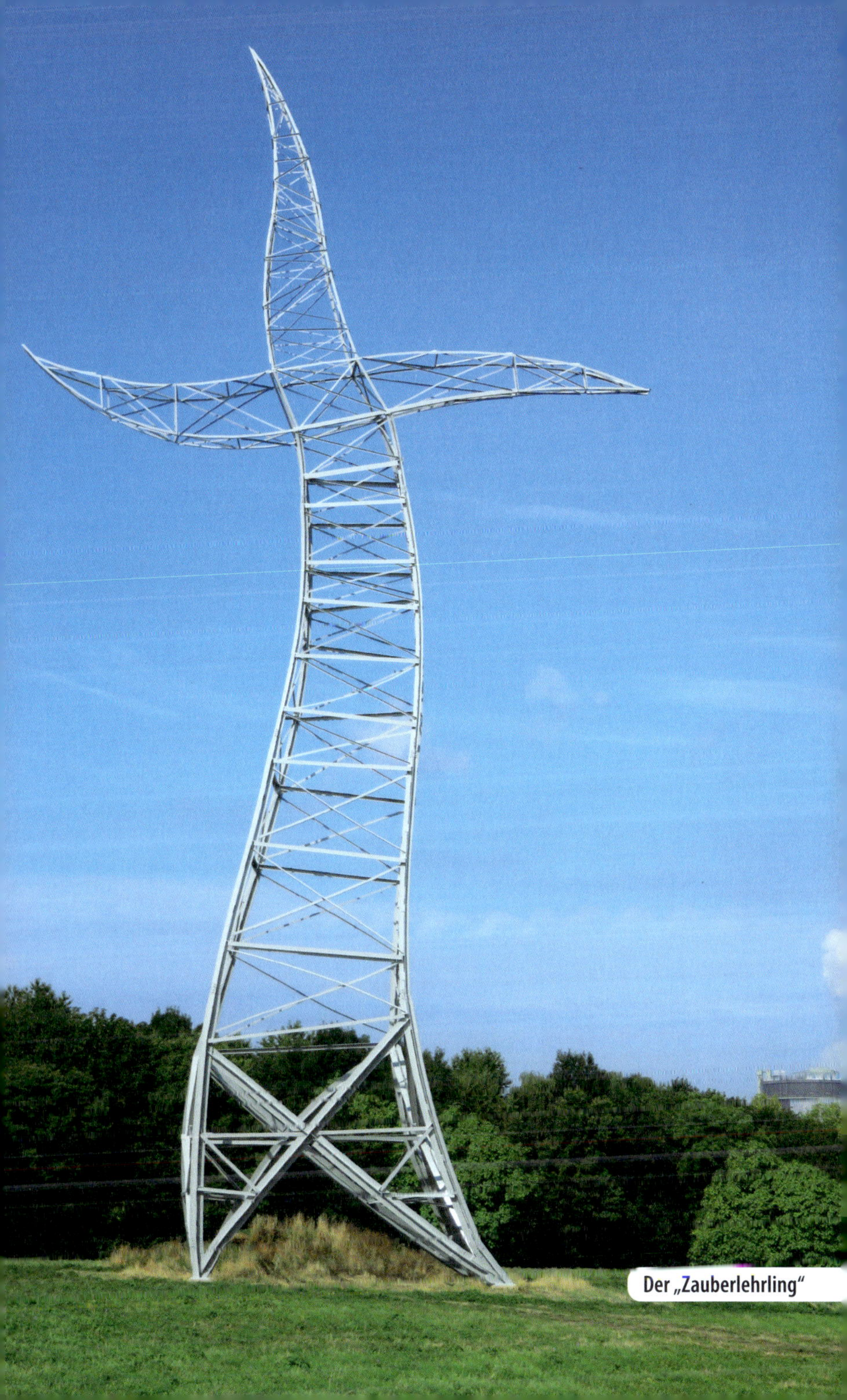

Der „Zauberlehrling“

schwundenen Zeche Vondern errichtet wurde und uns zum Schmunzeln bringt. Wir kehren um, überqueren **Emscher** und **Rhein-Herne-Kanal** und erreichen dahinter geradewegs ⑩ **Haus Ripshorst.** In dieser Einrichtung für die Umweltbildung befasst sich eine Ausstellung mit der Landschaftsumgestaltung im **Emscher Landschaftspark.** Nach einem Erfrischungsgetränk nimmt uns zwischen den Gebäuden ein schmaler Weg mit durch eine Wiese, hinter der wir rechts zur **Ripshorstbrücke** zurückkehren. Links daneben wandern wir über den **Läpkes-Mühlenbach** am Kanal weiter.

Wie ein Hochspannungsmast wirkt der tanzende ⑪ **Zauberlehrling,** der als stromlose EMSCHERKUNST.2013 in einer Wiese pure Lebenslust ausstrahlt. Etwas später erstrecken sich in einem vom Haus Ripshorst nachempfundenen ⑫ **Tertiärwald** eine Mammutbaum-Allee und ein Gingko-Hain. Wir laufen unter der **Osterfelder-Straße-Brücke** her und biegen vor einem rot-weißen Wegpfosten links ab zur ⑬ **Heinz-Schleußer-Marina.** Über eine Promenade flanieren wir um das Hafenbecken herum, an dessen Ende wir über Stufen zum Kanalufer hinaufsteigen.

Im Schatten von Weiden, Vogelkirschen, Eschen, Erlen und Platanen sehen wir hinter der **Tausendfüßlerbrücke** an einem funktionslosen Brückenpfeiler eine kunstvolle Sonne aus Stahlblech. Vor der **Fachwerkbrücke** nehmen uns links Stufen hinauf zu einer Asphalttrasse, die uns links zu einem Stoppschild bringt. Dort folgen wir der Beschilderung in Richtung CentrO/Arena und ignorieren gleich rechts den Abzweig, der unter einer Unterführung zum Gasometer führt. Wir wählen die erste Möglichkeit links und schlendern am kleinen Kanal entlang, der eigens für das **CentrO** ⑭ angelegt wurde. Das Einkaufs- und Freizeitzentrum vor uns entstand 1996 und verwandelte die riesige Industriebrache der Gutehoffnungshütte in die Neue Mitte Oberhausen. Der Stahl- und Maschinenbaukonzern, der als Wiege der Ruhrindustrie gilt und einer der

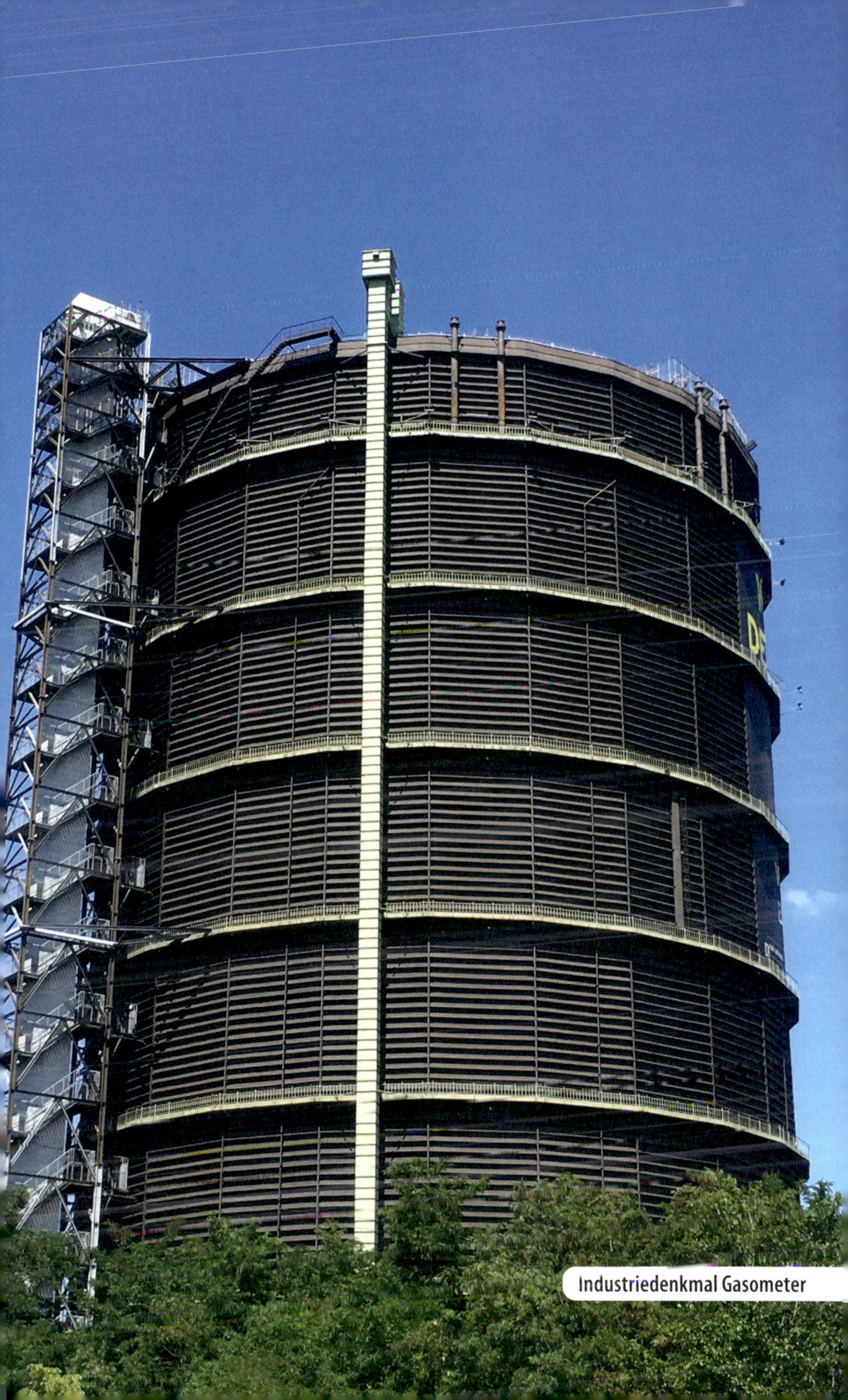

Industriedenkmal Gasometer

größten Maschinen- und Anlagenbauer Europas war, verschmolz in den 1980er-Jahren mit der Münchener MAN AG.

Unser Blick schweift über das Wasser zur CentrO Promenade, die wegen der vielen Bars und Restaurants beliebt ist. Wer mag, kann dort den Wandertag ausklingen lassen. Unsere Route aber führt rechts über die kleine Brücke, hinter der wir uns nach rechts wenden, um links die Brücke der Bus- und Bahntrasse in Richtung Gasometer zu unterqueren. In Kurven geht es hinauf zur Entertainmenthalle König-Pilsener-Arena und rechts über die **Arenastraße** zurück zu unserem Parkplatz.

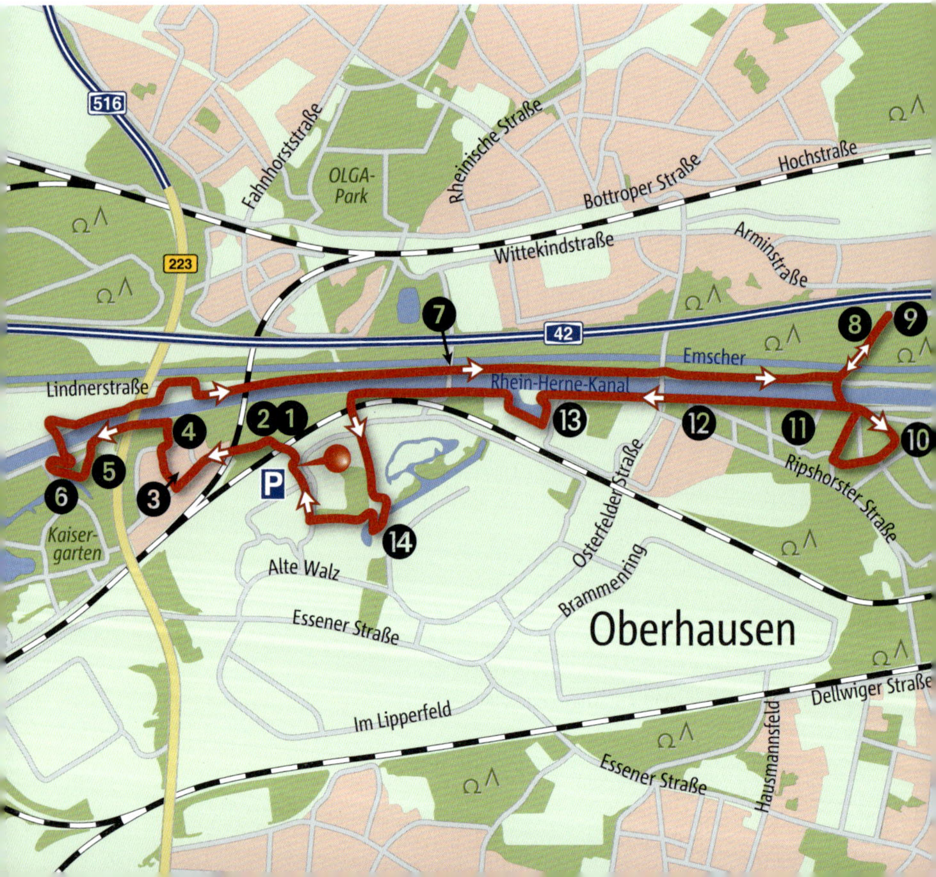

ALLES AUF EINEN BLICK

Entspannung ●●●●●
Abenteuer ●●○○○
Vielfalt ●●●●●

WIE & WANN

Befestigte Wege, unbefestigte Waldpfade, Straßen und Brücken. Ganzjährig interessant.

HIN & WEG

Auto: Parkplatz am Gasometer, Arenastraße 11, 46047 Oberhausen (GPS: 51.492012 6.870250)
ÖPNV: Vom Oberhausener Hbf. mit Bus oder Bahn bis Neue Mitte

ESSEN & ENTSPANNEN

5 **Schloss Gastronomie Kaisergarten,** Konrad-Adenauer-Allee 48, 46049 Oberhausen, Tel. (02 08) 29 02 20, www.kaisergarten.de

ERLEBEN & ENTDECKEN

1 **Gasometer,** Arenastraße 11, 46047 Oberhausen
2 **tree2tree Hochseilgarten,** Arenastraße 13, 46047 Oberhausen
3 **Beamtenkolonie Grafenbusch,** Am Grafenbusch, 46047 Oberhausen
4 **Rhein-Herne-Kanal**
5 **Kaisergarten und Schloss Oberhausen,** Konrad-Adenauer-Allee 46, 46049 Oberhausen
6 **Fußgängerbrücke Slinky Springs to Fame**
7 **Tausendfüßlerbrücke**
8 **Brache Vondern**
9 **Brachenthron**
10 **Haus Ripshorst RVR-Besucherzentrum,** Ripshorster Straße 306, 46117 Oberhausen
11 **Zauberlehrling**
12 **Tertiärwald**
13 **Heinz-Schleußer Marina,** CentrO
14 **CentrO,** Centroallee 1000, 46047 Oberhausen

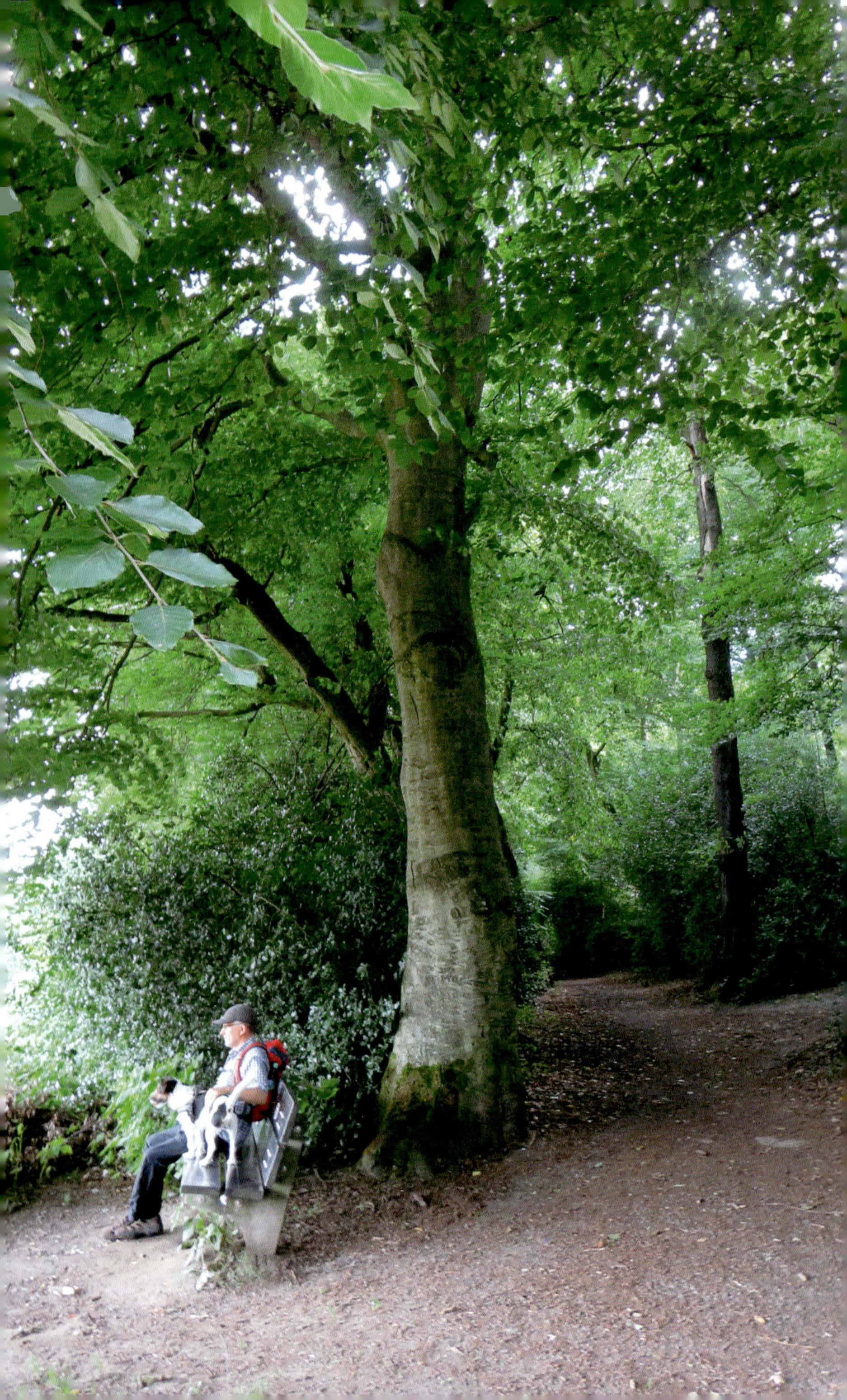

Sterne und Kohle

Rund ums Weitmarer Holz

Vor unserem Parkplatz rechts ab geht die leicht abschüssige **Schloßstraße** geradewegs in einen Fuß- und Radweg über. Eine Brücke mit goldgelben Sonnen überspannt den nach einem Generaldirektor der Gelsenkirchener Bergwerks-AG benannten **Springorum-Radweg** auf einer ehemaligen Bahntrasse. Dahinter gelangen wir in den **Weitmarer Schlosspark,** in dem Bänke unter alten Eichen, Buchen, Eiben und Mammutbäumen zum Tagträumen einladen. Hinter einem Seerosenteich biegen wir rechts ab. Zu unserer Linken erhebt sich ❶ **Haus Weitmar,** das zusammen mit dem **Museum unter Tage** zu unserer Rechten als **Situation Kunst** eine Kunstsammlung der Ruhr-Universität Bochum beherbergt. Uns fasziniert die ungewöhnliche Architektur: In die Ruine des 1592 aus Ruhrsandstein erbauten Herrenhauses wurde 2010 ein Glaskubus eingefügt. Wer sich nach einer Tasse Kaffee sehnt, erhält sie dort in der **Event-Kaffeerösterei Baristoteles.**

Wir kommen am Ende des Wassergrabens links ab zur erstmals 1397 urkundlich erwähnten ❷ **Sylvesterkapelle,** deren Geschichte aber wohl bereits im 11. Jahrhundert beginnt. Schützend breitet eine Buche ihre Krone über der pittoresken Ruine aus. Vom Turmbereich mit Grabplatten aus dem 17. und 18. Jahrhundert schreiten wir durch das sonnendurchflutete Langhaus und steigen drei Stufen zum Chor hinauf. Alte Grabsteine locken uns nach draußen. Der Mystik dieses Ortes können wir uns nicht entziehen.

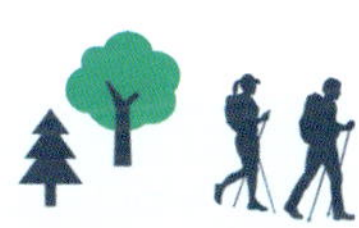

Kilometer: 10,4
Stunden: 3
RUNDWEG

Vor dem Kirchenportal gelangen wir rechts zur **Nevelstraße.** Links hinab und an

Das von Hängen und Siepen geprägte ***Weitmarer Holz*** *erstreckt sich am südlichen Rand der Bochumer Innenstadt. Bis in die 1960er-Jahre gab es hier Kleinzechen, die durch den Kohlenabbau entstandene Hohlräume nicht ausreichend mit Bergematerial verfüllten. Noch immer besteht die Gefahr von Tagesbrüchen, daher sollte man die Wege auf keinen Fall verlassen.*

der rechts abknickenden **Generalstraße** vorbei führt sie uns im Linksbogen in ein Landschaftsschutzgebiet mit hügeligen Feldern und Pferdekoppeln. Etwas überraschend finden wir in dieser ländlichen Lage den gut sortierten **③ Weinfachhandel Henßen.** Die Nevelstraße knickt bald an einem Zaun links ab und führt uns an dem rechts abzweigenden **Hilgenheckweg** geradeaus vorbei. Hinter einem von knorrigen Buchen und Eichen gesäumten Hohlweg ignorieren wir den rechts abzweigenden Fuß- und Radweg, um darunter rechts weiterhin der Nevelstraße zu folgen, die uns unter Bäumen und im Links-rechts-Bogen durch eine Anlage mit Wochenendhäusern bringt. Hinter einem einzelnen Mehrfamilienhaus leitet uns an einem Gartenzaun links ein Pfad hinauf zum Wald. Dort halten wir

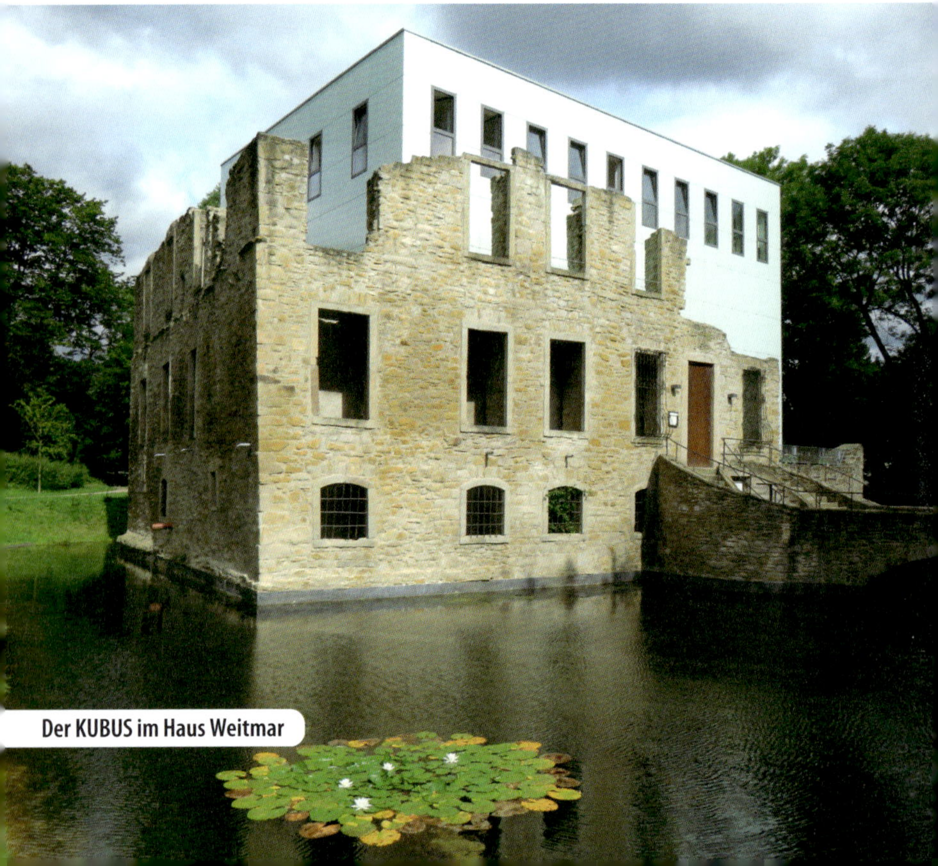

Der KUBUS im Haus Weitmar

uns links und wählen an der Gabelung mit einer Bank rechts den leicht ansteigenden Waldweg, der an der **Hattinger Straße** endet.

Wir wenden uns nach rechts, überqueren die Straße an einer Fußgängerampel und halten uns auf der anderen Straßenseite links. An einer Häuserzeile fallen uns symmetrisch angeordnete Fenster und hübsche Ornamente als typische Stilelemente der repräsentativen Architektur aus der Zeit der Industrialisierung auf.

Für die Seele

Von Haus Weitmar wandern wir zur Sternwarte und ergründen im Weitmarer Holz die Anfänge des Bergbaus.

Rechts führt uns der Fußgängerweg **Am Buchenhain** quer durch einen Park und dann in einen Wald. An einer Kreuzung biegen wir links ab, halten uns danach rechts und wählen an einer Gabelung den rechten Weg. An einer Kreuzung kommen wir geradeaus ins Waldgebiet **Weitmarer Holz,** wo sich rechter Hand das **4 Wildgehege Jörgenstein** erstreckt. Wir wandern geradeaus an einem Maschendrahtzaun entlang, der unsere Blicke ungehindert über das teils stark zerfurchte Gelände schweifen lässt, in dem wir zwischen Damwild eine weiße Ziege entdecken.

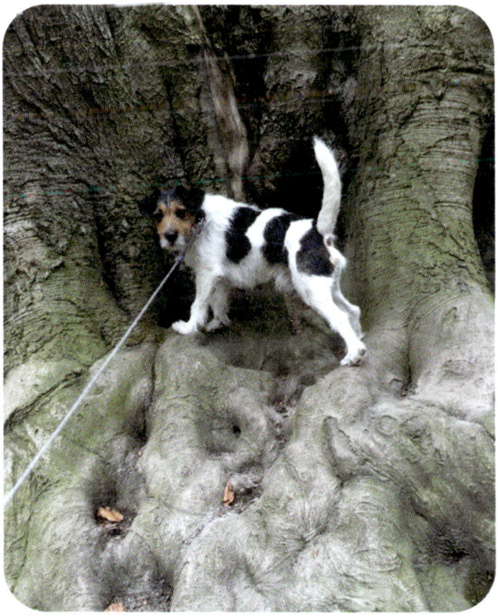

Wir folgen dem steinigen Weg aufwärts und biegen am Ende des Zauns rechts ab. Abwärts geht es unter Lärchen und Buchen weiter am Wildgehege entlang, in dem das Erdreich stark aufgewühlt ist. Der Verursacher ist ein Wildschwein, das uns hinter dem Zaun stehend nicht aus den Augen lässt.

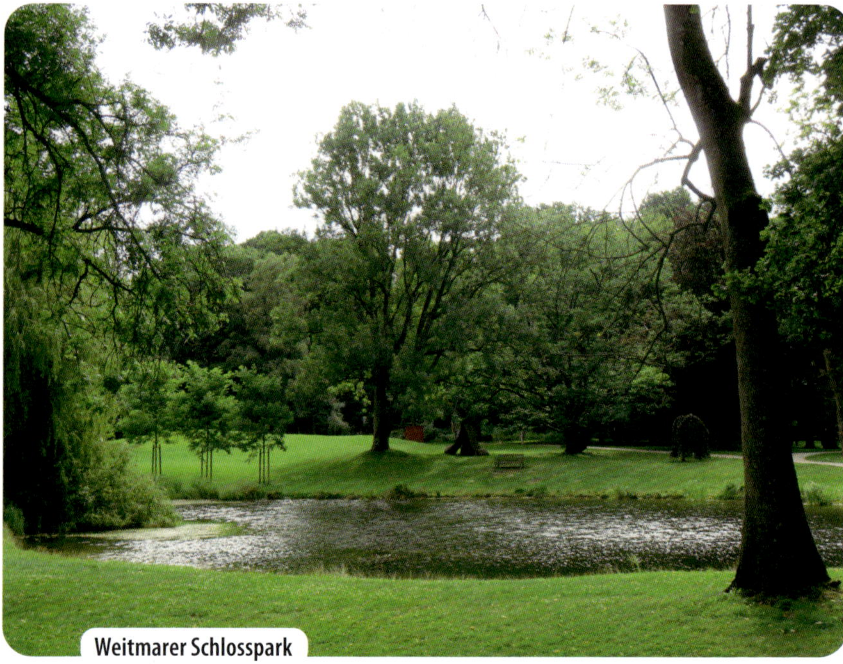

Weitmarer Schlosspark

*Als Institut für Umwelt- und Zukunftsforschung und ESA Weltraumbildungsbüro macht die **Sternwarte Bochum** mit einer Ausstellung Weltraum- und Umweltforschung für Besucher erlebbar. Unter der 40 Meter hohen, von Druckluft getragenen Kuppel des Radar-Doms (Radom) empfängt eine Parabolantenne seit den 1960er-Jahren Signale von Satelliten und Raumsonden.*

Geradeaus kommt eine Sportanlage in Sicht. Wir wählen davor den linken Abzweig und folgen an der nächsten Kreuzung geradeaus dem mit einer Raute markierten Wanderweg. Eine Verzweigung bringt uns rechts zur **Blankensteiner Straße,** wo auf der gegenüberliegenden Seite das ❺ **Restaurant Forsthaus** mit einem lauschigen Biergarten liegt. Wir überqueren die Straße aber nicht, sondern biegen kurz davor rechts in einen Waldweg ein. Die Anliegerstraße **Auf der Krücke** bringt uns geradeaus zu der 1946 von Heinz Kaminski gegründeten ❻ **Sternwarte Bochum.** Von den Bochumern wird das Gelände des Radoms auch **Kap Kaminiski** genannt, zu dem uns links die **Obernbaakstraße** führt.

Neben der ehemaligen Gaststätte **Zum Wienkopp** bringt uns rechts eine Sackgasse in ein Landschaftsschutzgebiet. An einer Kreuzung und an einer Gabe-

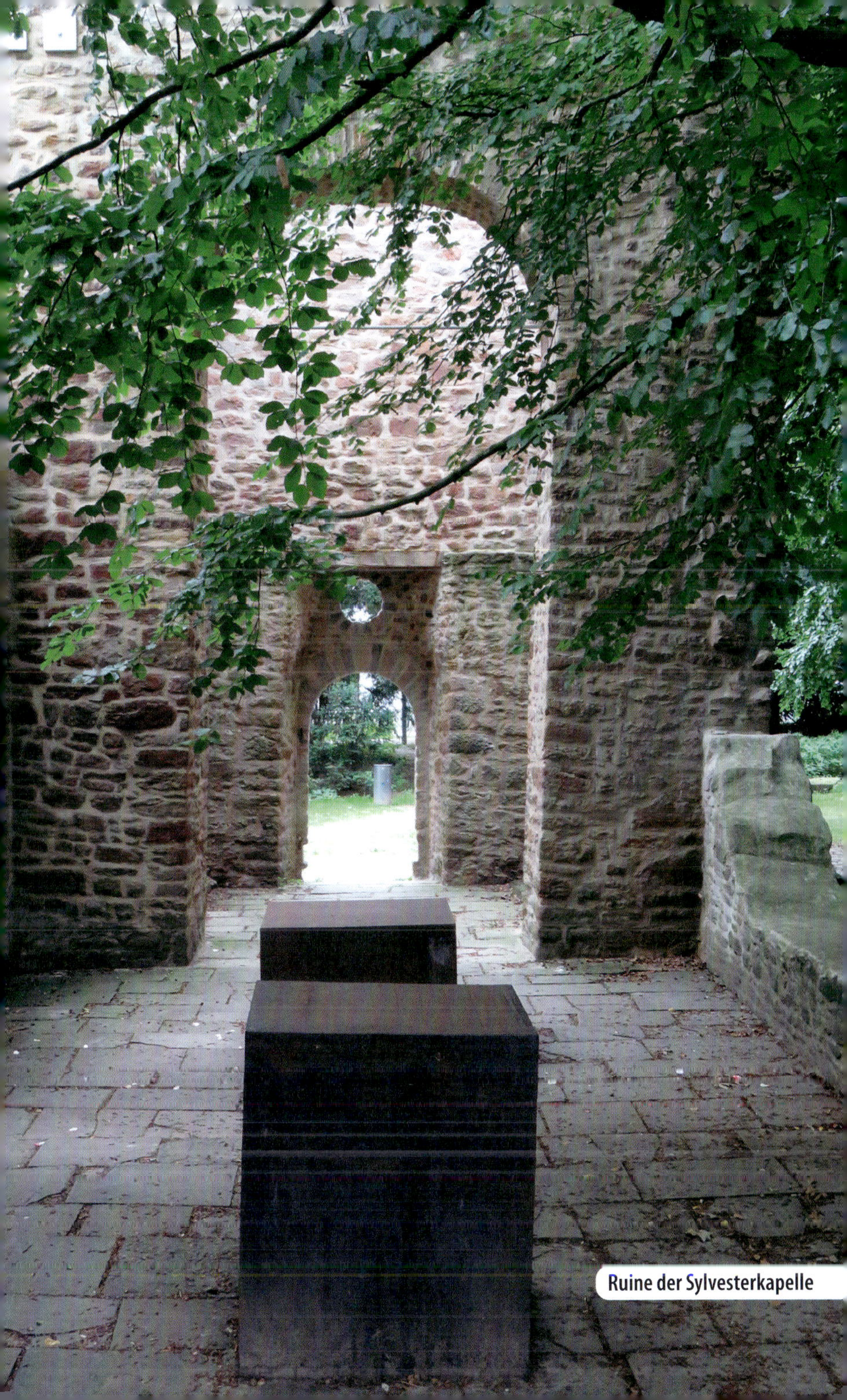

Ruine der Sylvesterkapelle

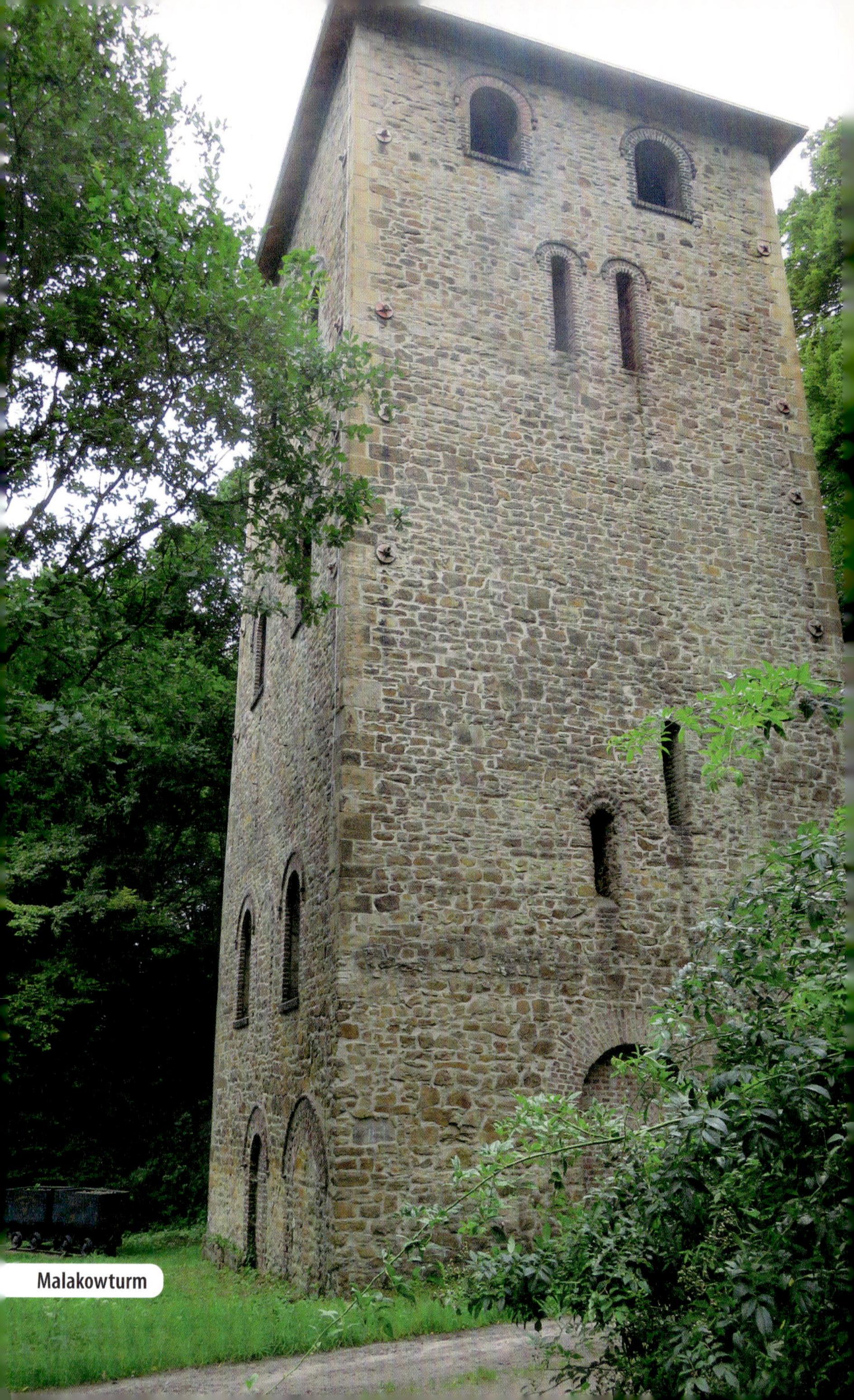

Malakowturm

lung wenden wir uns nach links und wandern an einem T-Abzweig rechts abwärts. Links führt an einer Verzweigung ein von Wurzeln durchzogener Pfad recht steil hinab um einen Siepen herum, der zu unserer Rechten liegt. Links sehen wir weit oben an einer Hangkante Häuser. An einer Gabelung geht es rechts mal mehr, mal weniger steil hinab weiter an dem tief eingekerbten Bachtal entlang. Ilex breitet sich unter Bäumen aus. Dann weitet sich der Wald zu einem von einem weiteren Siepen durchzogenen Buchenhallenwald. Am Wegrand glänzen die nackten Wurzeln einer mächtigen ❼ **doppelstämmigen Buche** auf der Böschung wie Metall.

Leicht aufwärts wandern wir so an einer ❽ **Schutzhütte** vorbei, dass sie zu unserer Rechten bleibt. An der Gabelung dahinter wählen wir den linken breiten Waldweg. Einen Abzweig lassen wir links liegen und erreichen eine Wiese, die sich rechts am Waldrand ausdehnt. Gleich dahinter biegen wir rechts und dann an einem T-Abzweig links ab. An einer weiteren Verzweigung links erreichen wir über Holzstufen die **Blankensteiner Straße,** wenden uns nach links und biegen sofort rechts in die **Krockhausstraße** ein. Dort nimmt uns gleich links als Fußweg die ❾ **historische Bergbau-Pferdeschleppbahn** auf, über die Kohle zur Ruhr gebracht und auf Flussfrachtschiffe, die sogenannten Ruhraaken, geladen wurde.

Die nach dem Bleierzstollen ❿ **Stolln von Stiepel** benannte Straße **Am Bliestollen** überqueren wir am Ende des Fußwegs. Links ragt der älteste im Ruhrgebiet erhaltene ⓫ **Malakow-Förderturm** auf, dessen Geschichte eine Schautafel umfassend erläutert. Daneben liegt die ⓬ **Kleinzeche Haunert,** in der nach dem Zweiten Weltkrieg Kohle abgebaut wurde. Der Spitzname solcher Kleinzechen leitet sich aus der geringen Fördermenge ab: Pütt Eimerweise.

Wir wandern am ⓭ **Restaurant Waldhaus** vorbei zu der im Jahr 1790 stillgelegten ⓮ **Zeche St. Georgen Ober-**

stollen, an die nur noch ein Schild erinnert. Geradeaus bringt uns ein ansteigender Fußweg im Rechtsbogen und über eine Kreuzung zu einer Schutzhütte. Dort führt uns der rechte Weg einer Gabelung durch einen von einem Kerbtal geprägten Buchenwald. Einen Spielplatz lassen wir links liegen und wandern etwas später an einer Kreuzung geradeaus weiter durch den Wald. An einem Parkplatz verläuft die **Blankensteiner Straße** als abknickende Vorfahrtstraße. Wir folgen direkt in der Kurve der **Schloßstraße,** die uns geradeaus über die **Heinrich-König-Straße** und die Hattinger Straße zu unserem Parkplatz bringt. Ein schöner und abwechslungsreicher Wandertag geht zu Ende.

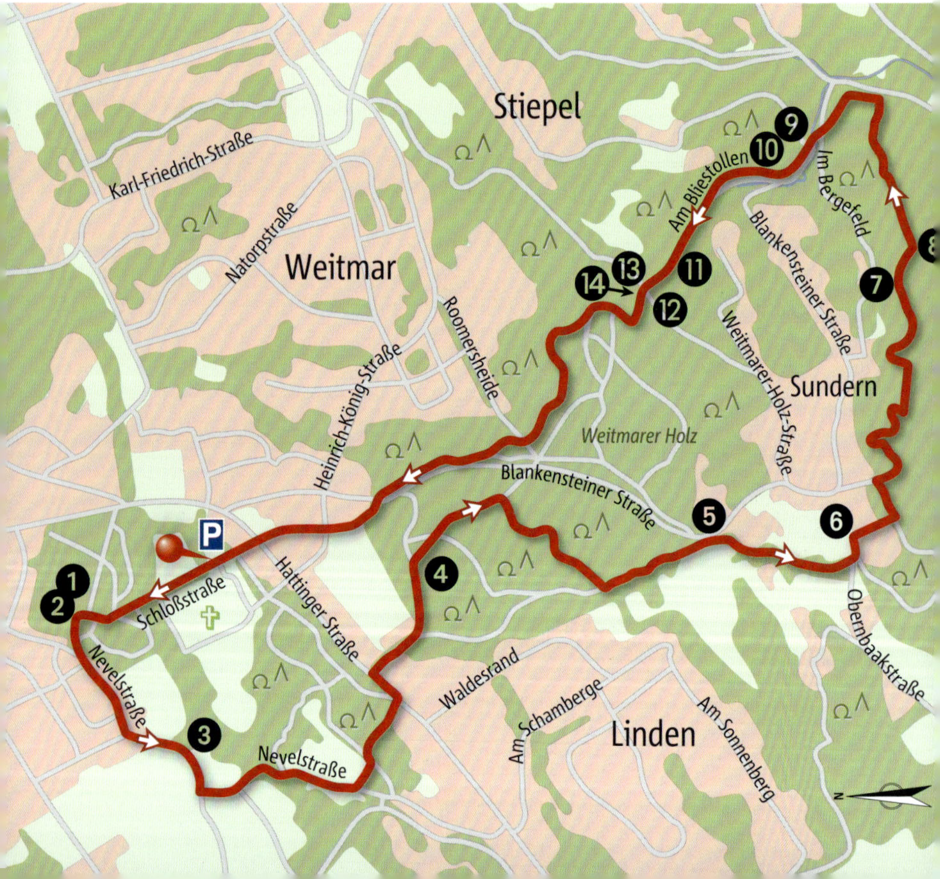

ALLES AUF EINEN BLICK

Entspannung ●●○○○
Abenteuer ●●●●○
Vielfalt ●●●●●

WIE & WANN

Wenig befahrene Straßen, unbefestigte, teils abschüssige Waldwege, befestigte Wege. Beste Wanderzeit von April bis Oktober.

HIN & WEG

Auto: Schloßstraße, Kreuzung Hattinger Straße, 44795 Bochum (Parkplatz am Friedhof) (GPS: 51.444027 7.192105)
ÖPNV: Straßenbahnlinien 308 und 318 vom Bochumer Hbf. Richtung Dahlhausen bzw. Hattingen bis Blankensteiner Straße, von dort der Schloßstraße folgen

ESSEN & ENTSPANNEN

1 **Event-Kaffeerösterei Baristoteles,** Schloßstraße 1 a, 44789 Bochum, Tel. (02 34) 51 69 73 41, www.baristoteles.de
3 **Weinfachhandel Henßen,** Nevelstraße 67, 44795 Bochum, Tel. (02 34) 43 36 54, www.wein-henssen.de
5 **Restaurant Forsthaus,** Blankensteiner Straße 147, 44797 Bochum, Tel. (02 34) 3 69 48 88, www.forsthaus-bochum.de
13 **Restaurant Waldhaus,** Am Bliestollen 44, 44797 Bochum, Tel. (02 34) 47 53 52, www.waldhaus-bochum.de

ENTDECKEN & ERLEBEN

1 **Haus Weitmar,** mit Park und Situation Kunst, Schloßstraße 1, 44789 Bochum
2 **Sylvesterkapelle**
4 **Wildgehege Jörgenstein**
6 **Sternwarte Bochum,** Blankensteiner Straße 200 a, 44797 Bochum
7 **Doppelstämmige Buche**
8 **Schutzhütte**
9 **Historische Bergbau-Pferdeschleppbahn,**
10 **Stolln von Stiepel,** Am Bliestollen, 44797 Bochum
11 **Malakow-Förderturm,** Am Bliestollen, 44797 Bochum
12 **Kleinzeche Haunert,** Am Bliestollen 46, 44797 Bochum
14 **Zeche St. Georgen Oberstollen,** Am Bliestollen, 44797 Bochum

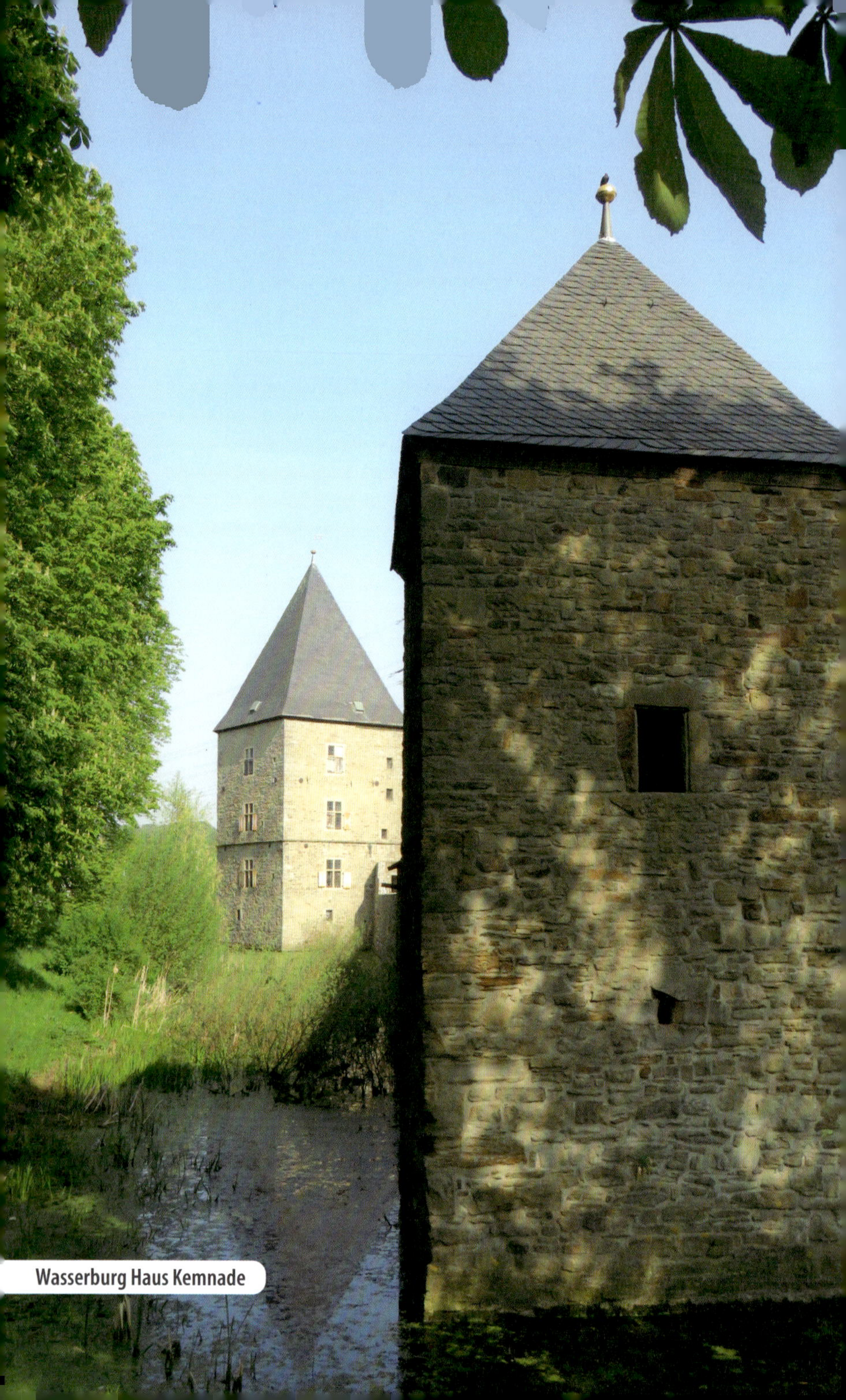

Wasserburg Haus Kemnade

Zwischen zwei Burgen

Entlang der Ruhr in Hattingen

Unser Wandertag startet am Parkplatz der ❶ **Wasserburg Haus Kemnade,** das seit 1921 im Besitz der Stadt Bochum ist und dessen Geschichte weitgehend im Dunkeln liegt. Erstmals urkundlich erwähnt wird es im Jahr 1410, wurde aber nach einem Brand im Jahr 1589 neu errichtet. Wir lassen es rechter Hand hinter uns und folgen geradeaus einem asphaltierten Fuß- und Radweg ins ❷ **Naturschutzgebiet Alte Ruhr-Katzenstein,** das sich an beiden Ufern der Ruhr erstreckt. An einer Kreuzung links ab bringt uns ein Fußweg im Linksbogen zur ❸ **Stauwehrbrücke** des 1979 angelegten Kemnader Sees. Unter uns rauscht Wasser durch hydraulisch verriegelbare Klappen hinab in die Ruhr. Neben einer Gasse für Kanus und Ruderboote entdecken wir Treppen, die Fischen einen ungehinderten Auf- und Abstieg über das Wehr ermöglichen.

An Steinbänken biegen wir links in einen mit Natursteinen befestigten **Leinpfad** ein, von dem Pferde einst die Ruhraaken flussaufwärts zogen. Buhnen sind mit Blutweiderich, Seggen und Weidengebüsch bewachsen und schenken uns traumhafte Wasserblicke. Doch sie erinnern uns auch daran, dass die Ruhr einst zwischen Unna und Duisburg schiffbar war. Während sich auf der anderen Seite des Flusses die bewaldeten Ruhrsteilhänge erheben, wandern wir flussabwärts durch weite Auen. Unsere Route führt zwischen alten Eichen und imposanten Silberweiden und unter der **Kemnader Brücke** hindurch. Rechts liegt das Ausflugslokal ❹ **Andrés Alte Fähre,** doch für eine Einkehr ist es uns noch

Kilometer: 13,9
Stunden: 3,5
RUNDWEG

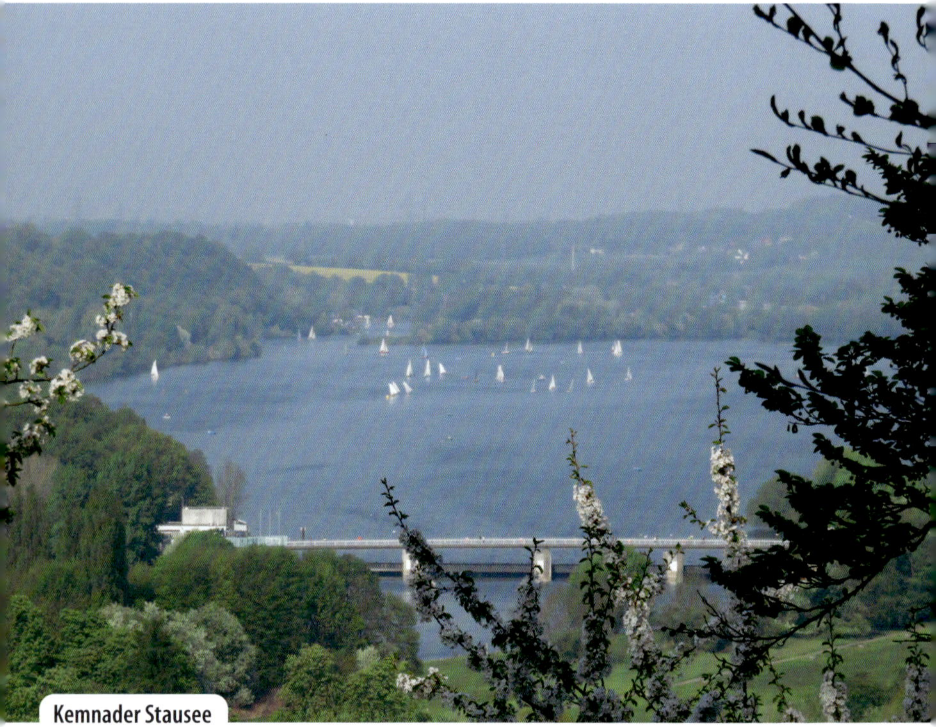

Kemnader Stausee

Die **Schleuse Blankenstein** wurde 1778 als eine von 16 Schleusen fertiggestellt und regulierte zusammen mit in den Fluss gebauten Buhnen den Wasserpegel. So wurde die Ruhr für die Ruhraaken mit ihrem geringen Tiefgang zum Transportweg für Steinkohle, Salz, Getreide und Steine.

zu früh. An der Schleuseninsel teilt sich die Ruhr. Wir wandern am ❺ **Schleusenkanal** entlang zur denkmalgeschützten **Schleuse Blankenstein.** Sie liegt zwischen dem ❻ **Wasserwerk Stiepel** und dem ❼ **Schleusenwärterhäuschen** und ist lange schon außer Betrieb.

Bald verbinden sich Schleusenkanal und Ruhr wieder. Strudel bilden sich im Fluss, der nun schnell und laut an uns vorbeirauscht. Die Ufer sind dicht bewachsen, der gegenüberliegende Hang ist ein Meer aus Grüntönen. Eine Flusslandschaft wie auf einem Gemälde! Wir biegen rechts in einen Weg mit Natursteinplatten ein, unterqueren an einer Pferdekoppel die **Kosterbrücke** und folgen links der **Blankensteiner Straße.** Vor einem Parkstreifen führt rechts ein Fußweg hinauf zur **Kosterstraße,** über die uns eine Fußgängerampel bringt. Wir überqueren die Brücke, unter der sich die Ruhr durch die Wiesen schlängelt. Kanus bilden auf dem Wasser orangerote Farbtupfer.

An einer Fußgängerampel biegen wir links in die Straße **An der Kost** ein, laufen unter der Kosterbrücke hindurch auf einen Metallzaun zu und biegen rechts ab. Nun geht es rechts sowohl unter einer Eisenbahnbrücke als auch noch einmal unter der Kosterbrücke hindurch.

Aktuell ist geradeaus der Wanderweg gesperrt, der am Campingplatz vorbei und rechts unter einer steinernen Eisenbahnbrücke hindurch in den Wald führt. Eine Umleitung verläuft nach Unterqueren der Kosterbrücke über den mit einer weißen Raute auf schwarzem Grund markierten Wanderweg.

Er knickt in Höhe eines blauen Hauses scharf rechts ab und leitet uns über die unbeschrankte **historische Ruhrtalbahn** zur ansteigenden Straße ❽ **Am Schulknapp.** Eine gepflasterte Friedhofszufahrt lassen wir links liegen, steigen kurz danach links über Stufen hinauf zur Sackgasse **Am Schultenhof** und wenden uns nach rechts. Unmittelbar vor einer Kirche halten wir uns links und treffen auf den querverlaufenden **Friedhofsweg.** Gegenüber führt rechts neben dem Kindergarten ein Schotterweg an einer Häuserzeile vorbei zu einem unbefestigten Querweg, der uns links hinab in ein bewaldetes Kerbtal bringt. Die Raute-Markierung lotst uns an einer Gabelung geradeaus und an der nächsten rechts hinab zu einem asphaltierten Querweg. Links erreichen wir mit Blick auf das Bahngleis einen scharf rechts abknickenden Wanderweg.

Hier endet die Umleitung und folgt wieder dem Ursprungsweg: Markiert mit der Raute und einem H verläuft er im steil ansteigenden Linksknick zu einem Aussichtsplatz, an dem uns aber das Laub der Bäume die Sicht auf die Ruhr verwehrt. Einen Abzweig rechts

Für die Seele

Von Haus Kemnade wandern wir durch idyllische Ruhrauen und an den Ruhrsteilhängen hinauf zur Burg Blankenstein.

*Als die **Henrichshütte** in Hattingen 1854 ihren Betrieb aufnahm, wurden dort auf einem riesigen Areal Koks, Eisen und Stahl produziert. Daher baute man die Eisenbahnstrecke im Ruhrtal für den Transport von Montangütern weiter aus. Seit 2005 ist die nostalgische Ruhrtalbahn zwischen Hagen und Bochum-Dahlhausen bei Fahrgästen sehr beliebt.*

missachten wir und wandern leicht abwärts geradeaus durch einen jungen Wald. An einigen Häusern am Wegrand nimmt uns geradeaus die unbeschilderte Straße **Müsendrei** auf, die sich in einem Rechtsbogen gabelt. Wir folgen links einem Schotterweg weiter durch einen Wald, der freie Blicke ins Ruhrtal zulässt. Geradeaus laufen wir an einem rechten Abzweig und einer Hauszufahrt vorbei und folgen hinter rot-weißen Wegpfosten einem Waldweg. Ein Aussichtspunkt schenkt uns einen schönen Ausblick auf die Schleuse Blankenstein mit dem Schleusenwärterhaus.

Leicht abschüssig geht es zu einer Gabelung. Links ab laufen wir über das Gelände der **Willi-Michels-Bildungsstätte,** die 1990 von Belegschaftsmitgliedern der Henrichshütte gegründet wurde. Geradeaus führen Stufen zu einem T-Abzweig, der uns rechts hinab in den Wald und im Linksbogen über ein Bachbett führt. Einen Abzweig rechts ignorieren wir, lassen einen Aussichtspunkt links liegen und wandern geradeaus abwärts. An einer Gabelung folgen wir links dem Wanderweg H hinab zum **Ruderverein Blankenstein Ruhr e.V. I.**

Andrés Alte Fähre

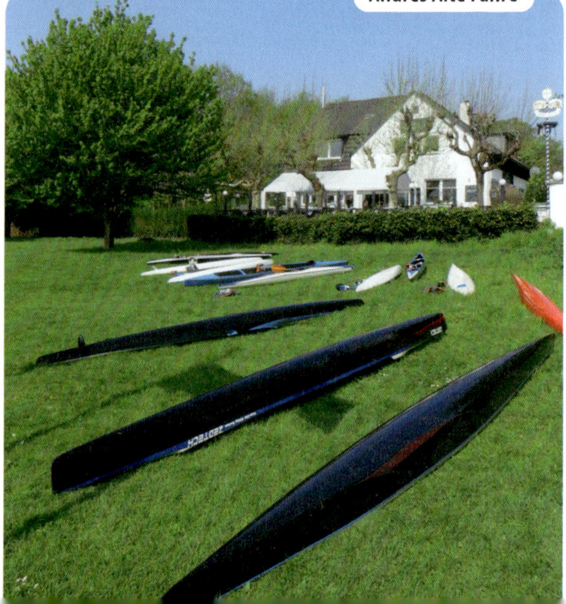

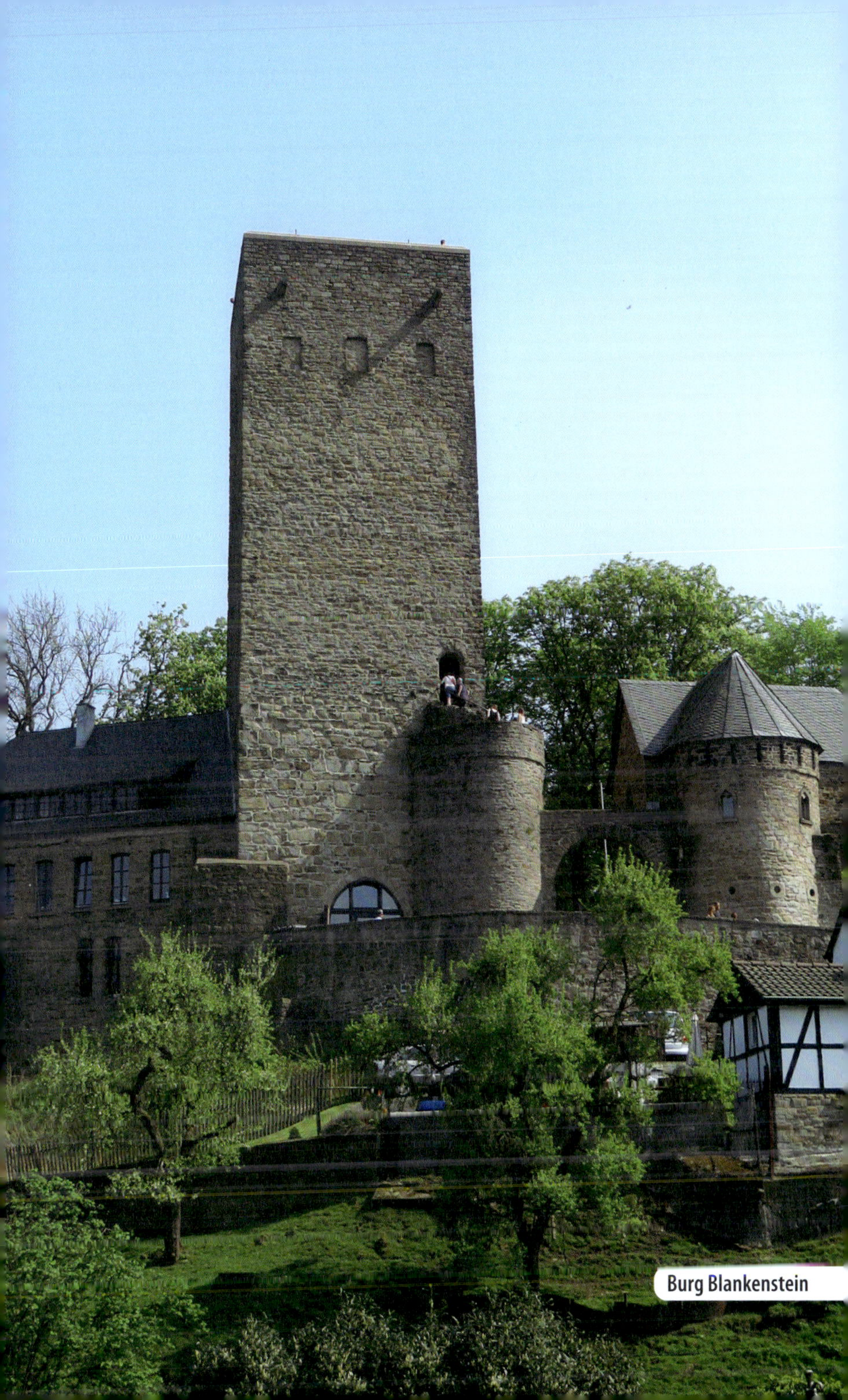

Burg Blankenstein

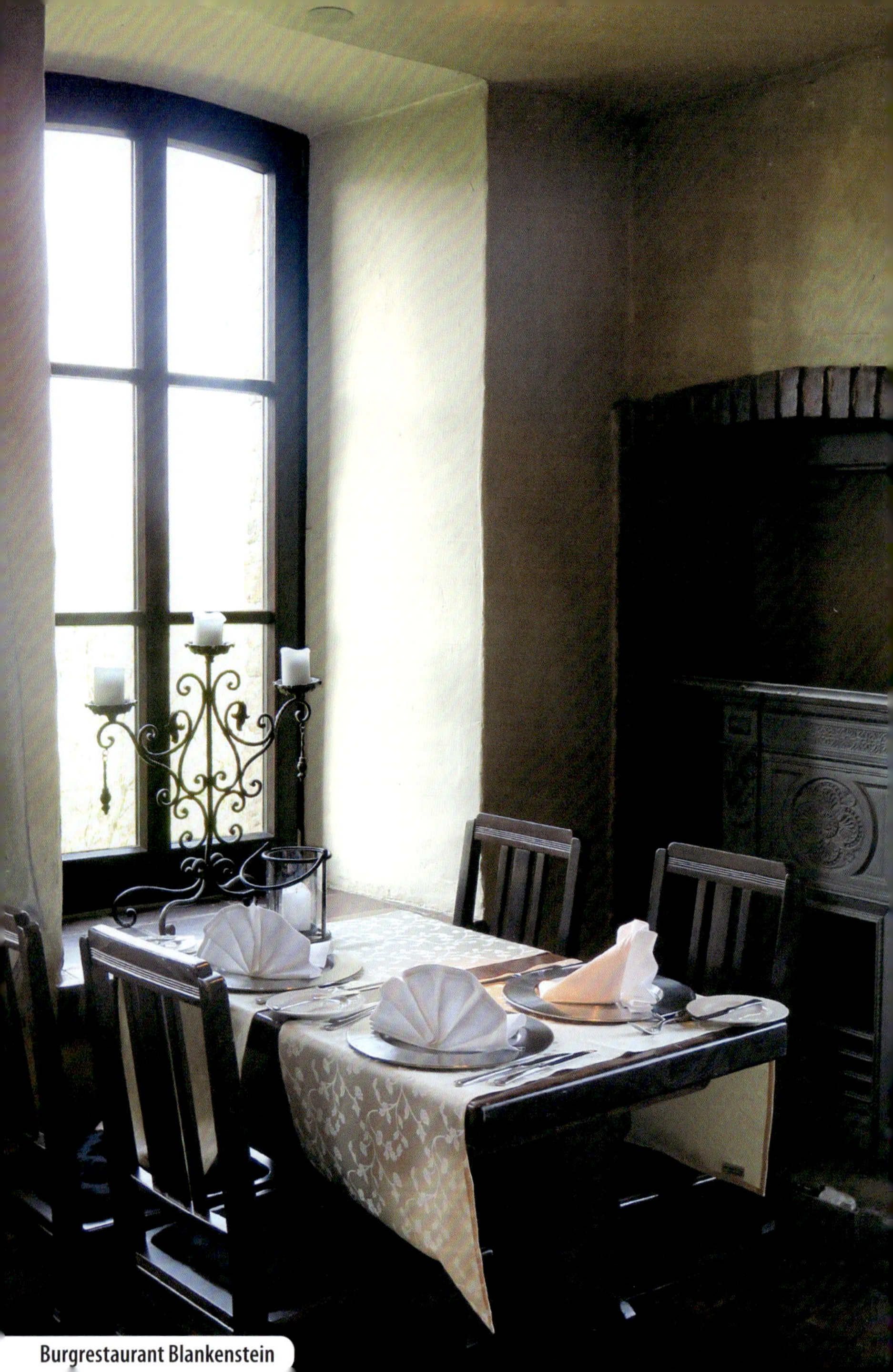

Burgrestaurant Blankenstein

Dort geht es wieder bergauf. Wir ignorieren einen Abzweig links und wandern über eine Kreuzung geradeaus zur Straße **Zu den Sieben Hämmern,** die wir gleich wieder verlassen. Uns nimmt geradeaus ein schmaler Durchgang auf, der zur Freiheit gehört. Hier lebten einst Handwerker und Bedienstete der Burg. Die Straße knickt nach rechts ab und führt uns zwischen malerischen, denkmalgeschützten Fachwerkhäusern zur **Burgstraße,** der wir links folgen. Vor uns ragt die **evangelische Kirche** aus dem 18. Jahrhundert auf. Links daneben kann man im **Küsterladen** Bücher und Geschenkartikel kaufen. Wir aber wählen rechts den Durchgang, der uns mit Blick auf die Fachwerkkulisse zur **⑩ Burg Blankenstein** und dem gleichnamigen **Restaurant** bringt. Die Ruine wird von einem viereckigen Torturm dominiert. Im Burghof lädt ein Biergarten zum Verweilen ein, wir aber genießen zuvor von der Festungsmauer das Panorama über die Ruhrebene und die angrenzenden Hügel.

Zurück an der Kirche bringen uns Stufen neben der Burgmauer scharf links hinab. Im Rechtsbogen kommen wir zur unbeschilderten Straße **Im Tünken,** der wir links folgen. Ein Abzweig bringt uns rechts hinunter in einen von Bachtälern durchzogenen Wald. Sonnenstrahlen fallen durch die Blätter und zaubern tanzende Lichtreflexe, der Waldboden ist mit moosbezogenem Totholz übersät. Ein Steinbrückchen bringt uns über einen plätschernden Bach. Wir lassen uns gerne von dieser schönen Waldstimmung einfangen.

Unsere Strecke knickt nach rechts ab und führt neben einem Bachtal über Stufen hinauf zur **Wittener Straße.** Schräg links gegenüber führt ein ansteigender Wanderweg in den Wald. Über Holzstufen und im Linksbogen erreichen wir eine lauschige Bank, an der uns Ilex die Sicht in die Tiefen des Waldes nimmt. Weitere Holzstufen führen zu einer Bank mit einer herrlichen Aussicht über den Kemnader See. An zwei Gabelungen halten wir uns links und folgen dann links dem abschüssigen Wanderweg A1/A2. Er führt an einem eingekerbten Bachtal entlang und quer zu einem steilen Hang, um später in die schmale Straße Im Katzenstein zu münden. Dort biegen wir links ab, lassen einen Abzweig links liegen und erreichen abwärts die Straße **Im Hammertal.** Sie überqueren wir an der Ampelkreuzung ebenso wie links die **Wittener Straße.** Ein Fußweg bringt uns geradeaus an einem Feuchtbiotop vorbei, in dem ein Schwan brütet. In der angrenzenden Gräfte von Haus Kemnade hat eine Blessralle ihr Nest gebaut. Bevor wir zu unserem Parkplatz zurückkehren, lassen wir uns im Biergarten der **Burgstuben Haus Kemnade** vom stilvollen Ambiente einfangen, das der einstige Adelssitz auch heute noch ausstrahlt.

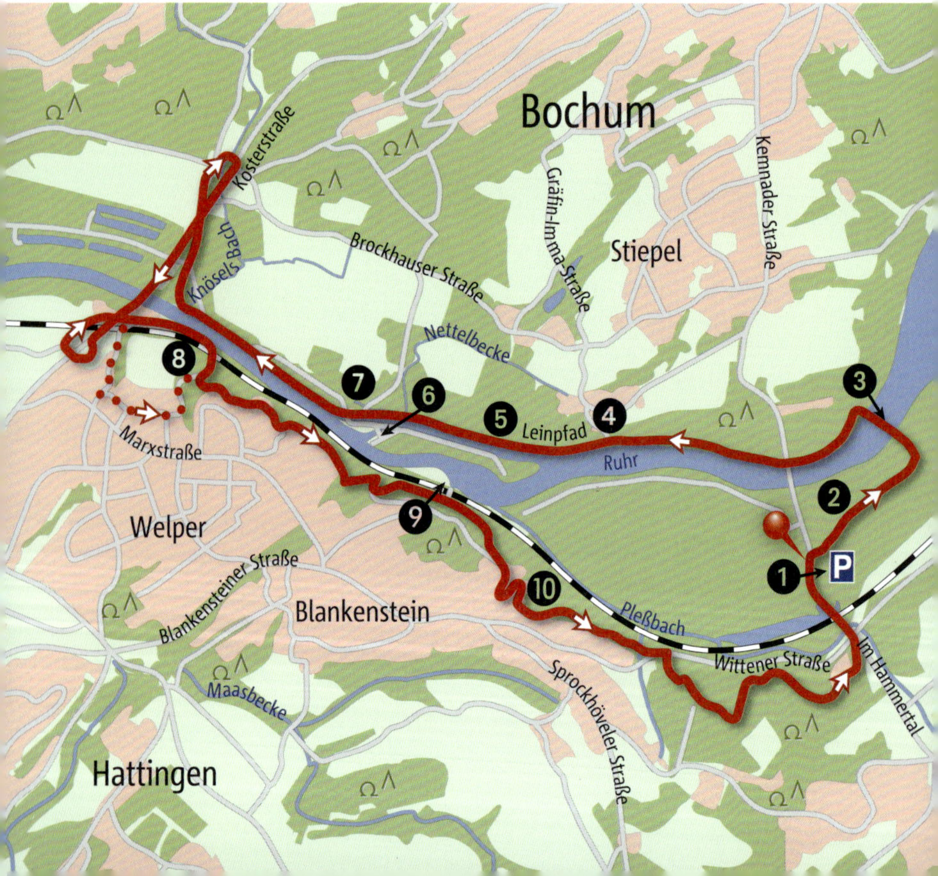

ALLES AUF EINEN BLICK

Entspannung 2/5
Abenteuer 5/5
Vielfalt 3/5

WIE & WANN

Naturstein- und Asphaltwege, befestigte Waldwege, leicht unwegsame Pfade. Bei trockener Witterung ganzjährig schön.

HIN & WEG

Auto: Parkplatz Haus Kemnade, An der Kemnade 10, 45527 Hattingen (GPS: 51.408270 7.248886)
ÖPNV: Linie CE31 ab Bochum Hbf. Richtung Hattingen Mitte bis Haus Kemnade

ESSEN & ENTSPANNEN

1 **Burgstuben Haus Kemnade,** An der Kemnade 10, 45527 Hattingen, Tel. (0 23 24) 9 33 10, www.hauskemnade.de
4 **Andrés Alte Fähre,** An der alten Fähre 4, 44797 Bochum, Tel. (02 34) 70 89 85 57, www.andresfaehre.de
10 **Restaurant Burg Blankenstein,** Burgstraße 16, 45527 Hattingen, Tel. (0 23 24) 3 32 31, www.burgblankenstein.de

ENTDECKEN & ERLEBEN

1 **Wasserburg Haus Kemnade,** siehe ESSEN & ENTSPANNEN
2 **Naturschutzgebiet Alte Ruhr-Katzenstein**
3 **Stauwehrbrücke Kemnader See**
5 **Schleusenkanal**
6 **Wasserwerk Stiepel**
7 **Schleusenwärterhaus an der historischen Schleuse Blankenstein**
8 **Historische Ruhrtalbahn**
9 **Ruderverein Blankenstein Ruhr e.V.,** Zu den Sieben Hämmern 12, 45527 Hattingen
10 **Burg Blankenstein,** siehe ESSEN & ENTSPANNEN

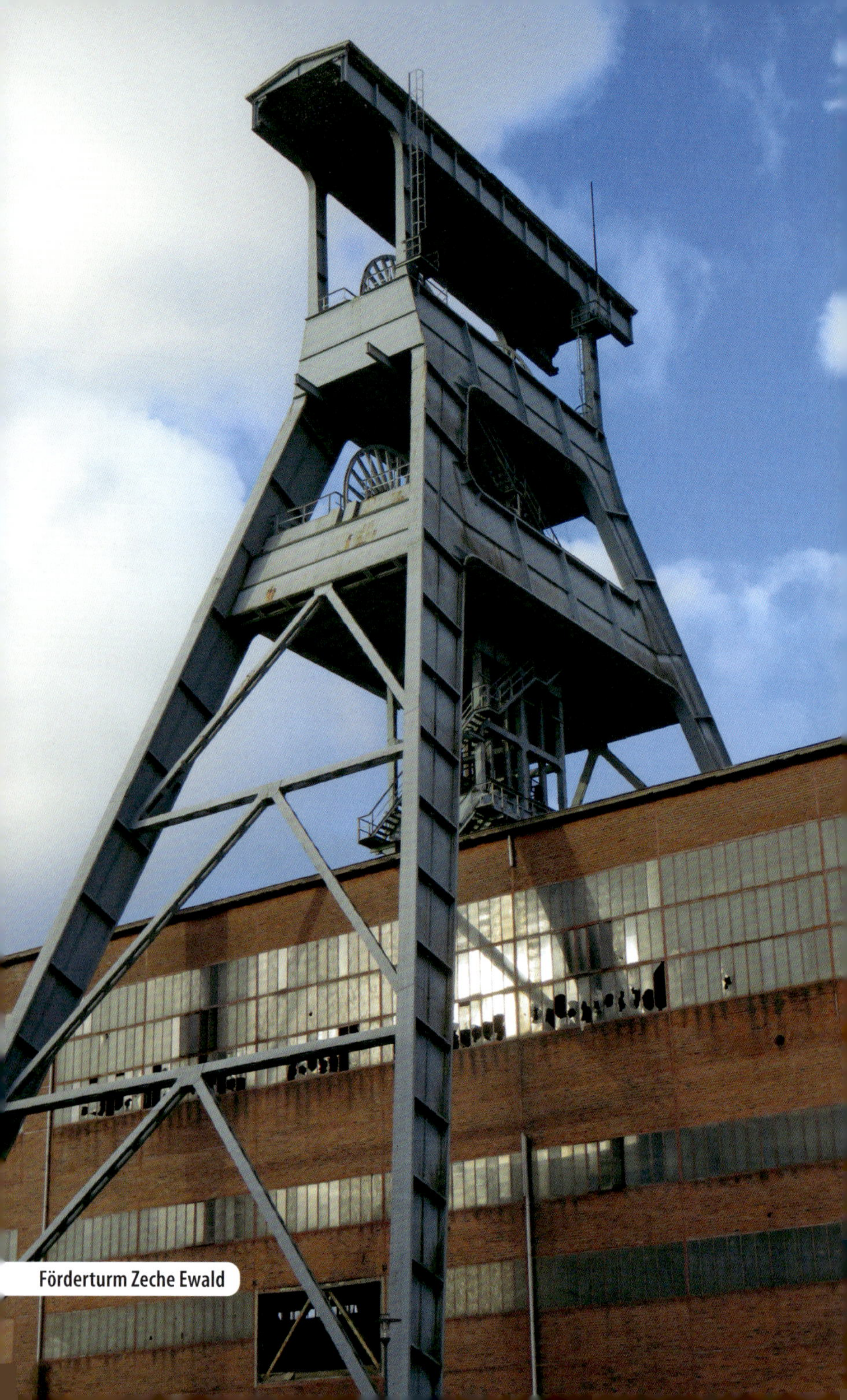

Förderturm Zeche Ewald

Reizvolle Kontraste

Zeche Ewald & das Emscherbruch

Der ❶ **Zeche Ewald** kehren wir den Rücken, überqueren die Ewaldstraße rechts an einer Fußgängerampel und laufen geradeaus auf ein Naturschutzgebiet-Schild zu. Dort folgen wir dem Weg rechts und biegen an einer Gabelung links ab. Ein fester Weg führt hinter einer Wegschranke in einen lichten Bruchwald zum ❷ **Ewaldsee,** der durch Materialentnahme für den Bau der nahen Autobahn **A2** entstanden ist.

Am See folgen wir dem von Erlen und Trauerweiden gesäumten Uferweg nach links und erreichen eine Aussichtsplattform. Unsere Route führt unter Platanen weiter am unteren Seezipfel entlang. An einer Gabelung wandern wir links vom See weg, um am T-Abzweig rechts auf den **Emscherweg** einzubiegen. Dieser Fuß- und Radweg verläuft auf einer ehemaligen Erzbahntrasse.

Nachdem wir den **Holzbach** überquert haben, bringt uns links ein gepflasterter Weg zur **Wiedehopfstraße.** Wir biegen links ein und überqueren die Straße an einer Fußgängerampel. Geradeaus nimmt uns **Im Eichkamp** am Saum eines Landschaftsschutzgebietes auf und leitet uns erneut über den Holzbach. Wir wandern durch eine Siedlung zur Einmündung in den **Kleiweg,** dem wir links folgen. Linker Hand erhebt sich die begrünte **Zentraldeponie Emscherbruch.** Angelegt wurde sie auf dem Gelände der 1966 abgerissenen **Zeche Graf Bismarck,** deren Schächte 7/8 hier in den Jahren 1911 und 1922 in Betrieb genommen worden waren.

Hinter rot-weißen Wegpfosten geht es auf einem festen Sandweg am Rand eines Wäld-

*Ewald Hilger gehörte 1871 zu den Gründern der im Jahr 2000 stillgelegten **Zeche Ewald,** die zeitweise als produktivste Zeche im Ruhrgebiet galt. Ein Malakowturm, eine Lohnhalle und das Fördergerüstprägen das Zechengelände,das mit einem Besucherzentrum und den angrenzenden Halden Hoheward und Hoppenbruch den Landschaftspark Hoheward bildet.*

Kilometer: 11,2

Stunden: 2,5

RUNDWEG

*Die **Ewald-Bahn** verband über die Erzbahntrasse das Hüttenwerk des Schalker Gruben- und Hüttenvereins und den Bochumer Verein für Bergbau und Gussstahlfabrikation mit dem Gelsenkirchener Hafen Grimberg am Rhein-Herne-Kanal. Sie transportierte Erze zu den beiden angeschlossenen Hüttenwerken und brachte in Gegenrichtung Steinkohle und Koks zum Hafen.*

chens entlang. Dahinter wird unser Weg rechter Hand von Kopfweiden und Eichen gesäumt. An einem Feuchtbiotop ignorieren wir einen rechten Abzweig und wandern geradeaus weiter. Eine Reihe von Kopfweiden bildet den Rahmen für ein Stillgewässer, hohe Pappeln rauschen im Wind. Auf einer von Kopfweiden gesäumten Wiese mit einigen teils zerborstenen alten Bäumen liegen friedlich wiederkäuende Kühe – eine zauberhafte Landschaft!

Der nächste rechte Abzweig ist als **Wanderweg A2/A3** markiert. Ihm folgen wir zwischen einem Bruchwald und einem Feld zu einem T-Abzweig, an dem wir uns links orientieren. Die von Obstbäumen gesäumte **Holzbachstraße** bringt uns durch Felder zu einer Böschung, auf die der Wanderweg A3 als kurzer Pfad hinaufführt. Oben angekommen, folgen wir rechts einem von dichtem Gebüsch gesäumten festen Sandweg. (Hinweis: Alternativ kann man auf dem unteren asphaltierten Weg bleiben, da beide Wege später zusammenlaufen). Eine Brücke überquert den ❸ **Springbach.** Er wurde vor einigen Jahren aus seinen unterirdischen Rohren befreit und darf streckenweise bis zu seiner Mündung in die Emscher wieder oberirdisch fließen. Der Bachlauf wird auf knapp 1 Kilometer Länge von Auen und flachen Böschungen begleitet, in denen Hochstaudenflure ein Paradies für Bienen und Hummeln sind.

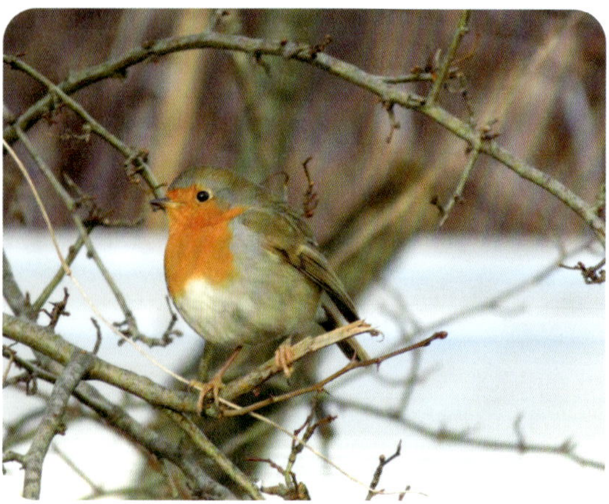

An der Kreuzung hinter der Brücke folgen wir rechts der Ausschilderung zum ❹ **RVR Forststützpunkt Emscherbruch** und überqueren noch einmal den Springbach. Geradeaus nimmt uns das 5 **Waldgebiet Resser Mark** auf. Kurz vor dem Forststützpunkt biegen wir links durch eine Wegschranke in einen Waldweg ein. An einem T-Abzweig wandern wir durch den Laubwald rechts zu einer Gabelung, an der wir links und neben einem Wanderparkplatz die **Münsterstraße** erreichen. Über eine Fußgängerampel gelangen wir auf die andere Seite und dort geradeaus über die **Warendorfer Straße** zu einer Kreuzung. Wir schwenken rechts durch eine Wegschranke ab, überqueren einen Bach und wandern durch einen

Für die Seele

Von der Zeche Ewald wandern wir am Ewaldsee entlang und lassen uns im Emscherbruch von der Natur verzaubern.

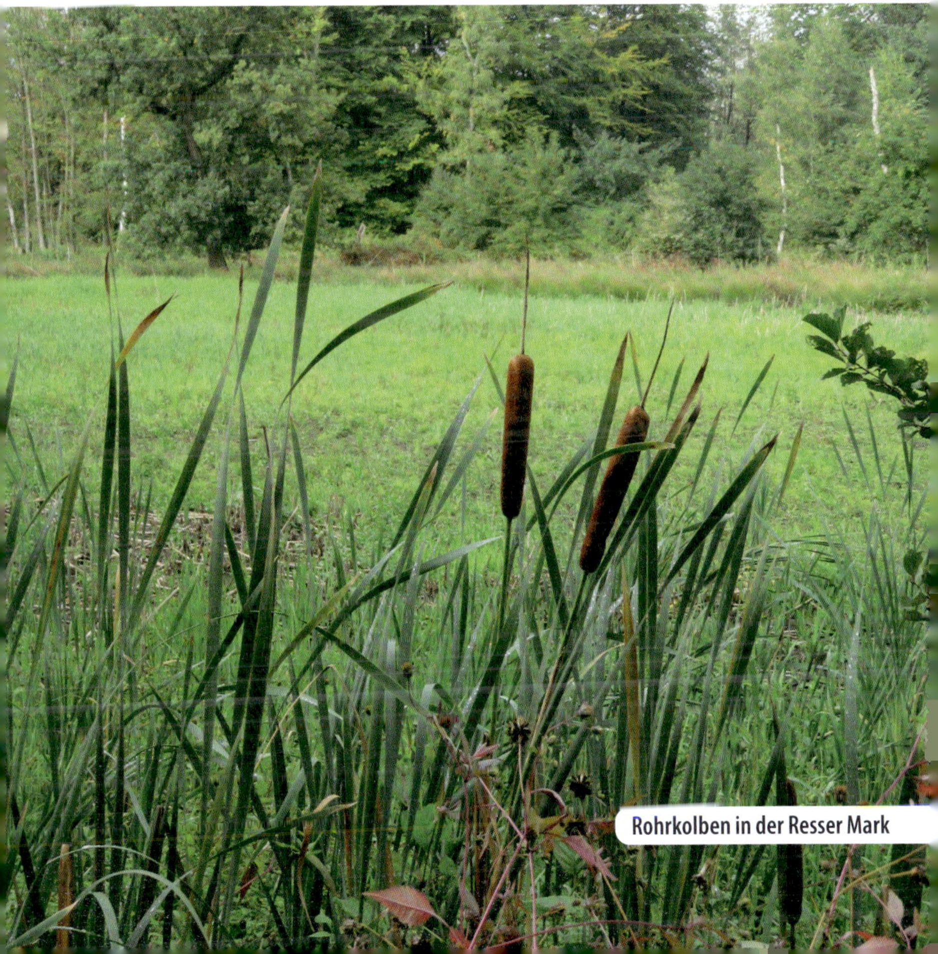

Rohrkolben in der Resser Mark

mit Vogelgezwitscher erfüllten Wald aus Erlen, Hainbuchen und Eichen. Unser Weg wird von zwei weiteren Bachläufen unterquert. Wir sind im 6 **Naturschutzgebiet Emscherbruch, westlich Kleinweg** angelangt. In einem ursprünglichen Auenbereich ist durch Bergsenkungen ein Mosaik aus Wiesen, dichtem Laubwald und Bruchwäldern mit Bächen und sumpfigen Bereichen entstanden.

Nachdem uns eine Brücke über einen weiteren Bach gebracht hat, biegen wir an einer Gabelung links in eine Sumpflandschaft ein. Gräser und Seggen bilden grüne Farbtupfer im dunklen Wasser, auf dessen ruhiger Oberfläche sich Bäume spiegeln. Wir kosten die geheimnisvolle Stimmung eine Weile aus, bevor wir auf unserem Waldweg weiterwandern. An kleineren Abzweigen geradeaus vorbei wenden wir uns an einer großen Kreuzung mit einer alten Eiche nach rechts. Unsere Route wird rechts und links von Wassergräben gesäumt und führt dann leicht aufwärts. An einer Kreuzung mit einem Radwegweiser passieren wir geradeaus eine Schutz- und Beobachtungshütte.

An einem Parkplatz überqueren wir die **Ewaldstraße** und erreichen im Rechtsknick wieder den Damm der ehemaligen Erzbahntrasse, der wir unbeirrt folgen. Unter uns breiten sich in der feuchten, von Bächen durchzogenen Bruchlandschaft kleinere und größere Tümpel aus. Eine Brücke bringt uns über die **Münsterstraße.** Links vor uns ist auf der Halde Hoheward das Horizontobservatorium zu sehen, unter dessen Bögen mithilfe von Peilinstrumenten Sonnen- und Mondwenden sowie astronomische Jahreszeiten beobachtet werden können. An den vom Hinweg bekannten Abzweigen vorbei führt uns geradeaus eine Brücke über die **Ewaldstraße.** Dort geht es rechts zur Halde Hoppenbruch, uns aber bringt der Weg links durch eine Grünanlage mit einem künstlichen See ins 7 **Gewerbegebiet Zeche Ewald.** Wir wandern an einem von Wiesen umgebenen Kanal entlang, in dem Regen-

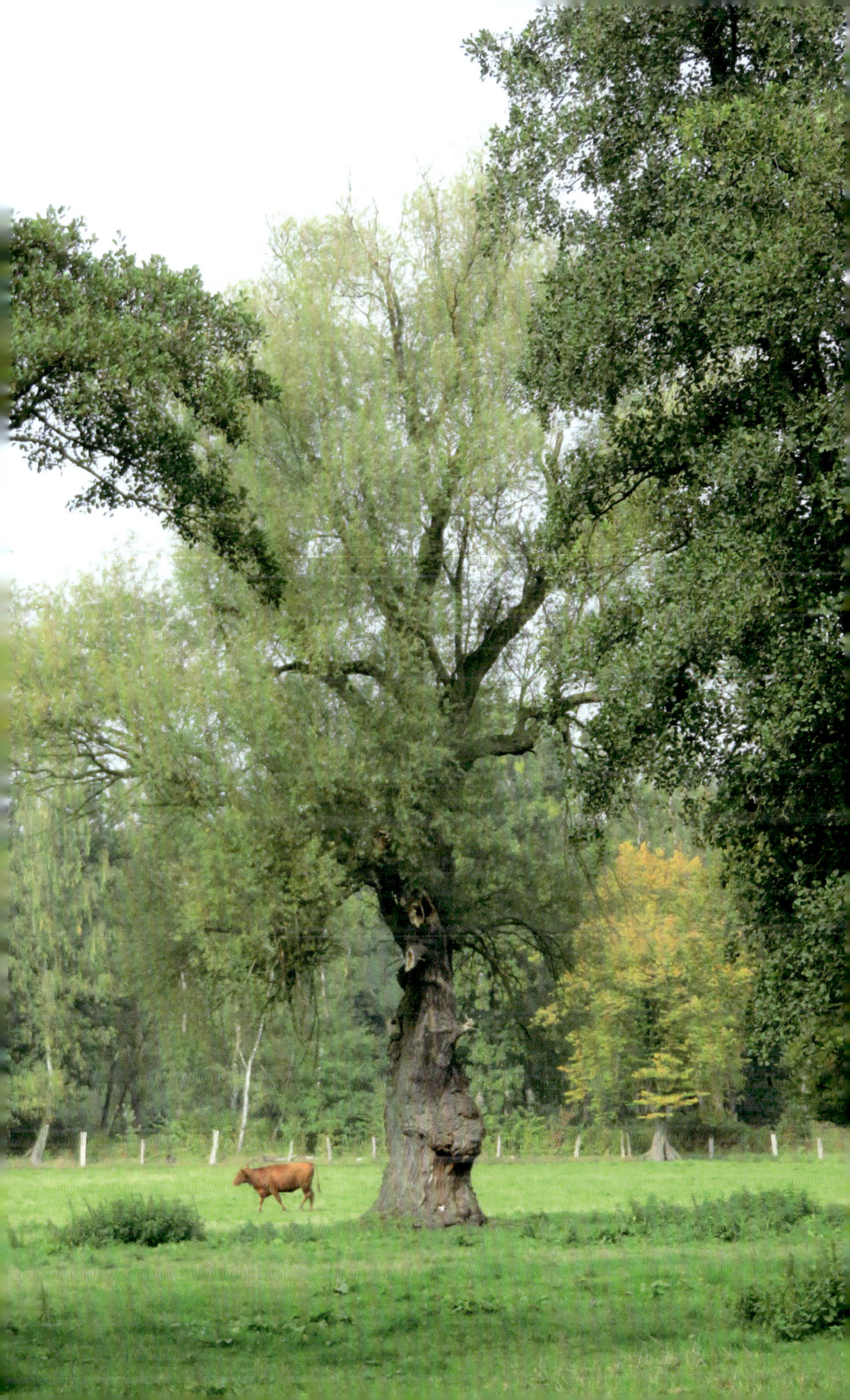

wasser aufgefangen und im weiteren Verlauf in zwei Bäche abgeleitet wird. Einen Abzweig lassen wir links liegen, überqueren die **Max-Planck-Straße** und folgen geradeaus dem Fußweg weiter an dem kleinen Kanal entlang. Vor uns ragt der Förderturm der ⑧ **Zeche Ewald** auf, hinter dem wir links zum Parkplatz zurückgelangen.

Für uns endet im **Ewald Café** ein Wandertag, der nicht immer leise, dafür aber wunderbar kontrastreich war. Natürlich bietet es sich an, dem **Landschaftspark Hoheward** Aufmerksamkeit zu schenken, doch wir planen dafür einen Ausflug an einem anderen Tag ein.

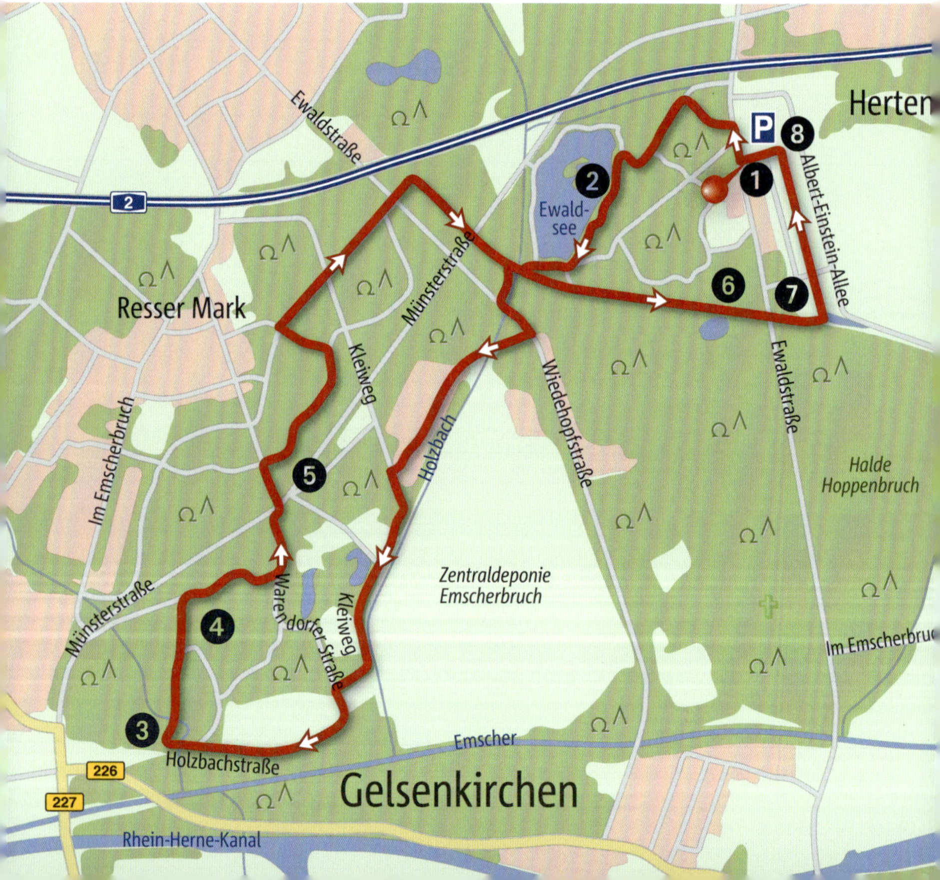

ALLES AUF EINEN BLICK

Entspannung

Abenteuer

Vielfalt

WIE & WANN

Asphaltierte, befestigte und unbefestigte Wege. Ganzjährig interessant, beste Wanderzeit ist von April bis Oktober.

HIN & WEG

Auto: Parkplatz (Zeche Ewald), Doncaster Platz 2, 45699 Herten (GPS: 51.571589 7.145459)

ÖPNV: Buslinie SB27 von Wanne-Eickel Hbf. über Herten Mitte Richtung Marl bis Bergwerk Ewald 1/2 (Fußweg zum Doncaster Platz ca. 6 Min.)

ESSEN & ENTSPANNEN

1. **Ewald Café,** Doncaster Platz 2, 45699 Herten, Tel. (0 23 66) 50 28 44, www.baeckerei-zipper.de

ENTDECKEN & ERLEBEN

1. **Zeche Ewald,** Werner-Heisenberg-Straße 14, 45699 Herten
2. **Ewaldsee**
3. **Springbach**
4. **RVR Forststützpunkt Emscherbruch,** Holzbachstraße 2, 45892 Gelsenkirchen
5. **Waldgebiet Resser Mark**
6. **Naturschutzgebiet Emscherbruch**
7. **Gewerbegebiet Zeche Ewald,** Marie-Curie-Straße, 45699 Herten
8. **Förderturm der Zeche Ewald**

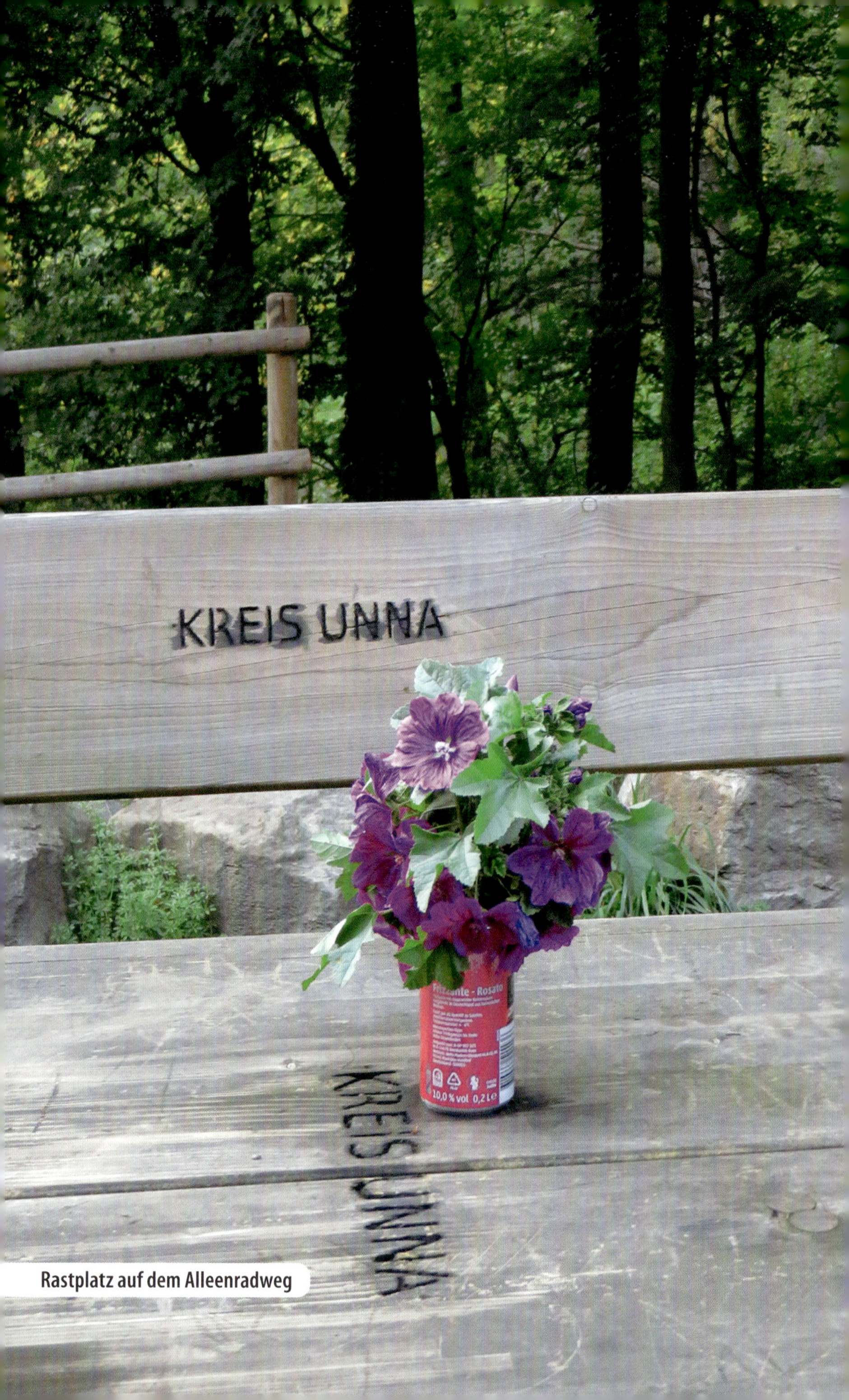

Rastplatz auf dem Alleenradweg

Muntere Quellen

Uelzener Heide & Mühlhauser Mark

Ein Wanderweg führt vom Parkplatzende geradeaus zu einer Bahnstrecke und folgt ihr nach rechts. Vor einem Brückenpfeiler lässt uns rechts ein ansteigender Weg mit einem Holzgeländer über eine von Wald begrenzte Bauernlandschaft blicken. Oben wandern wir unter Schatten spendenden Bäumen auf einer stillgelegten Trasse der 1876 eröffneten Westfälischen Emschertalbahn, die auch als **Alleenradweg** gekennzeichnet ist. Kurz vor Einmündung in die Nordlünerner Straße knickt an einer Infotafel zum **Naturschutzgebiet Uelzener Heide-Mühlhauser Mark** ein unbefestigter Weg scharf rechts ab hinab in den Wald, wo wir uns an einer Gabelung rechts halten. Sonnenlicht fällt durch dichte Buchenkronen und zaubert runde Sonnensprenkel auf den Waldboden, Eichen strecken ihre krummen Äste über uns aus.

*Das **Naturschutzgebiet Uelzener Heide-Mühlhauser Mark** ist ein abwechslungsreiches Mosaik aus Grünland, Wald und Ackerflächen. Bachläufe mit Schilfröhricht und Hochstaudenfluren werden von zahlreichen Quellen gespeist, entlang der Bahnlinie finden sich in ehemaligen Schachtkuhlen Bruch- und Sumpfwälder mit Weiden und Seggen.*

Unser Weg endet an einer schmalen Straße, der wir rechts an einem Feld entlang folgen. Links beginnt ein schmaler Wald, in den links der mit einem weißen Quadrat markierte Wanderweg hineinführt. Die Stimmung in diesem lichten Buchenwald wirkt auf uns sehr heiter. Der Weg verengt sich und mäandert durch einen nun dichteren Wald. Rechter Hand glitzert hinter Bäumen ein von Schilf und Kopfweiden gerahmtes Stillgewässer in der Sonne.

Kilometer: 12.6

Stunden: 3

RUNDWEG

Unmittelbar vor einem Holzschild mit der Aufschrift ❶ **Ahlbachkamp** biegen wir links in einen von Kopfweiden gesäumten Feldweg ein. Unser Blick schweift über einen Acker, der von einer Baumreihe mit kugeligen Kronen be-

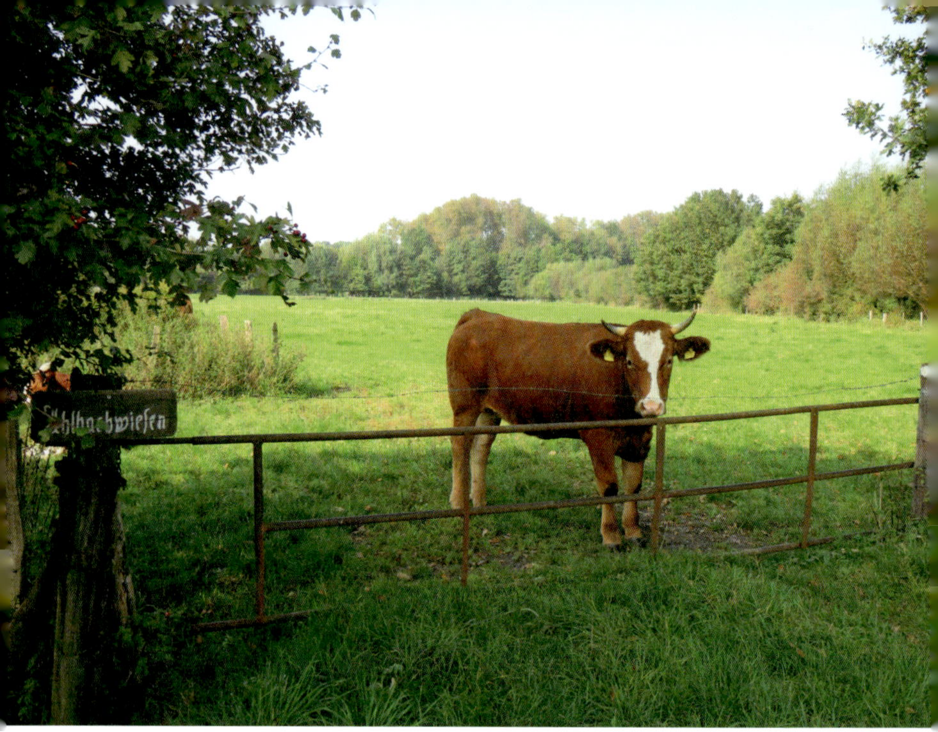

grenzt wird. Im Rechtsbogen erreichen wir den **Ahlbach,** der leise gurgelnd in die ❷ **Ahlbachwiesen** fließt. Kühe halten an einem Gatter neugierig nach uns Ausschau. An einer Gabelung bringt uns links ein asphaltierter Abzweig nach **Nord-Lünern,** wo wir links der **Nordlünerner Straße** folgen. Hinter dem letzten Haus auf der rechten Seite lenkt uns rechts ein Feldweg zum **Ostfeldweg,** der wiederum rechts durch **Lünern** führt. An einer Sportanlage vorbei wandern wir so lange geradeaus durch eine Siedlung, bis rechts ein Weg zur ❸ **evangelischen Kirche** abzweigt. Im wehrhaften Turm aus dem 12. Jahrhundert schenkt uns das geöffnete Kirchenportal einen Blick auf einen 500 Jahre alten goldenen Schnitzaltar mit reich ausgeschmückten Szenen und filigranen Figuren.

Wir steigen die Stufen hinab zur **Lünerner Kirchstraße** und folgen ihr rechts zum Abzweig Ruhekopf. Durch die Felder geht es zur **Nordlünerner Straße,** die wir geradeaus überqueren. Zwischen landwirtschaftlichen Betrieben hindurch kommen wir zu einem links abknickenden Wiesenweg, an dem uns eine Bank einen schönen Rundumblick über die Ebene verschafft. Wir treffen auf die Straße **Mühlhauser Berg,** die uns rechts hinab nach **Mühlhausen** bringt. Geradeaus an der links abzweigenden **Nußbredde** vorbei geht es zum ❹ **Milchhof Mühlhausen,** dessen **Hofcafé** drinnen und draußen gemütliche Sitzplätze bietet.

Für die Seele

Diese ursprüngliche Landschaft vermittelt uns ein Bild des Ruhrgebiets vor der Industrialisierung.

Nach einer Kaffeepause laufen wir die Straße ein Stück zurück. Wir lassen die Sackgasse **Kusenkamp** links liegen und folgen danach einem Abzweig links durch die Felder, der in den **Borgmühlweg** mündet. Wenige Schritte nach rechts ehrt der ❺ **Folkbracht-Stein** den ersten um das Jahr 890 schriftlich erfassten Mühlhausener Einwohner. Doch unsere Route führt uns nach links und über die quer verlaufende **Heerener Straße,** wo wir dem **Borgmühlweg** weiter geradeaus folgen. Ein Schild weist auf die Wiese Auf,m Bruch hin, wenig später plätschert der ❻ **Storksbach** durch üppiges Weidengebüsch. Eine Bank kommt in dieser Idylle wie gerufen.

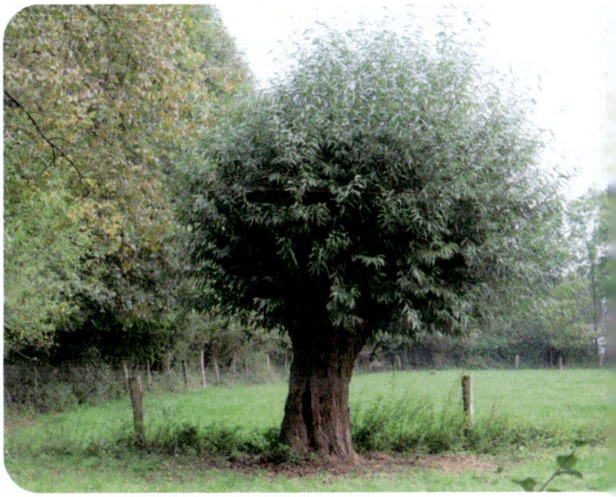

Durch eine Steinbogenbrücke erreichen wir das ❼ **Gut Borgmühl.** Bereits im Mittelalter gab es hier einen Adelssitz, zu dem auch eine Wassermühle gehörte. Hinter Stallungen führt die Straße im Links-rechts-Schwenk zu einer Brücke über den **Mühlbach,** der einst fünf Mühlen antrieb. Bald darauf erreichen wir die Straße **Schwertlacke** und folgen ihr nach rechts. Quer zur Straße verläuft eine urtümliche Kopfweidenreihe, während wir im Schatten von Eichen, Eschen, Weiden und Ahorn wandern. Wenig später tauchen wir in eine wunderschöne, alte Allee ein, in der eine Eiche sogar als Naturdenkmal ausgewiesen ist. In einer Wiese sprudelt

*Die **NABU Kreisgruppe Unna** kaufte bereits vor 20 Jahren mithilfe von Spenden Grundstücke, stellte sie unter Naturschutz und gab ihnen Namen. Der Ahlbachkamp war z. B. das erste Grundstück und ist nach dem angrenzenden Ahlbach benannt. Wiese auf'm Bruch ist die überlieferte Flurbezeichnung für ein sumpfiges Gelände.*

Wasser aus dem Boden – vielleicht eine der 40 Quellen, die es in diesem Gebiet geben soll. Gegenüber verbirgt sich hinter dem Namen **Am Katzenteich** eine von Röhricht eingefasste Blänke.

Nach einer Weile wandern wir unter der stillgelegten Bahntrasse hindurch und gleich hinter der Brücke rechts hinauf. Der **Alleen-Rad-und-Fußweg** bringt uns links über drei Holzbrücken, von der eine den Mühlbach überspannt, und flacht an der Heerener Straße ab. Auf der anderen Straßenseite führt uns ein Weg rechts durch den Wald und mündet kurz vor einem beschrankten Bahnübergang in die **Heerener Straße.** Wir laufen über die Gleise und erreichen kurz danach links unser Auto.

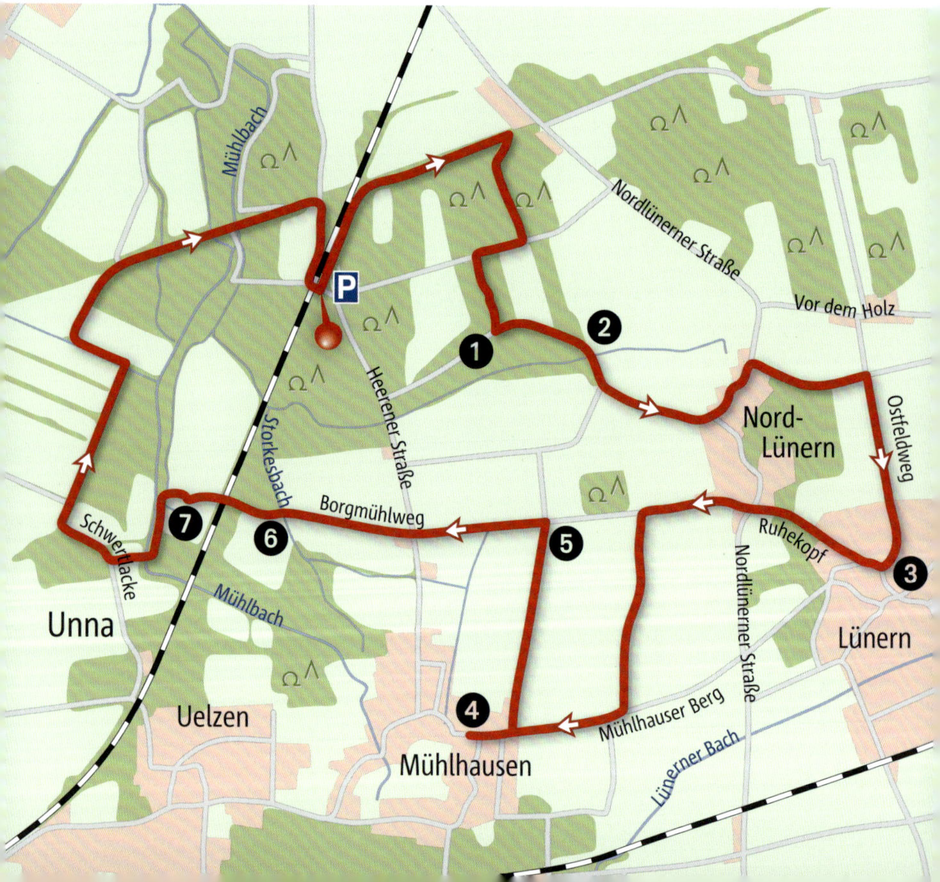

ALLES AUF EINEN BLICK

Entspannung 5/5

Abenteuer 1/5

Vielfalt 3/5

WIE & WANN

Wenig befahrene Straßen, Feld- und Waldwege. Beste Wanderzeit ist von April bis Oktober. Bei bzw. nach Regenfällen können einige der Wald- und Feldwege sehr matschig sein.

HIN & WEG

Auto: Wanderparkplatz, Heerener Straße 170, 59425 Unna (GPS: 51.558604 7.731093)

ÖPNV: Einstieg in die Strecke an der evangelischen Kirche in Lünern: Bus C45 ab Dortmund Hbf. bis evangelische Kirche Lünern

ESSEN & ENTSPANNEN

4 **Hofcafé Milchhof Mühlhausen,** Heerener Straße 54, 59425 Unna-Mühlhausen, Tel. (0 23 03) 43 21, www.milchhof-muehlhausen.de

ENTDECKEN & ERLEBEN

1 **Ahlbachkamp**
2 **Ahlbachwiesen**
3 **Evangelische Kirche,** Lünerner Kirchstraße 10, 59427 Unna
5 **Folkbracht-Stein**
6 **Storksbach**
7 **Gut Borgmühl**

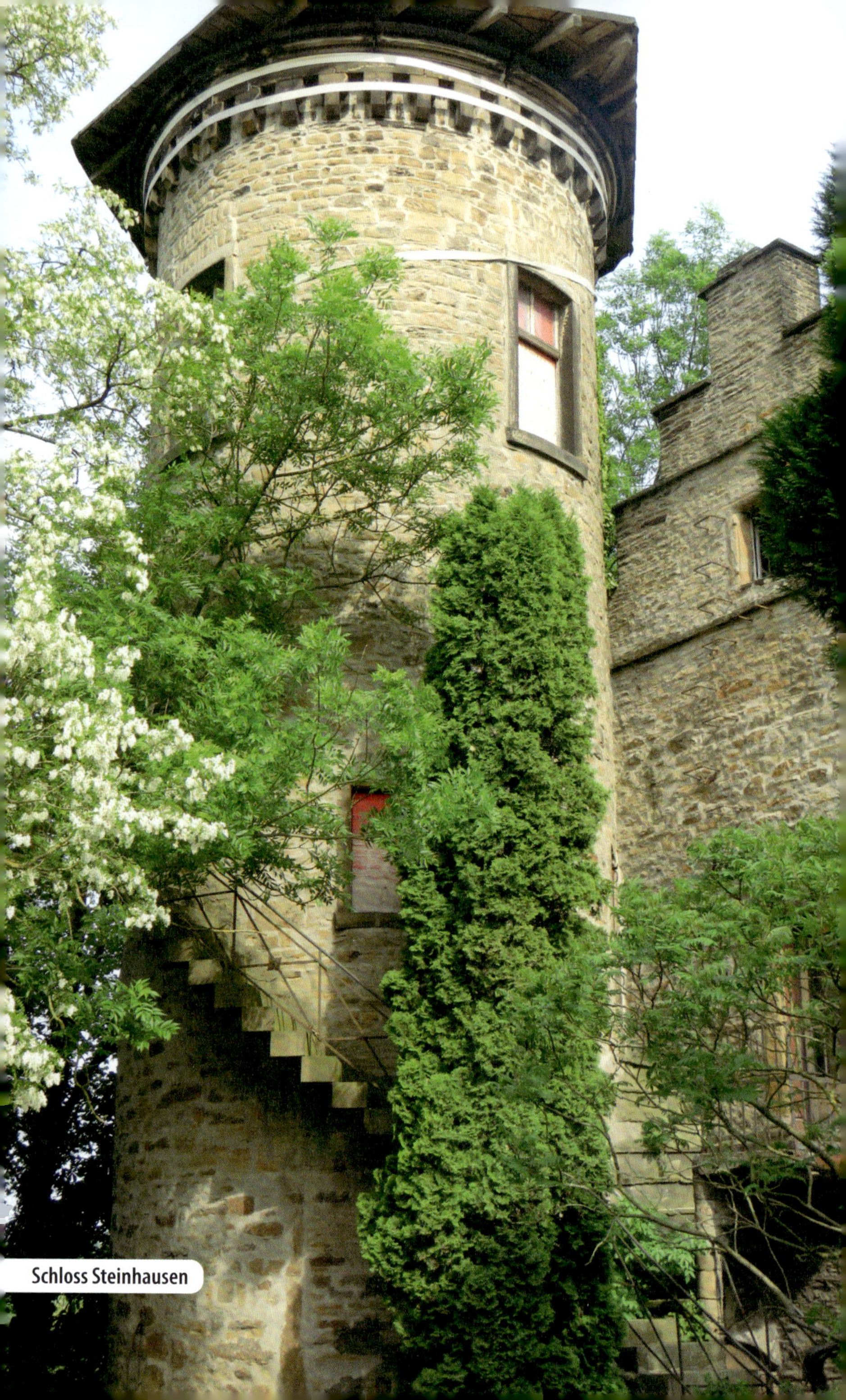

Schloss Steinhausen

Bergbau im Grünen

Unterwegs im Muttental

Die Nachtigallstraße bringt uns vom Parkplatz an der Haltestelle der ❶ **Muttenthalbahn** abwärts zum **Stollen Braunschweig Südflügel.** Es ist die erste Station des Bergbauwanderweges, dem wir nicht ganz, aber in weiten Teilen folgen. Kurz darauf zweigt links ein Fußweg zur **Zeche Nachtigall** und ins Muttental ab, an dem das ❷ **Gruben- und Feldbahnmuseum Zeche Theresia** liegt.

Zwischen zwei Gleisstrecken und an einigen Häusern vorbei erreichen wir rot-weiße Wegpfosten und queren im Rechtsbogen die Bahnschienen. Lauschig geht es unter Bäumen und in sanften Bögen zur **Nachtigallstraße,** wo uns auf der anderen Seite geradeaus ein Fußweg an die Ruhr bringt. Am Ufer entlang gelangen wir im Links-rechts-Schwenk wenig später über Stufen hinauf zu einem Weg, der uns rechts als Abstecher zur **Nachtigallbrücke** eine wunderbare Aussicht auf den Flussverlauf verschafft. Anschließend kehren wir um und erreichen geradeaus die **Muttentalstraße,** um dort rechts einzubiegen und die Gleise zu überqueren. Das ❸ **LWL Industrie-Museum** zu unserer Linken ist unbedingt einen Besuch wert. Wer Lust auf einen kleinen Imbiss hat, bekommt ihn dort im **Kaffee-Gärtchen „Auf Nachtigall".**

Wir aber setzen unsere Wanderung rechts über die Muttentalstraße fort. An wenigen Häusern vorbei geht es in einer Linkskurve an einem schroffen, mit Bäumen bewachsenen Felsmassiv entlang, während sich rechter Hand Wiesen erstrecken. Wenig später nimmt uns rechts der Privatweg **Auf der Marta** auf, wo wir unmittelbar rechts in einen schmalen

*Die **Zeche Theresia** wurde im Jahr 1892 stillgelegt und beherbergt heute das Gruben- und Feldbahn-Museum der Muttenthalbahn. Die kleinen Züge pendeln in direkter Nähe zur Ruhr von hier zur benachbarten Zeche Nachtigall. Dort erzählt heute das LWL-Industriemuseum die komplexe Zechengeschichte.*

Kilometer: 8,9

Stunden: 2,5

RUNDWEG

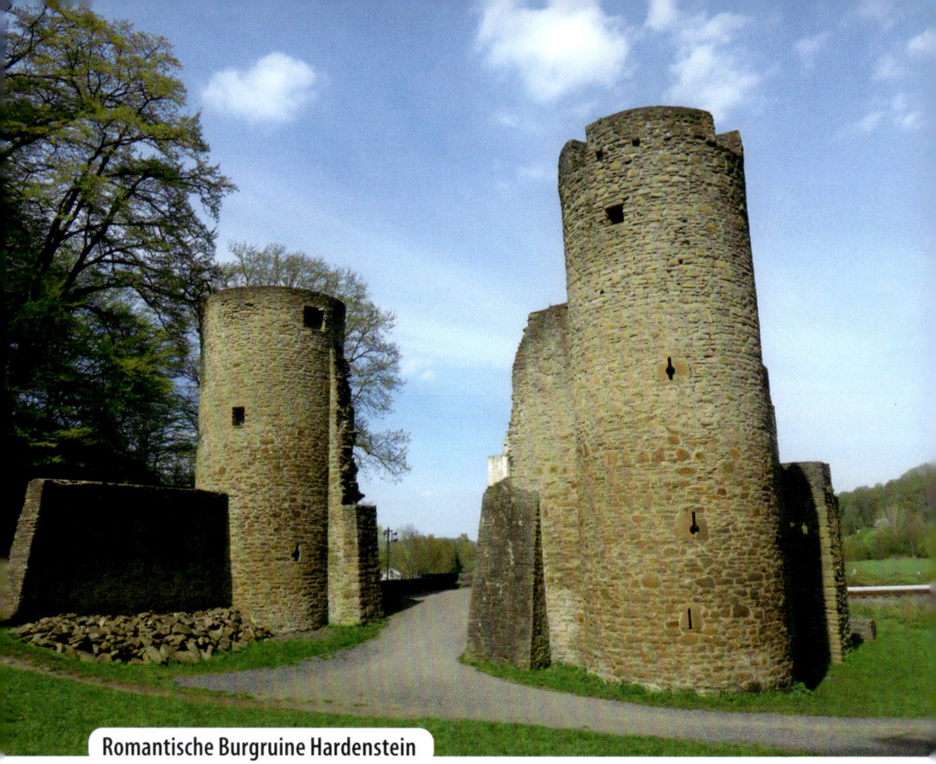

Romantische Burgruine Hardenstein

Die im 14. Jahrhundert errichtete, mehrfach erweiterte **Burg Hardenstein** ist seit dem 18. Jahrhundert unbewohnt. Die direkte Lage am Fluss büßte die Burg im 19. Jahrhundert durch den Bau der Eisenbahnstrecke ein (s. Tour 12). Der herrschaftliche Wohnsitz verfiel jedoch äußerst malerisch und so bietet die Ruine im Ruhrtal ein romantisches Bild.

Weg einbiegen, der dem ④ **Muttenbach** folgt. Wir wandern unter Bäumen und hören den Bach durch sein steiniges Bett plätschern. Ein ansteigender Linksbogen entfernt uns allmählich vom Bach und bringt uns durch ein geöffnetes Tor. Den ersten ansteigenden Trampelpfad links dahinter ignorieren wir, folgen aber dann links einem schmalen Weg hinauf in den Wald. Unsere Route führt erst unter hohen Buchen und dann durch einen Hohlweg mit moosbezogenen Wegrändern hinab zur ⑤ **Burg Hardenstein.** Gemächlich schlendern wir rechts zur Ruine, wo wir weltentrückt auf rauen Burgmauern sitzen, die umwerfende Aussicht über die Ruhr genießen und dabei völlig die Zeit vergessen.

Wir kehren um und folgen geradeaus dem **Bergbauwanderweg** durch ein bewaldetes Tal mit steilen Hängen. Wer mag, kann hier in die Anfänge des Bergbaus eintauchen: In den bereits 1695 urkundlich erwähnten ⑥ **Stollen Reiger** können wir einen Blick durch ein Gittertor werfen, während wir von der im Jahr 1854 stillgelegten Zeche Orion im Wald nichts entdecken.

An einer Kreuzung mit mehreren Abzweigen wählen wir ganz links den **Wanderweg A3.** Er führt uns recht steil und holprig aufwärts, an seinen Böschungen bilden freiliegende Baumwurzeln verschlungene Ornamente. Direkt vor einem Hausgrundstück biegen wir rechts in einen breiten Querweg ein und laufen gleich auf einen Hingucker zu: Eine Uhr steht dort in einem Meer aus Kirschblüten. Während wir sie bewundern, erfahren wir vom Besitzer die Geschichte: Er hauchte der Uhr mit einem funktionstüchtigen Uhrwerk neues Leben ein, nachdem sie lange Zeit kaputt in einer Betriebswerkstatt gelegen hatte. Nach einiger Suche fand er für sie einen passenden ornamentreichen Metallpfahl. Seine Kinder ließen daraufhin ein nostalgisches Straßenschild anfertigen, sodass der Platz mit der Uhr nun den Namen ihres Vaters trägt.

Für die Seele

Im malerischen Muttental fangen uns der noble Charme der Burgruine und der Geist alter Bergbautraditionen ein.

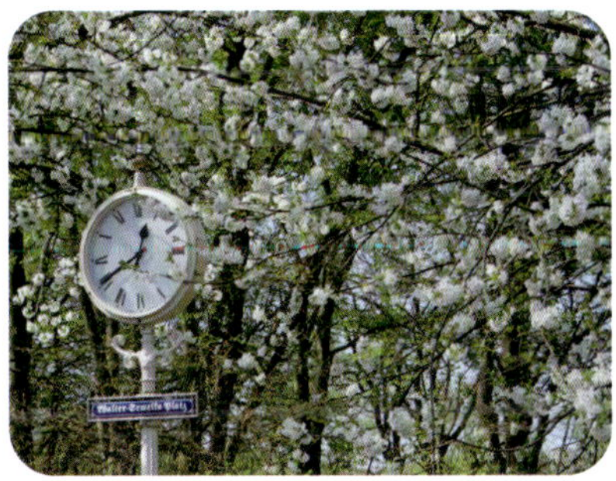

Zwischen weitläufigen Grundstücken und dem Waldrand geht es weiter aufwärts. Wir hören aus einer Wiese Schafe blöken. Im Linksbogen kommen wir zur **Berghauser Straße,** der wir rechts folgen. Das, was uns linker Hand an eine sanft hügelige Bergwiese denken lässt, ist laut Infotafel tatsächlich eine Mulde im Steinkohlegebirge. Im Schatten hoher Bäume bringt uns die Straße hinauf zur **7 Gaststätte Zur Alten Tür.** Bei einem kühlen Getränk lassen wir uns den ungewöhnlichen Namen erklären: Ein Brand hatte hier im 19. Jahrhundert ein Gebäude vollständig zerstört, doch dessen unversehrte Eingangstür konnte für den Neubau verwendet werden. Die alte Tür gibt es längst nicht mehr, aber der Name ist geblieben.

Wir verlassen das Lokal und halten uns vor dem Eingang rechts. An einem Feuerwehrturm vorbei kommen wir geradeaus hinab in einen Fichtenwald, der uns mit einem angenehmen Duft und Vogelgezwitscher umfängt. Weiter abwärts wartet der 8 **Göpelschacht Moses** auf Betrachter. Der Holzbau ähnelt einer Kapelle, doch es ging dort wenig andächtig zu: Ein Pferd trieb darin eine Seiltrommel an, mit der Mitte des 19. Jahrhunderts Kohle aus 100 Metern Tiefe gefördert wurde. Geradeaus bringt uns eine Linkskurve hinab zu einer Kreuzung, an der wir rechts dem abschüssigen Abzweig an einem tief eingekerbten Tal entlang folgen. Die Sonne kommt nur spärlich durch die Fichten und erhellt mit schmalen Lichtflecken den Hang. Bald geht der Nadelwald in einen Laubwald über und es wird sehr viel heller um uns herum. Uns geben ein 9 **Flözaufschluss** und – an einer Gabelung links hinab – der 10 **Stollen Stettin** einen vagen Eindruck

Göpelschacht Moses

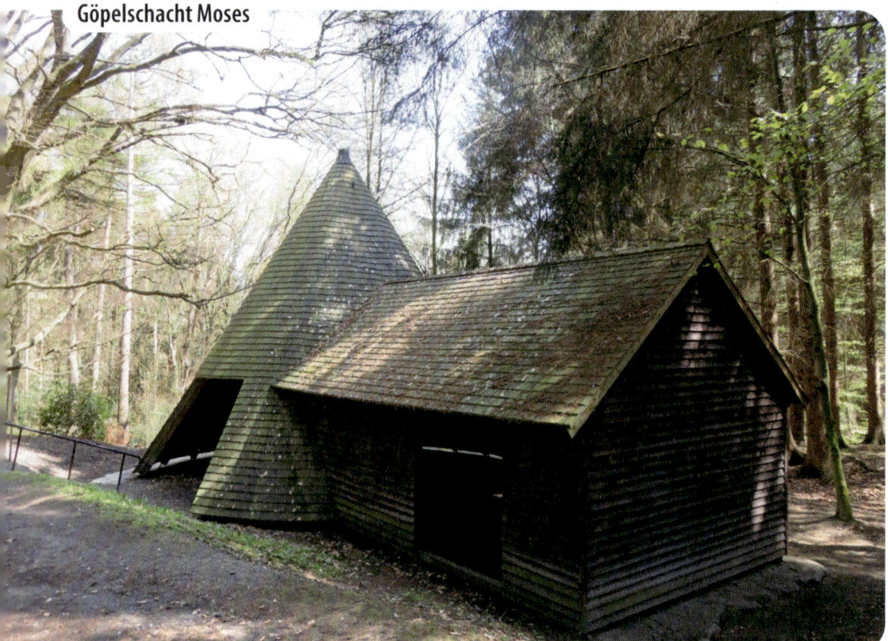

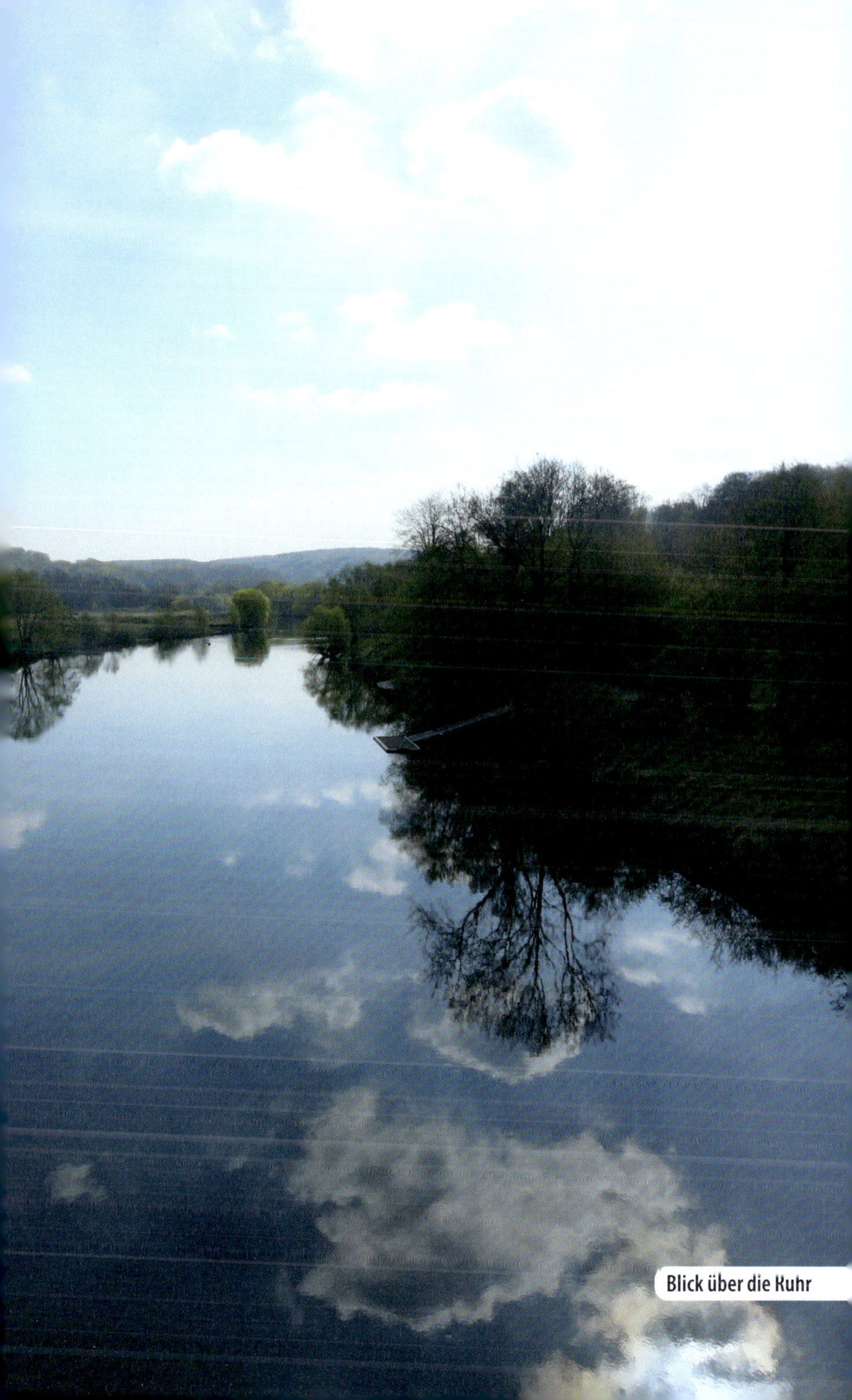

Blick über die Ruhr

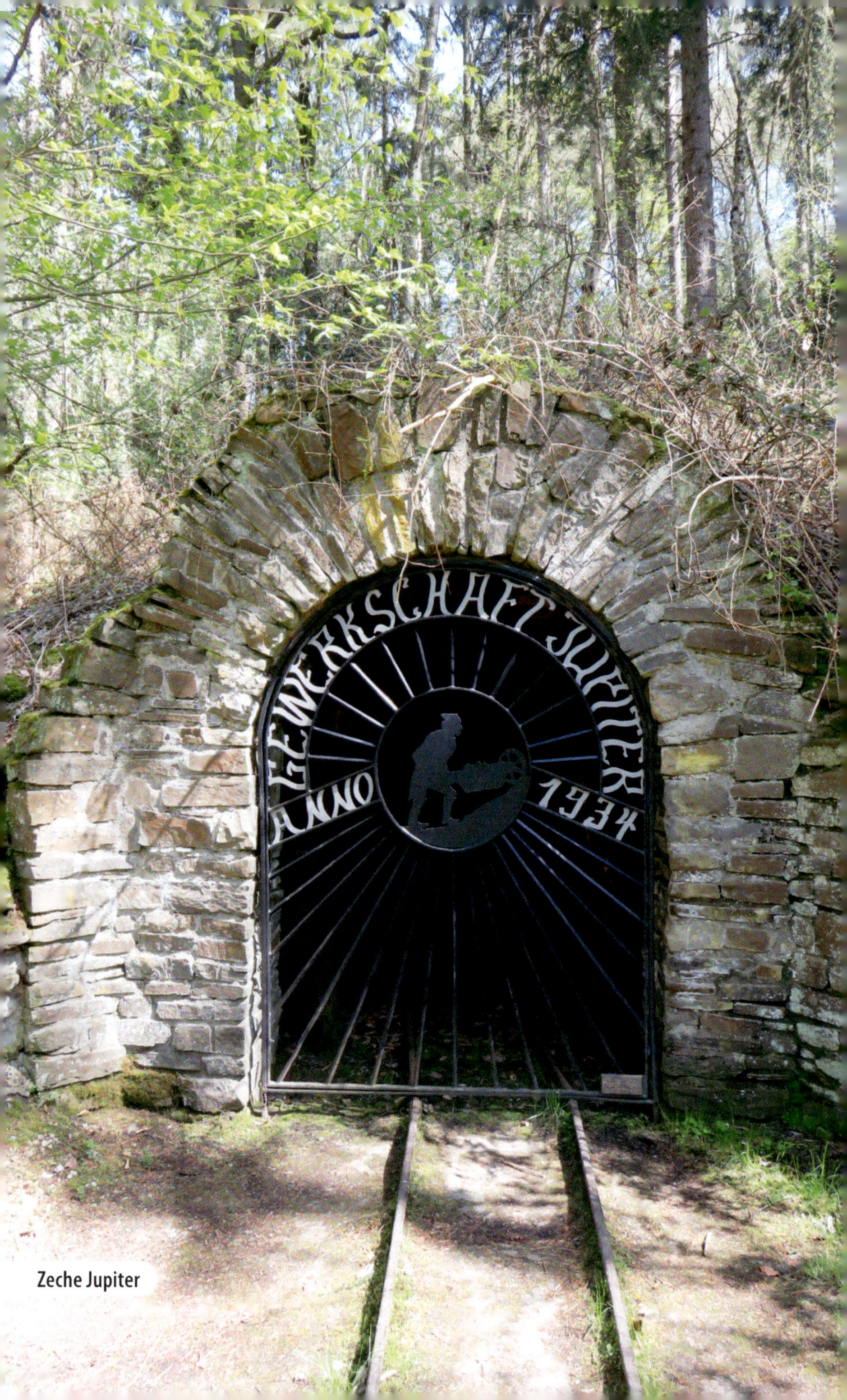

Zeche Jupiter

von der schweren Arbeit der Bergleute. Für die Natur um uns herum hatten die Kumpel vermutlich keinen Sinn. Wir dagegen genießen sie in vollen Zügen.

Nun laufen wir geradeaus hinab zum **Muttenbach,** der durch das Tal mäandert. Erfrischend, plätschernd, glitzernd – das kommt uns bei seinem Anblick in den Sinn. Eine alte Eiche breitet ihr Blätterdach über dem Bachlauf aus, das Wasser umfließt mehrstämmige Buchen und unterquert dann durch ein Rohr unseren Weg. Wir wandern am anderen Ufer links weiter durch das Bachtal und bleiben dem Gewässer an einer Gabelung links weiterhin treu. An der ⓫ **Verladeanlage Zeche Jupiter** fällt uns ein schmiedeeisernes Gitter auf. Es verschließt ein Stollenmundloch und erinnert mit einem Schriftzug an die Gewerkschaft Jupiter 1934, die den Stollen in dem Jahr übernahm.

Dann beansprucht die Außenausstellung auf dem Freigelände des ⓬ **Zechenhauses Herberholz** unsere Aufmerksamkeit. Unter anderem gibt es dort neben

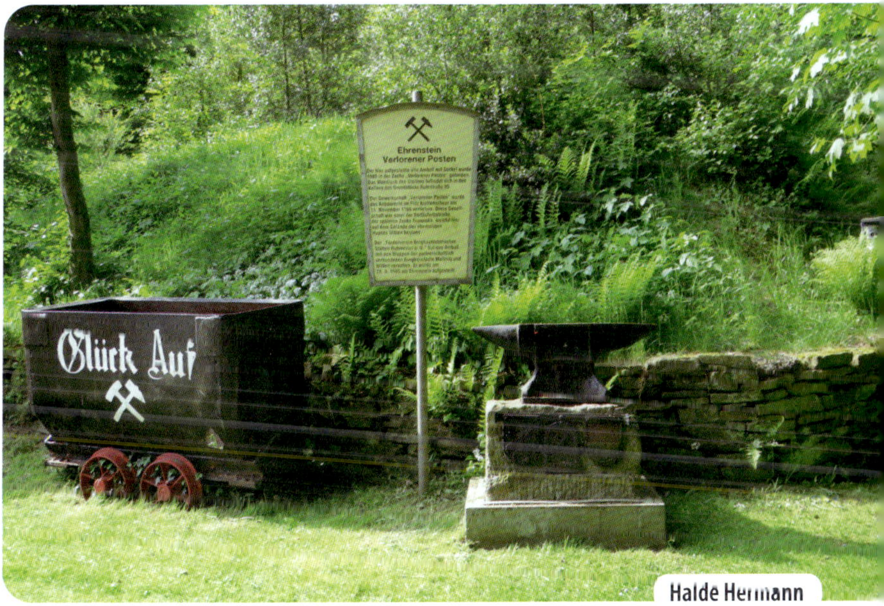

Halde Hermann

Exponaten aus dem historischen und neuzeitlichen Bergbau einen Rundgang um die Halde Hermann und ein Steigerhaus, in dem eine Ortsgruppe des Sauerländischen Gebirgsvereins untergebracht ist. Sehenswert ist auch das kleine Museum im Zechenhaus Herberholz, das neben Getränken und einem Imbiss auch eine Ausstellung mit liebevoll zusammengestellten Sammlerstücken und Fotos aus dem Bergbau bietet.

Wir wandern weiter. Wenig später liegt vor uns das 1830 erbaute denkmalgeschützte ⑬ **Bethaus der Bergleute,** das früher ein Versammlungsort für die Kumpel war und heute als Museum dient, aber auch Getränke und Speisen anbietet. Doch uns nimmt vorher rechts der ansteigende **Wanderweg A2** auf, der zwischen Ilex und Buchen einen schönen Blick auf das Bethaus gewährt und unterhalb einer Kuppe in Schlenkern am Waldrand verläuft. Oben angelangt haben wir einen herrlichen Fernblick über das Ruhrtal. Unter uns liegt

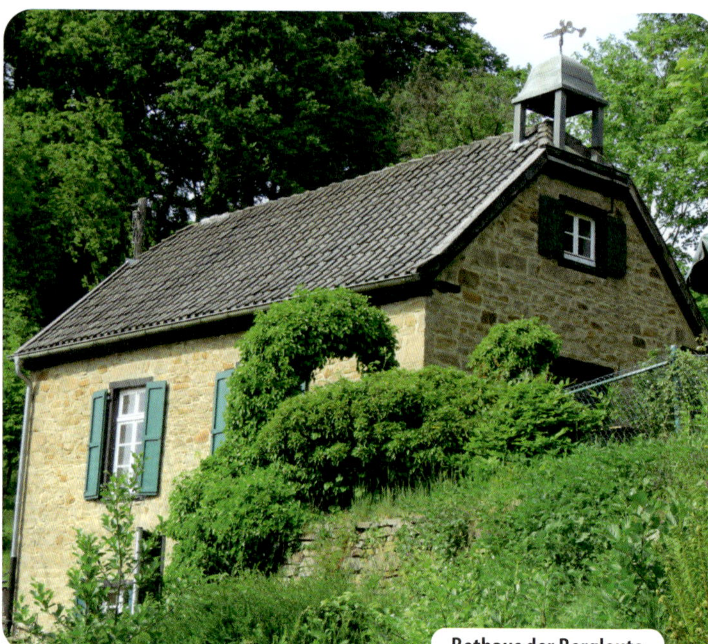

Bethaus der Bergleute

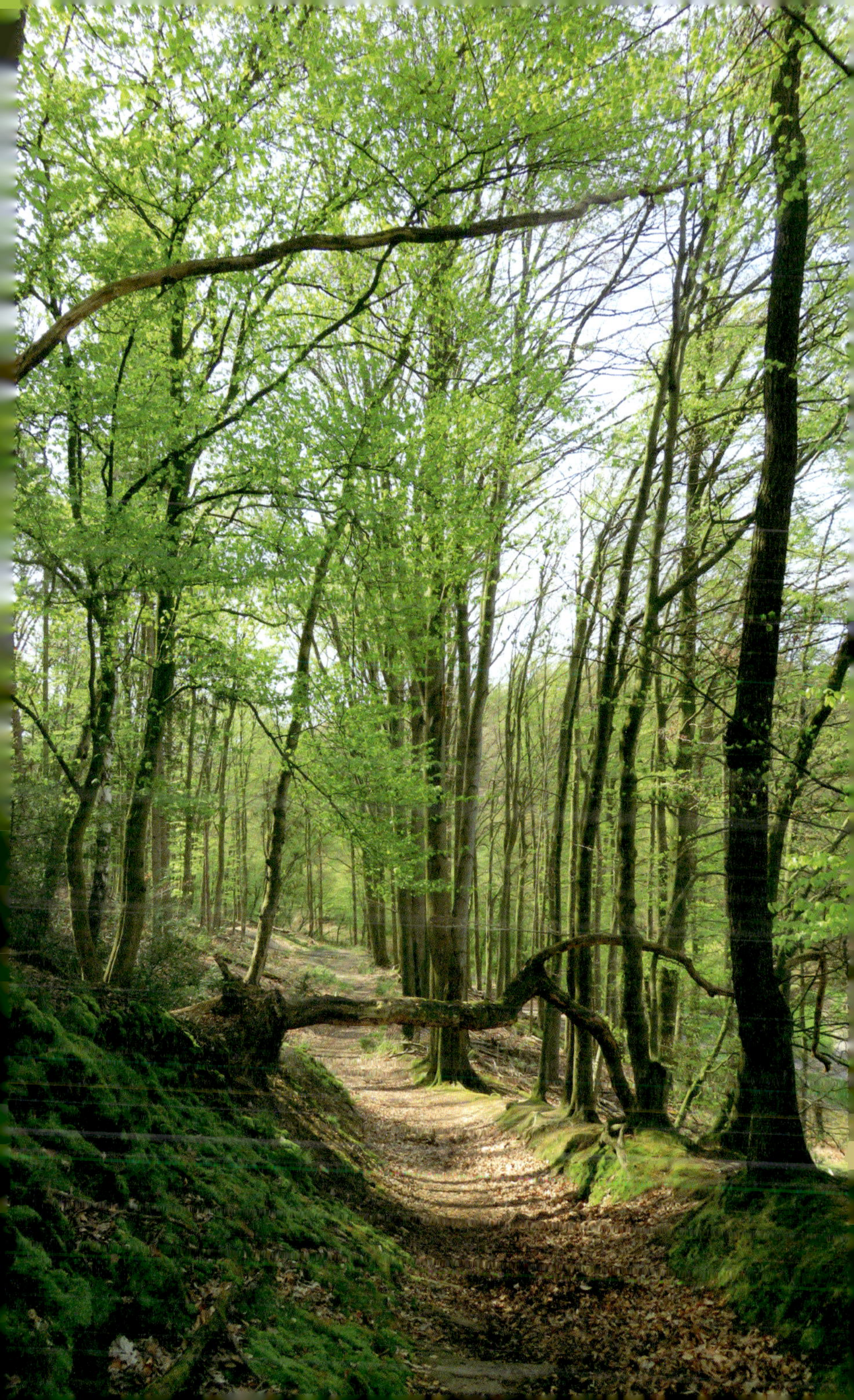

Erstmals wird ***Burg Steinhausen*** *1297 schriftlich erwähnt. Das Siegel der Adelsfamilie von Witten, die bis Mitte des 15. Jahrhunderts hier lebte, ist heute das Wittener Stadtwappen. Das 1810 erbaute klassizistische Schloss wurde wenige Jahrzehnte später noch einmal umfassend umgebaut.*

die Wittener Stadtkulisse mit dem wuchtigen Rathausturm aus den 1920er-Jahren, dahinter erhebt sich das **Ardeygebirge.**

Nun geht es hinab zur Frielinghauser Straße. Ihr folgen wir links zu einer alten zweistämmigen Eiche am Wegrand. Weiter geradeaus laufen wir unmittelbar auf die ⑭ **Burg Steinhausen** zu, deren Ursprünge im 13. Jahrhundert liegen. Heute sind dort eine Steinbildhauerei und ein Restaurant für Feierlichkeiten untergebracht, während in der Kapelle aus dem 17. Jahrhundert der Bund fürs Leben geschlossen werden kann. Uns bringt vor dem Schloss rechts die mit Bäumen gesäumte Straße **Auf Steinhausen** hinab zum Parkplatz.

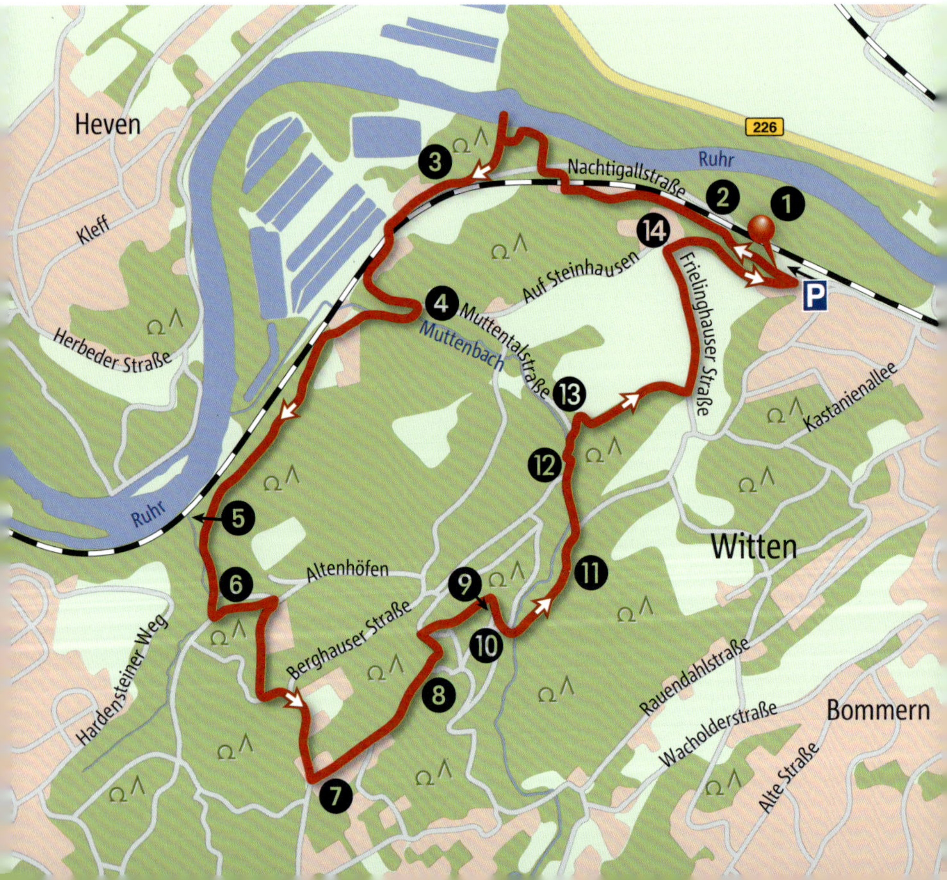

ALLES AUF EINEN BLICK

Entspannung 2/5
Abenteuer 5/5
Vielfalt 5/5

WIE & WANN

Asphaltierte Wege, wenig befahrene Straßen, befestigte Waldwege, unbefestigte, teils etwas unwegsame Pfade. Beste Wanderzeit ist von März bis Oktober.

HIN & WEG

Auto: Parkplatz Nachtigallstraße/Muttenthalbahn-Haltestelle, 58452 Witten (GPS: 51.427013 7.327918)
ÖPNV: Buslinie 378 ab Witten Hbf. oder Buslinie 592 ab Wetter Bf. bis Witten-Bommern (ca. 10 Min. Fußweg zum Einstieg in die Tour)

ESSEN & ENTSPANNEN

3 **Kaffee-Gärtchen „Auf Nachtigall",** Nachtigallstraße 35, 58452 Witten, Tel. (01 73) 5 46 04 76, www.auf-nachtigall.de
7 **Gaststätte Zur Alten Tür,** Berghauser Straße 14, 58452 Witten, Tel. (0 23 02) 7 35 23
12 **Zechenhaus Herberholz,** Muttentalstraße 32, 58452 Witten, Tel. (0 23 02) 34 19, muttental-zechenhaus-herberholz.de
13 **Bethaus der Bergleute,** Muttentalstraße 35, 58452 Witten, Tel. (0 23 02) 3 19 51

ENTDECKEN & ERLEBEN

1 **Haltestelle der Muttenthalbahn,** Nachtigallstraße, 58452 Witten
2 **Gruben- und Feldbahnmuseum Zeche Theresia,** Nachtigallstraße 27–33, 58452 Witten
3 **LWL Industrie-Museum,** Nachtigallstraße 35, 58452 Witten
4 **Muttenbach** 5 **Burg Hardenstein**
6 **Stollen Reiger** 8 **Göpelschacht Moses**
9 **Flözaufschluss** 10 **Stollen Stettin**
11 **Verladeanlage Zeche Jupiter**
12 **Zechenhaus Herberholz,** Muttentalstraße 32, 58452 Witten
14 **Burg Steinhausen,** Auf Steinhausen 30, 58452 Witten

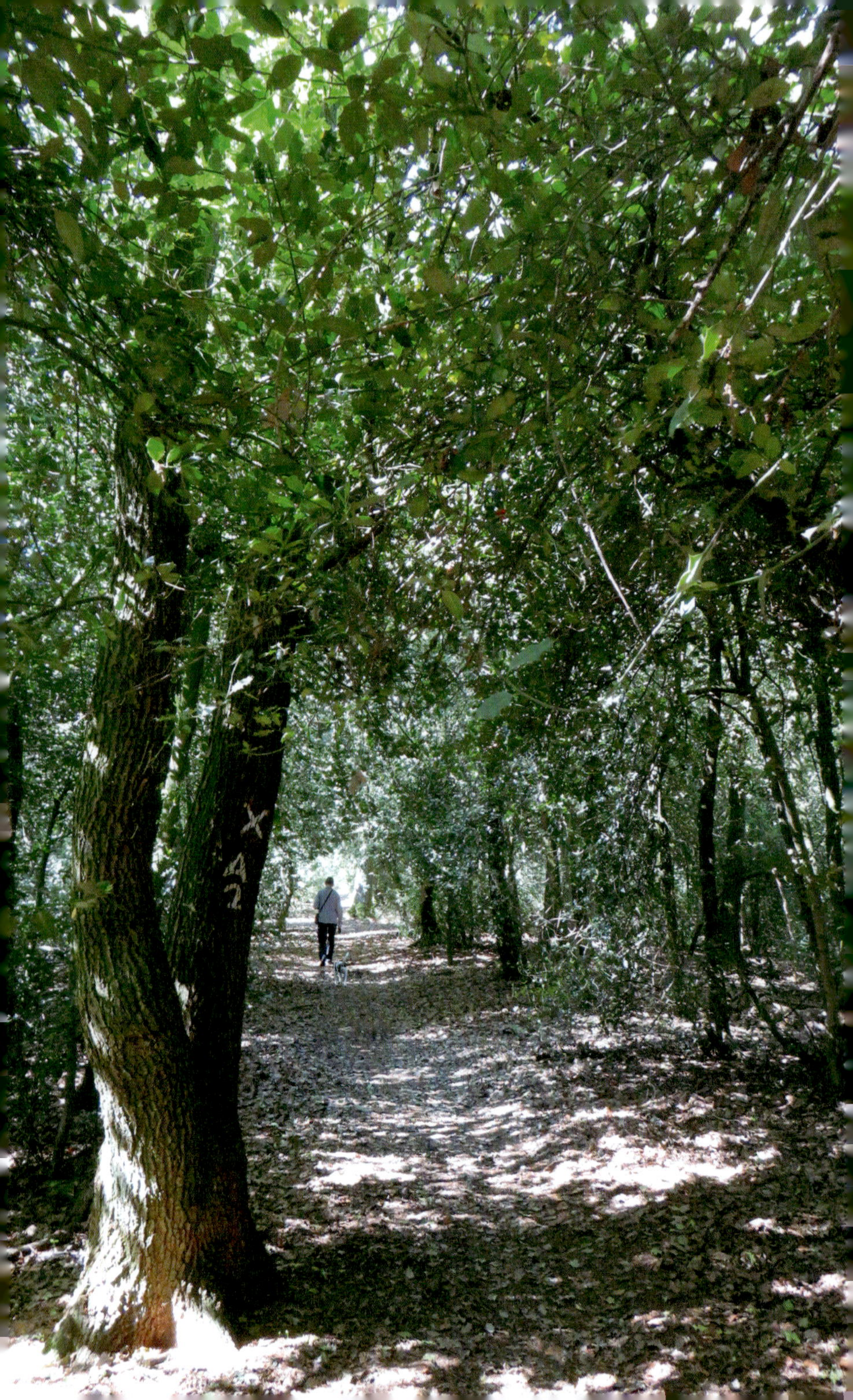
X
42

Im lauschigen Tal

Der Essener Süden

Mit Blick auf die **Essener Jugendherberge** biegen wir links auf den Wanderweg A1/A2 in einen Wald ein und folgen kurze Zeit später rechts der Straße **Pastoratsberg.** Den Abzweig An der Altenburg lassen wir links liegen und folgen unserer Straße weiter hinab.

Urig gewachsene Bäume säumen die schmale Straße, die nicht verkehrsberuhigt ist. Rechts liegt das ❶ **Haus Engelsburg,** das 1928 als Altenheim für Frauen eröffnet wurde und seit 1989 ein Gäste- und Seminarhaus der Stiftung Glaubens- und Lebenshilfe ist. Ein Stolleneingang gegenüber gehörte wohl zur ❷ **Zeche Pauline** und diente im Zweiten Weltkrieg als Schutzanlage. Hinter einigen Bruchsteinhäusern erreichen wir eine Gabelung, an der wir uns links halten. Die kurvige, von Bäumen gesäumte Straße bringt uns zu einem Abzweig, an dem wir uns rechts orientieren. Eine Infotafel weist auf die ❸ **Alteburg** hin, von der wir vom Weg aus im dichten Unterbewuchs allerdings nichts entdecken können.

An einer Kreuzung mit einem einzelnen Haus, das den Schriftzug Pauline 61 trägt, folgen wir rechts dem ansteigenden **Kutschenweg.** Den Abzweig Langeheide lassen wir links liegen und biegen sehr viel später an einem Hinweisschild der Pferdezucht Triple P Farm rechts in den Kutschenweg 1–10 ein. Geradeaus und am linken Abzweig Zum Timpen vorbei wandern wir durch einen kurzen Hohlweg und anschließend an einer Mauer entlang. Dahinter führt die Straße rechts zwischen Häusern hinab zu einem Feld, das sich

*Im tief eingekerbten **Oefter Tal** führen verschlungene Pfade durch strukturreiche Wälder und urwüchsige Auen. Ein anschließender Abstecher zur Basilika St. Ludgerus rundet unsere Tour ab.*

Kilometer: 11,2
Stunden: 3
RUNDWEG

In karolingischer Zeit wurde eine vermutlich im 3. Jahrhundert v. Chr. erbaute ***Ringwallanlage*** *erweitert. Von der sogenannten Alteburg sind nur wenige Mauerreste geblieben. Die 1916 stillgelegte Zeche Pauline nahm 1880 die Kohleförderung in diesem Bereich auf.*

zu unserer Rechten erstreckt. Dort zweigt links ein als **Wanderweg A2** markierter Pfad zwischen eingezäunten Grundstücken in einen Wald ab. Ilex bildet mit seinen stacheligen, grün glänzenden Blättern einen dichten Tunnel. Der abschüssige Weg weitet sich, wird aber durch Steine und Wurzelwerk unebener.

Unten angekommen treffen wir an einer Kreuzung auf einen kleinen Bach und folgen ihm geradeaus durch ein schmales Tal mit steilen Hängen. Unser Weg ist an den Rändern dicht bewachsen mit Brombeeren, Fingerhut und goldgelbem Johanniskraut. An einem weitläufigen Hausgarten ist eine Stieleiche mit einem beeindruckenden Stammumfang als Naturdenkmal ausgewiesen. Geradeaus weiter mündet unser Weg

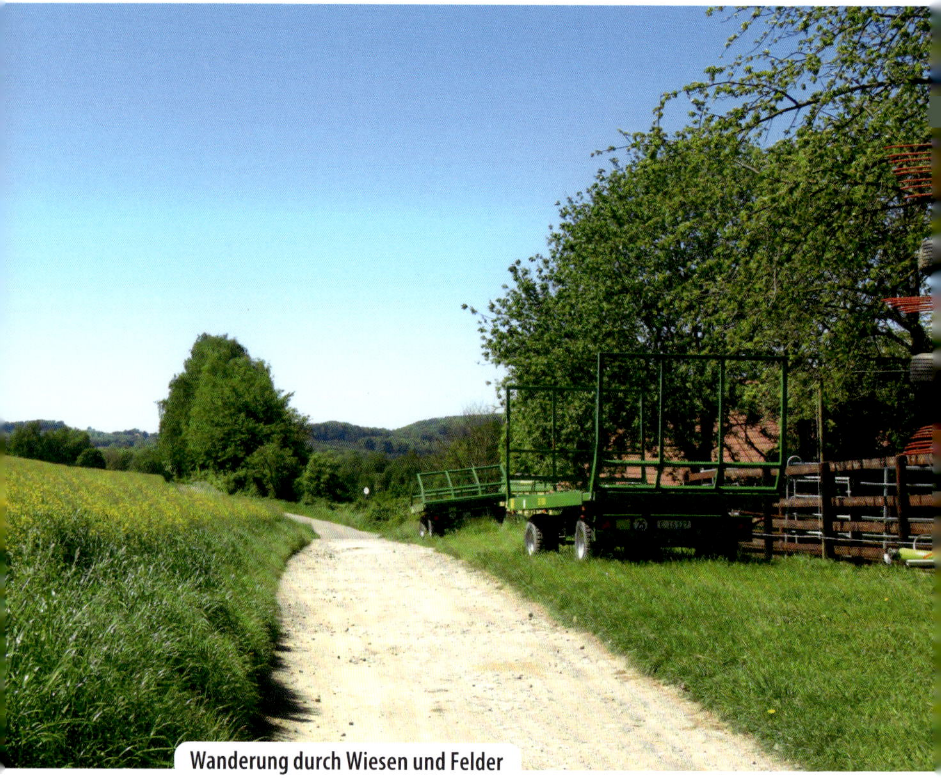

Wanderung durch Wiesen und Felder

nach wenigen Schritten in eine Asphaltstraße, die uns links ins 4 **Naturschutzgebiet Oefter Tal** führt. Der Oefter Bach ist an dieser Stelle recht breit, an seinem Ufer umfängt uns eine erfrischende Atmosphäre. Der nur knapp 5 Kilometer lange Bach entspringt bei Velbert und mündet unweit von hier in die Ruhr.

Unsere Wanderung setzen wir unter Ahorn, Eichen und Buchen fort, am Wegrand wachsen Holunder, Hasel, Farn und Springkraut. Rechts begleitet uns der Bach, der meist durch dichten Unterbewuchs verdeckt wird, aber an einigen Stellen direkt neben uns durch sein steiniges Bett plätschert. Dort, wo rechts eine Brücke den Bach überspannt, bringt uns links ein Abzweig hinauf in einen Hohlweg mit knorrigen Bäumen und dichten Sträuchern. Dahinter steht links an einem Hang ein Haus. Geradeaus nimmt uns die Straße **Zum Timpen** mit zu einer Hauszufahrt, an der rechts der **Wanderweg A2** in den Wald einbiegt, wo er sich gleich gabelt. Wir wandern links hinab und überqueren den 5 **Oefter Bach.**

Für die Seele

Vom Pastoratsberg führen lauschige Wege hinab ins Oefter Tal. Lohnenswert ist ein Abstecher zur Basilika.

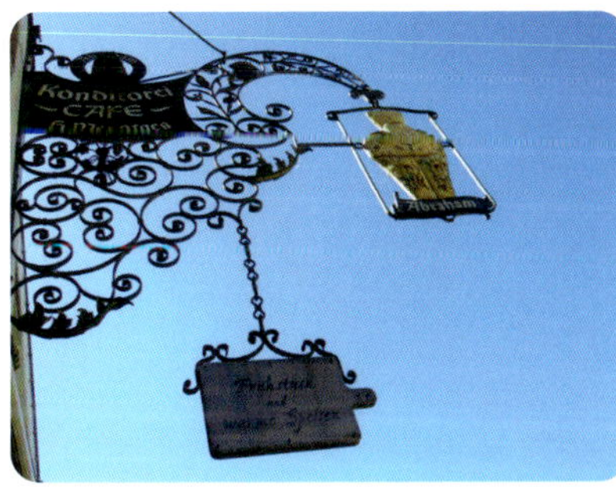

Unsere Route bringt uns hinter einer kleinen Holzbrücke geradeaus zu einer Holzschranke, die wir durchqueren. Der von Baumwurzeln durchzogene Weg schlängelt sich zunächst leicht ansteigend, später steiler aufwärts durch den Wald. Schließlich weitet sich hinter einem Haus die Landschaft zu unserer Linken und gibt den Blick auf Felder frei. Ein Schotterweg bringt uns auf eine Kuppe. Um uns herum dehnen sich Ackerflächen und Wiesen aus. Unmittelbar vor einem Bauernhof wählen wir an einer Verzweigung den rechten Weg an einer Scheune und an Viehweiden vorbei. Leicht ansteigend wird aus unserem Schotterweg eine Straße. An einem Reitstall biegen wir links in den **Geilinghausweg** ein. Hinter dem Pferdehof führt rechts ab, vor Haus Nummer 14, ein als **A2** gekennzeichneter Pfad durch eine von Bäumen gerahmte Wiese.

Ein Wald nimmt uns auf, der das Sonnenlicht zu schlucken scheint. Abschüssig und unbefestigt geht es geradeaus durch eine Buchenhalle, hinter der uns dichter Ilex umfängt. Unten queren wir ein Bachbett. Nachdem wir einem Pfad steil aufwärts gefolgt sind, ragt vor uns ein herrschaftliches schmiedeeisernes Tor auf, das frei an einer Hauszufahrt steht.

Wir folgen davor der abschüssigen, unbeschilderten Straße **Langeheide,** um dann gleich rechts einem als Wanderweg markierten Anstieg zu folgen. Schmal, weich und etwas unwegsam führt er uns mal als abschüssiger, mal als ansteigender Pfad durch den Wald. Einen rechten Abzweig ignorieren wir und wandern durch Farn und Ebereschen quer zu einem steil abfallenden Hang. An einer Gabelung halten wir uns links und treffen einige Zeit später auf den asphaltierten **Klusemannsweg,** der uns links über eine Brücke bringt. Gleich dahinter biegen wir rechts in den ansteigenden Wanderweg ein, in dem Wurzeln kleine Stolperfallen bilden. Stellenweise ist er stark aufgeweicht, weil er auch als Reitweg dient.

An einer Gabelung verläuft rechts der A2 als kurzer Pfad hinauf zu einem Feldweg, in den wir rechts einbiegen. An einer Scheune aus Bruchsteinen vorbei verläuft der Wanderweg im Rechtsbogen weiter zur Straße **Am Strötgen,** in die wir links einbiegen. Vor einem eingezäunten Waldspielplatz nimmt uns links ein Feldweg mit zur von Rosskastanien gesäumten **Barkhovenallee,** der wir links hinab folgen. An einer Kreuzung geradeaus führt uns die Straße **Am Turm** in einem Linksschwenk auf einen großen Parkplatz zu, vor dem uns rechts ein Waldweg aufnimmt. Der Weg wird breiter und schlängelt sich abwärts zu einer Kreuzung, an der wir uns rechts halten. Gleich dahinter wenden

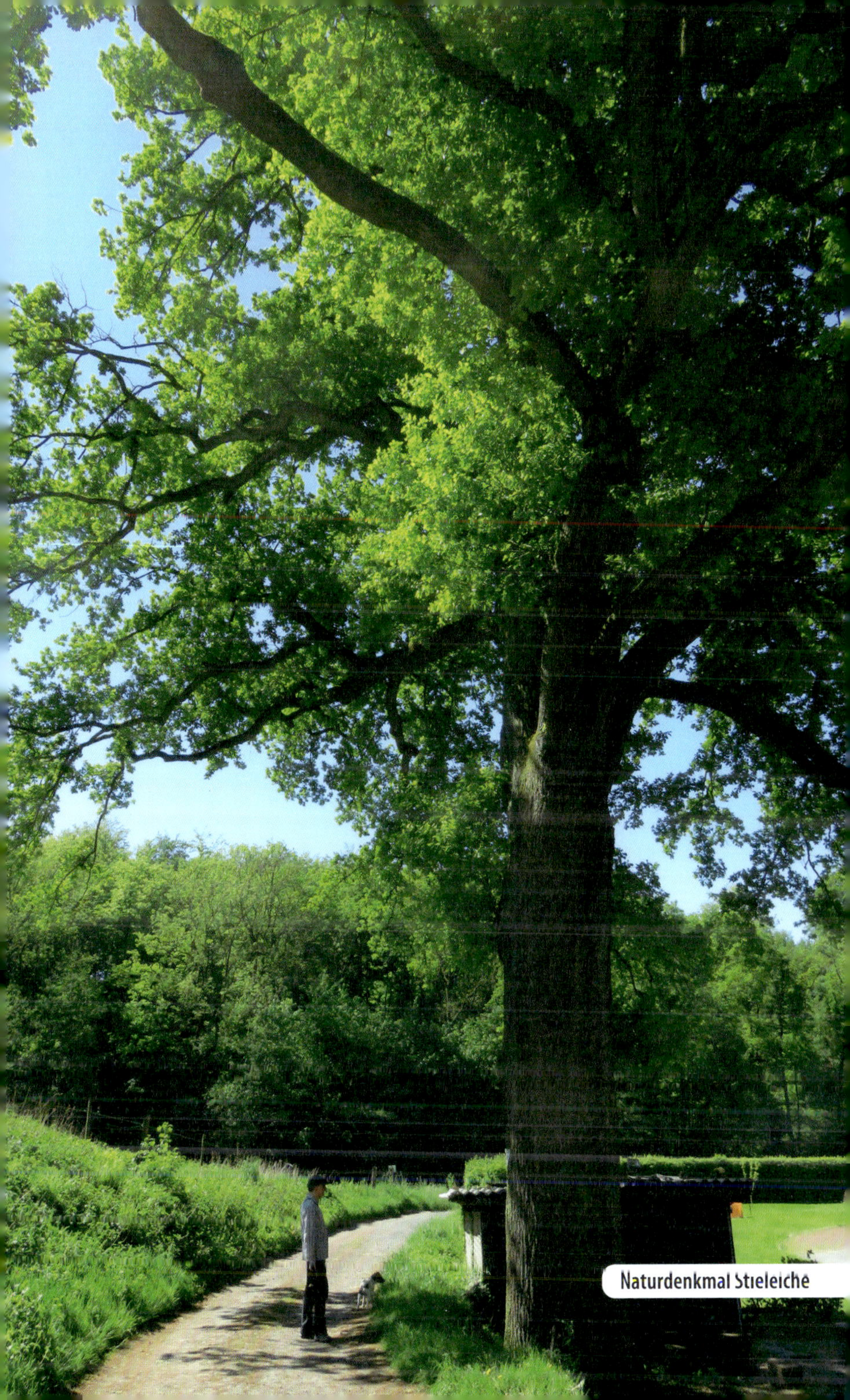

Naturdenkmal Stieleiche

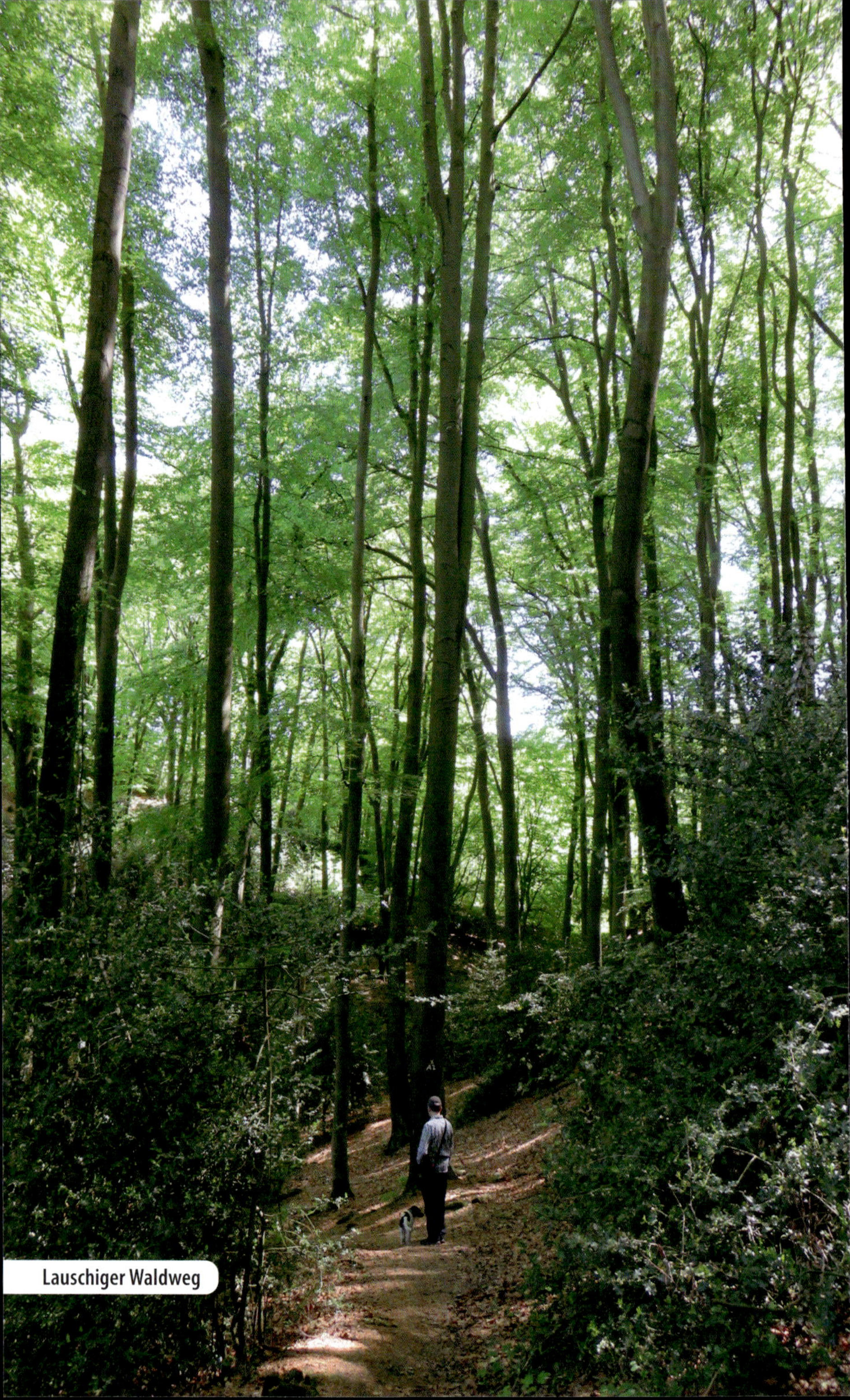

Lauschiger Waldweg

wir uns an einer Verzweigung nach rechts. Leicht aufwärts wandern wir weiter durch den Wald. Der Weg wird breiter und leitet uns abwärts durch den Wald zum **Pastoratsberg** und zu unserem Auto zurück.

Nun empfiehlt sich ein Abstecher zur gut 1 Kilometer entfernten **6 Basilika St. Ludgerus.** Sie wurde im 13. Jahrhundert erbaut, geht aber auf das im 8. Jahr-

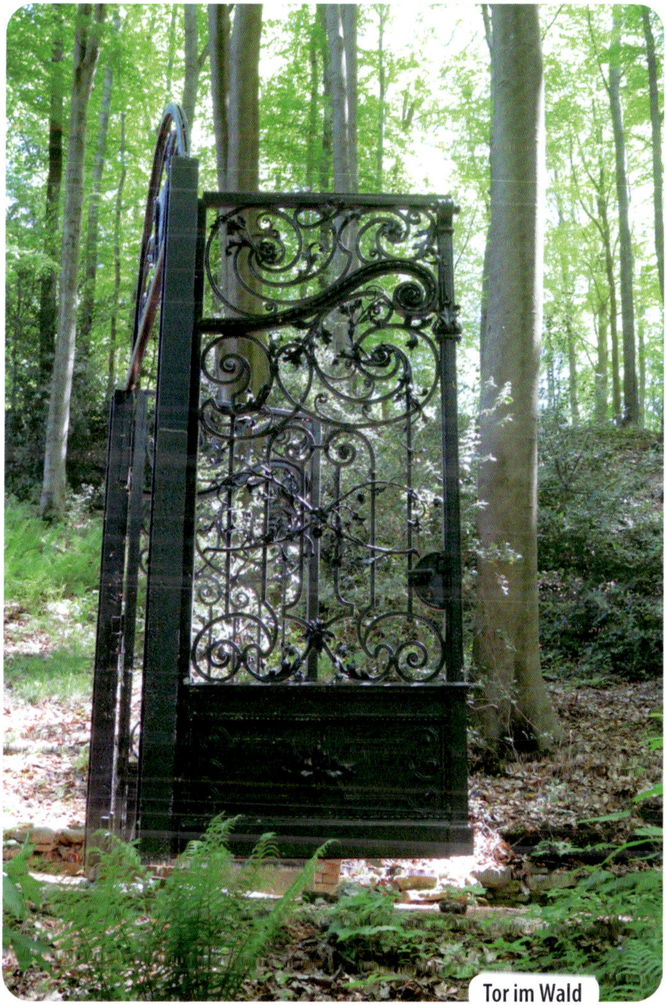

Tor im Wald

*Die **Abtei Werden** wurde um 799 von Liudger gegründet, der Missionar und erster Bischof von Münster war. Nach Bränden im 12. und 13. Jahrhundert wurde über der unversehrten Krypta die Abteikirche St. Ludgerus neu aufgebaut und 1275 von Bischof Albertus Magnus geweiht.*

hundert gegründete Benediktinerkloster zurück. Die Ausstattung der Kirche, die auch Fresken aus dem 10. Jahrhundert umfasst, ist großartig. Doch uns nimmt besonders die besinnliche Stille der Krypta mit dem Schrein des heiligen Liudger für sich ein. Nach einem faszinierenden Kirchenrundgang lassen wir diesen wunderschönen Wandertag in der **Werdener Altstadt** im wenige Gehminuten entfernten ❼ **Café Werntges** ausklingen.

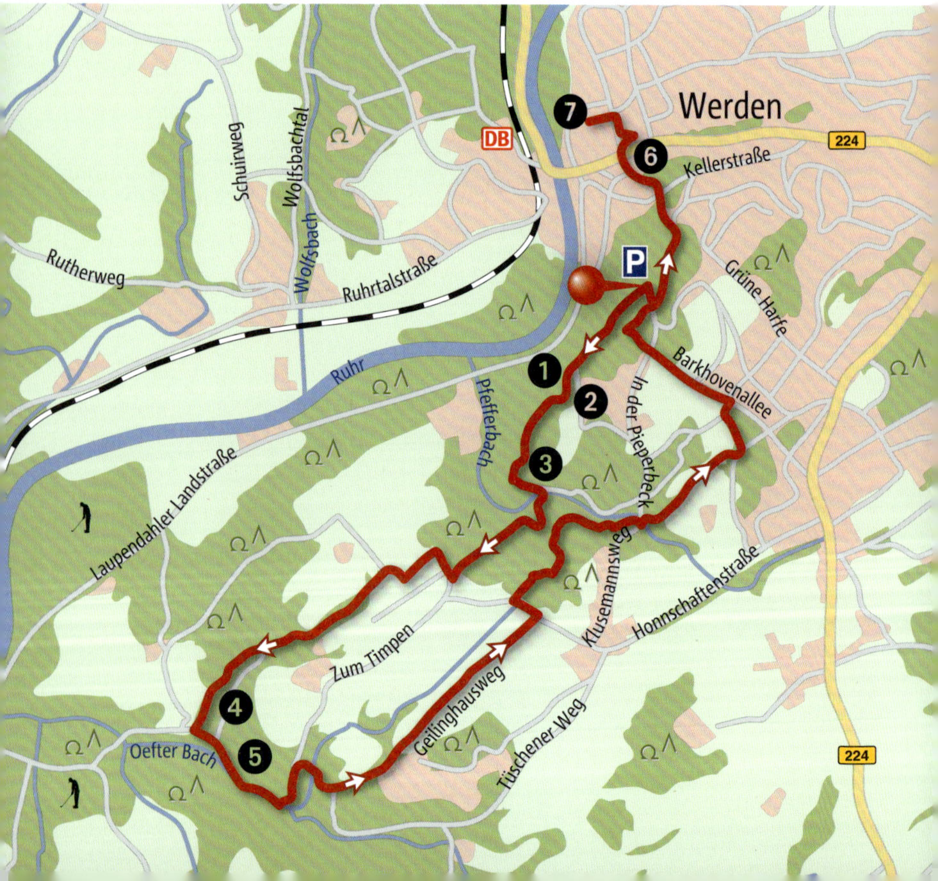

ALLES AUF EINEN BLICK

Entspannung 4/5

Abenteuer 5/5

Vielfalt 5/5

WIE & WANN

Asphaltierte Straßen, Schotterwege, befestigte Waldwege und holprige Pfade mit einigen steilen Abschnitten. Ganzjährig schön; bei nasser Witterung können die Pfade rutschig sein.

HIN & WEG

Auto: Wanderparkplatz an der Jugendherberge Essen, Pastoratsberg 2, 45239 Essen (GPS: 51.382288 7.004701)
ÖPNV: Linie S6 ab Essen Hbf. bis Essen-Werden, weiter mit dem Linienbus 190 Richtung Ruhrlandklinik bis Jugendherberge

ESSEN & ENTSPANNEN

Rucksackverpflegung nicht vergessen!

Rund 1,5 km entfernt in der Werdener Altstadt:

7 **Café Werntges,** Grafenstraße 38, 45239 Essen, Tel. (02 01) 49 24 80, www.traumtorten.de

ENTDECKEN & ERLEBEN

1 **Haus Engelsburg,** Buddestraße 4, 45143 Essen
2 **Zeche Pauline**
3 **Alteburg**
4 **Naturschutzgebiet Oefter Tal**
5 **Oefter Bach**

Mit dem Auto, ca. 1,3 km entfernt:

6 **Basilika St. Ludgerus,** Brückstraße 54, 45239 Essen-Werden, Tel. (02 01) 49 18 01, www.st.ludgerus-werden.de (Parkplatz direkt neben der Kirche)

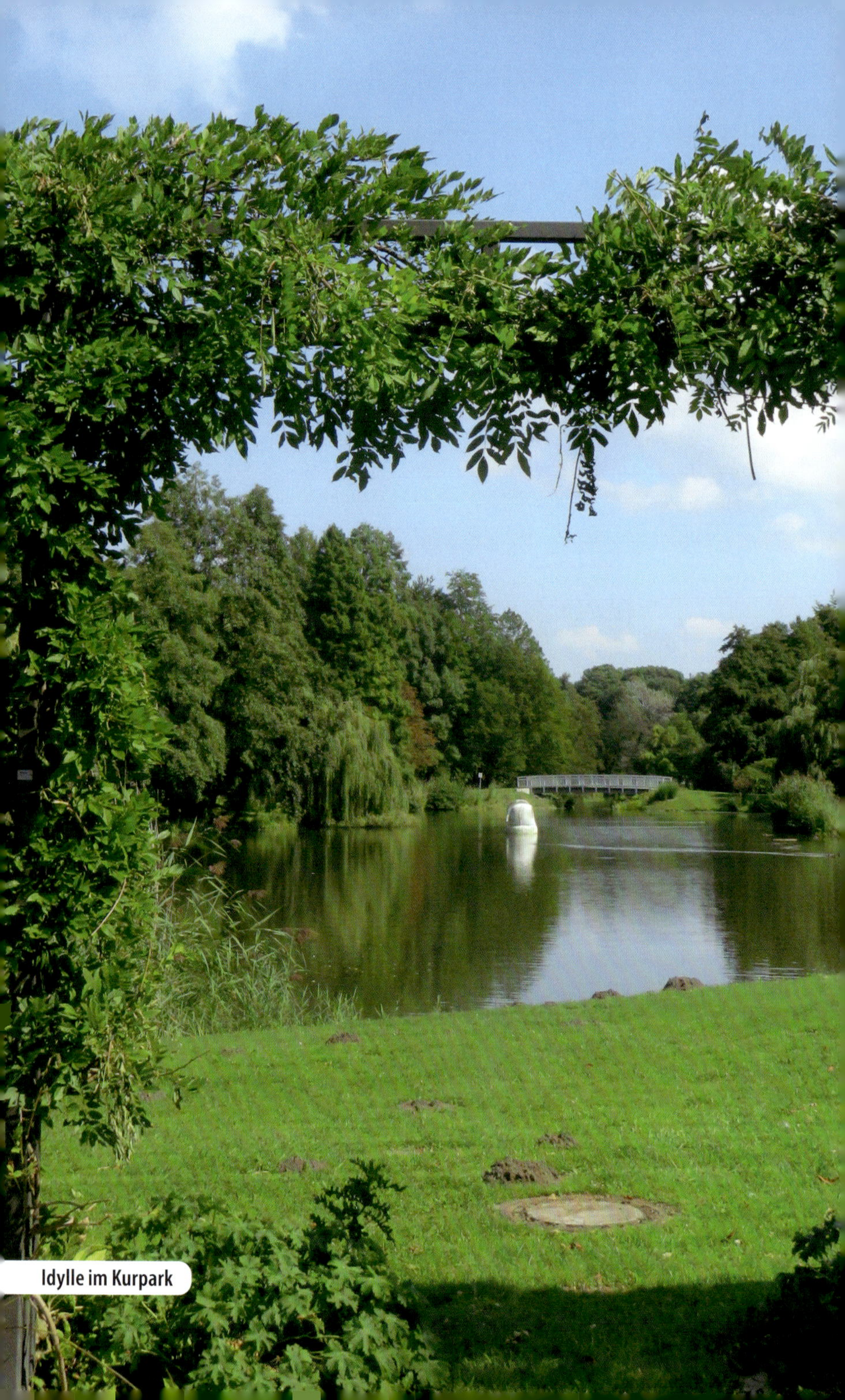

Idylle im Kurpark

Kurort mit Flair

Vom Kurpark Hamm zur Lippeaue

Ein breiter Weg führt gleich links hinter unserem Parkplatz in den ❶ **Kurpark Bad Hamm,** wo inmitten weitläufiger Wiesen mit altem Baumbestand vereinzelt eingestreute Blumenbeete liegen. An einer Gabelung laufen wir links auf einen kleinen See zu, der von zwei weißen Holzbrücken malerisch überspannt wird. Von Blauregen umschlungene Rankbögen schaffen Sichtachsen auf die Wasserfläche, auf der eine Skulptur zwei ineinander verschlungene Schwäne symbolisiert. Der Künstler Dusan Jovanovic, so steht es in einer Broschüre der Stadt Hamm, nennt das Kunstobjekt Geborgenheit.

Wir schlendern am rechten Ufer weiter. Der Wind spielt mit den Zweigen der Trauerweiden, die sich über dem Wasser ausbreiten. Während wir im Park einen besonders knorrigen, alten Baum betrachten, fällt uns ein kleiner, künstlicher Hügel mit einem Pavillon auf – sicher ein idealer Aussichtsplatz. Im Linksbogen erreichen wir das Ende des Sees und verlassen den Park geradeaus über zwei Kreuzungen hinweg. Am ❷ **Datteln-Hamm-Kanal** nimmt uns rechts ein mit stattlichen Kastanien gesäumter Uferweg auf, an den große Gärten grenzen. Bald erreichen wir die ❸ **Schleuse Werries** und überqueren sie nach links.

Gleich dahinter leitet uns links der **Helmut-Plontke-Weg** über ein Betriebsgelände des Wasser- und Schifffahrtsamtes zum Kanalufer. Unsere Wanderung verläuft nun zwischen dem **Datteln-Hamm-Kanal** zu unserer Linken und der **Lippe,** die rechts in einer wei-

*Statt Kohle entdeckte man in Hamm 1875 eine Solequelle. Als **Hammer Brunnen** wurde sie zur sprudelnden Geldquelle, denn die Stadt entwickelte sich zum beliebten Kurort. 1955 verschwand Hamm aus der Liste der offiziellen Kurorte. Kohle fand man später aber auch noch: Das erste Bergwerk in Hamm war die 1901 gegründete Zeche de Wendel.*

Kilometer: 7,7
Stunden: 2
RUNDWEG

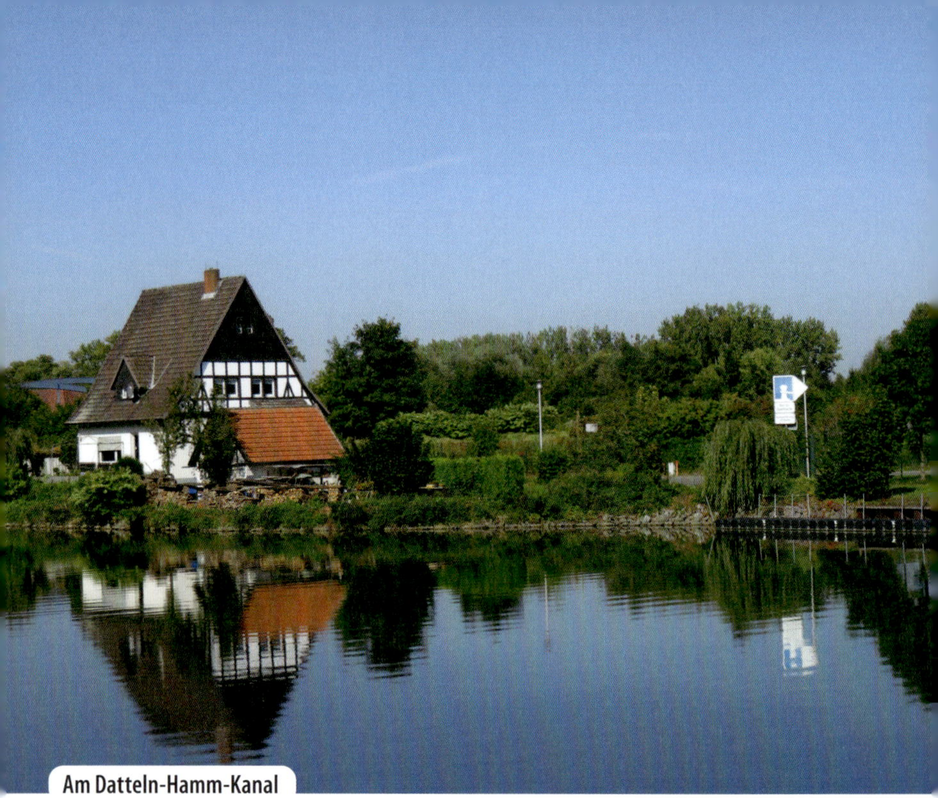

Am Datteln-Hamm-Kanal

1914 wurde der erste Bauabschnitt des ***Datteln-Hamm-Kanals*** *(s. Tour 18) bis Hamm eröffnet. 1933 wurde ein zweiter Streckenabschnitt bis Hamm-Schmehausen sowie die Schleuse Werries fertiggestellt. Zum geplanten Kanalausbau bis Lippstadt kam es dagegen nie.*

ten Schleife durch die Auen fließt. Der Fluss verschwindet hinter dichtem Bewuchs aus unserem Blickfeld, um dann aber doch recht nah an uns heranzukommen. Vom 15 Meter hohen 4 **Aussichtsturm** im **Naturschutzgebiet Schlagmersch** können wir die Auen bestens überblicken. Da es an dieser Stelle keinen anderen Weg gibt, setzen wir unsere Wanderung am Kanalufer fort.

Wildrosen, Erlen und Weiden begleiten uns im Rechts-links-Bogen um ein Betriebsgelände des Wasserstraßen- und Schifffahrtsamtes. Rechts lässt uns eine Treppe unmittelbar ans dicht bewachsene Ufer der Lippe. Eine Blessralle treibt auf einem Floß aus Blättern und Pflanzenresten beneidenswert gemächlich flussabwärts. Am **Kanu-Club Heesen** verschafft uns eine große Plattform weitere wunderschöne Flussblicke. Der Auenwald ist hier einem lockeren Uferbewuchs gewichen, hinter dem sich Felder erstrecken.

Wir laufen unter der **Kanal-Fährweg-Brücke** hindurch und im Bogen hinauf, um links die Lippe zu überqueren. Hinter der Brücke geht es links hinab und vor dem 5 **Restaurant Bootshaus** im Linksbogen ans Flussufer. Nachdem wir die Brücke unterquert haben, liegt vor uns das 6 **Naturschutzgebiet Lippetal bei Schloss Heessen.** In den Wiesen erstreckt sich der von Schilf und Weidengebüsch gerahmte Mühlengraben, der einst die Schlossmühle mit Wasser versorgte. Im Linksbogen schwenkt der **Fährweg** in die **Lippeaue** ein. Heckenrosen säumen unseren Weg, kugelige Kopfweiden unterteilen die Wiesen. Rechts erhaschen wir durch nahezu undurchdringliches Grün einen Blick auf die Fassade von **Schloss Heessen,** das als Landschulheim dient und nicht besichtigt werden kann. Die Wasserburg stammt aus dem 14. Jahrhundert, aber es

Für die Seele

Nach der Tour durch die verträumte Lippeaue bietet das Gradierwerk im Kurpark eine gesunde Erfrischung.

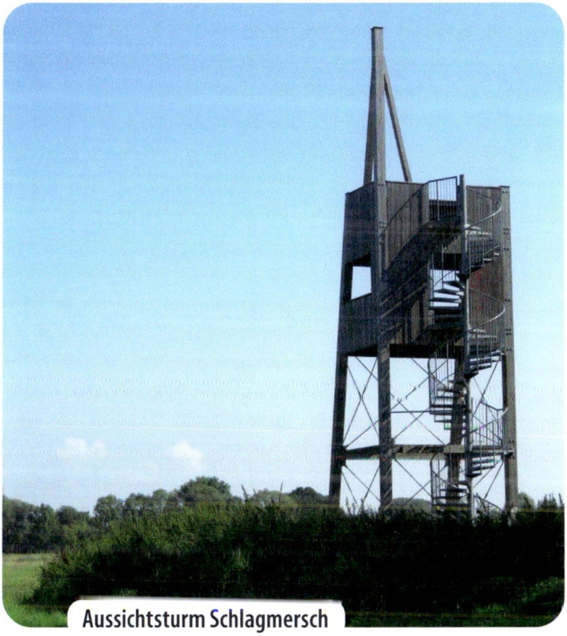
Aussichtsturm Schlagmersch

Für die Schifffahrt, die 1876 eingestellt wurde, begradigte man die Lippe und entwässerte ihre Auen für die Landwirtschaft. Durch das Abtragen von Uferbefestigungen und eine Anbindung der Altgewässer durch Flutmulden wird derzeit ein ***naturnaher Überschwemmungsbereich*** *geschaffen, der dem Hochwasserschutz und Tieren und Pflanzen als Lebensraum dient.*

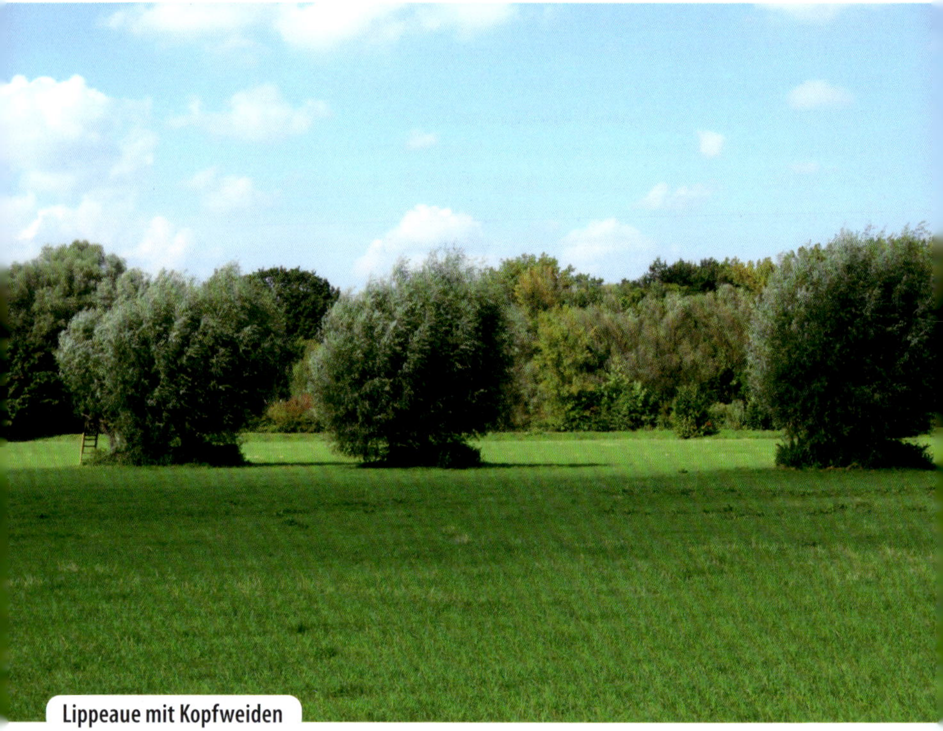

Lippeaue mit Kopfweiden

gab dort bereits im 10. Jahrhundert einen bischöflichen Oberhof.

Eine schmale Brücke überspannt den **Enniger Bach,** der hier nach nur 7 Kilometern in die Lippe mündet. Wasser rauscht über ein Wehr, das rechts zwischen Bäumen zu sehen ist. Wir genießen dieses wunderschöne Panorama. Hinter Pferdekoppeln mit einem beeindruckend alten Baumbestand biegen wir an einer Kreuzung links ab und überqueren erneut den Enniger Bach. Bald darauf liegt links das Gelände der einstigen **7 Schlossmühle,** deren Ursprung im 13. Jahrhundert vermutet wird und um die sich bis 1975 ein Müller gekümmert hat. Das verwaiste ehemalige Gesindehaus umfängt uns mit seinem melancholischen Charme. Wir schwenken am Straßenschild **An der**

Schlossmühle links ein und folgen rechts neben dem grünen Holztor einem unbefestigten Weg durch dichte Sträucher. Links breitet sich der **Mühlenteich** um die Reste eines verfallenen Mühlengebäudes aus.

Unter Bäumen erreichen wir die **Fährstraße,** die uns nach dem Überqueren links aufnimmt. Eine Bank unter einer mächtigen Eiche steht zwar direkt an der stark befahrenen Straße, lässt uns aber den Blick auf den gegenüberliegenden **Mühlengraben** genießen. Diese Idylle entspricht genau unserer Idealvorstellung einer urtümlichen Flussaue: Totholzstämme liegen quer über Gewässerschleifen, Seerosen blühen in den Uferzonen und Wasservögel ziehen ihre Bahnen.

Bald entfernt sich die Straße von unserem Weg. Von einer Holzbrücke, die uns über einen Bach führt, blicken wir auf einen aufgestauten Teich. Wir laufen geradeaus auf das **China-Restaurant King`s Bootshaus** zu und schwenken links davor zur Brücke ab, die uns

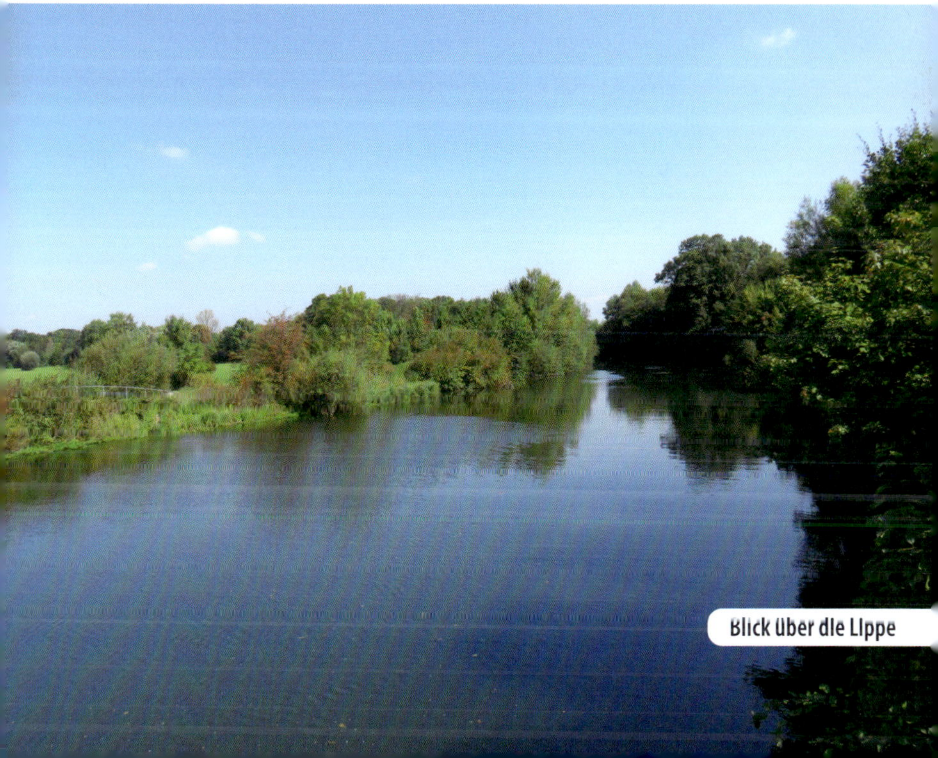

Blick über die Lippe

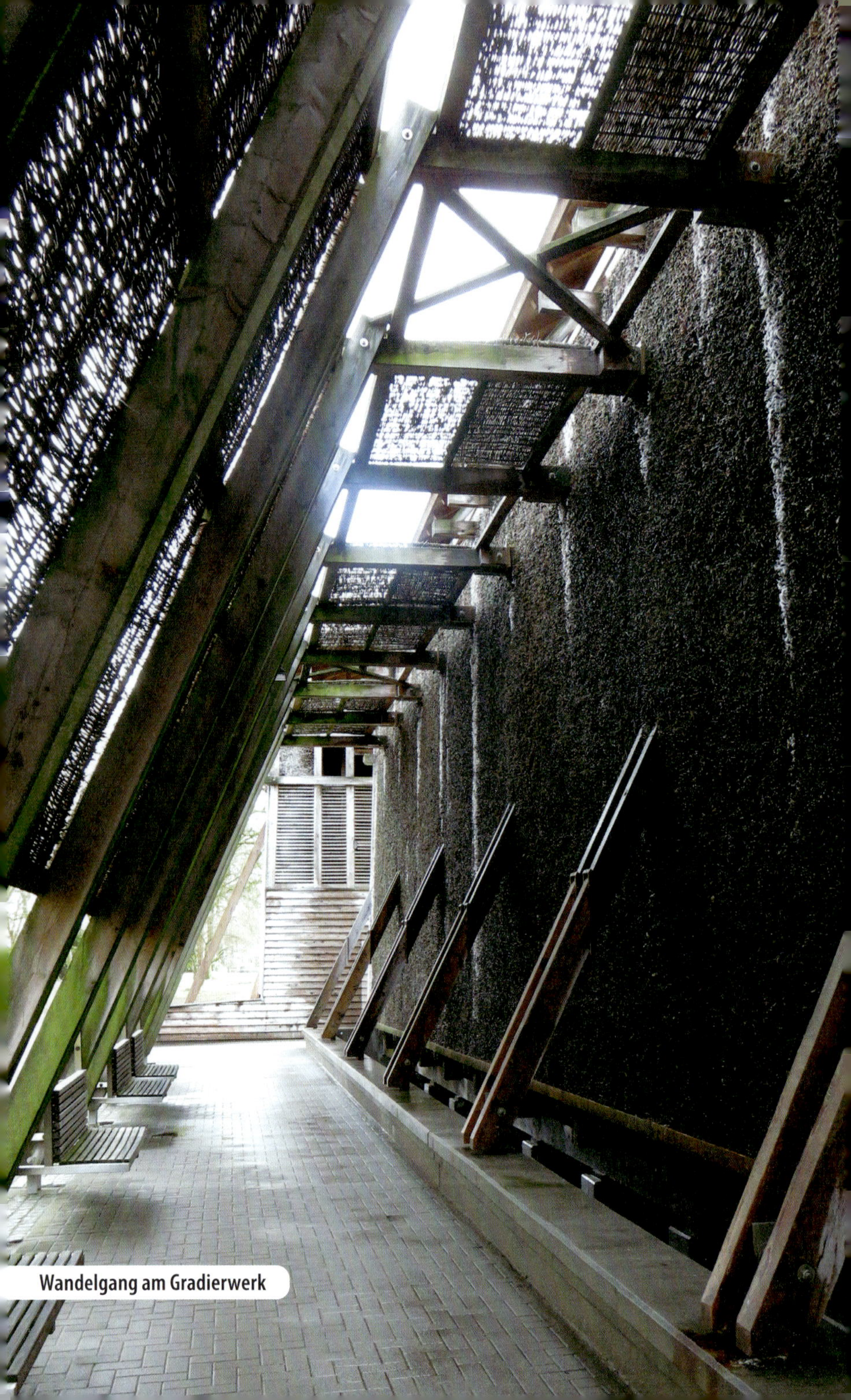

Wandelgang am Gradierwerk

diesmal rechts über die **Lippe** und den **Datteln-Hamm-Kanal** bringt. **Adenauerallee** ist ein großer Name für den Uferweg, der uns rechts hinter der Brücke am Kanal entlangführt. Hinter einem Reitplatz schwenkt links ein Weg vom Kanal weg und in den **Kurpark** mit einem beeindruckenden alten Baumbestand ein. Ein kurzes Stück folgen wir der **Ahse,** die durch einen Düker unter dem Datteln-Hamm-Kanal hindurchgeleitet wird und in die Lippe mündet.

Würziger Duft erfüllt die Luft. Auf einer Wiese steht, von Bänken umgeben, ein 30 Meter langes 8 **Gradierwerk.** Sole, die in dieser Holzkonstruktion über Reisig rieselt, erzeugt durch Verdunstung ein salzhaltiges Mikroklima, das uns eine prickelnde Erfrischung schenkt und unseren Atemwegen guttut. Unter einem abgeschrägten Dach finden sich in einem Wandelgang viele Bänke, auf denen sich dieses frei zugängliche Gesundbrunnen-Gefühl ausgiebig genießen lässt.

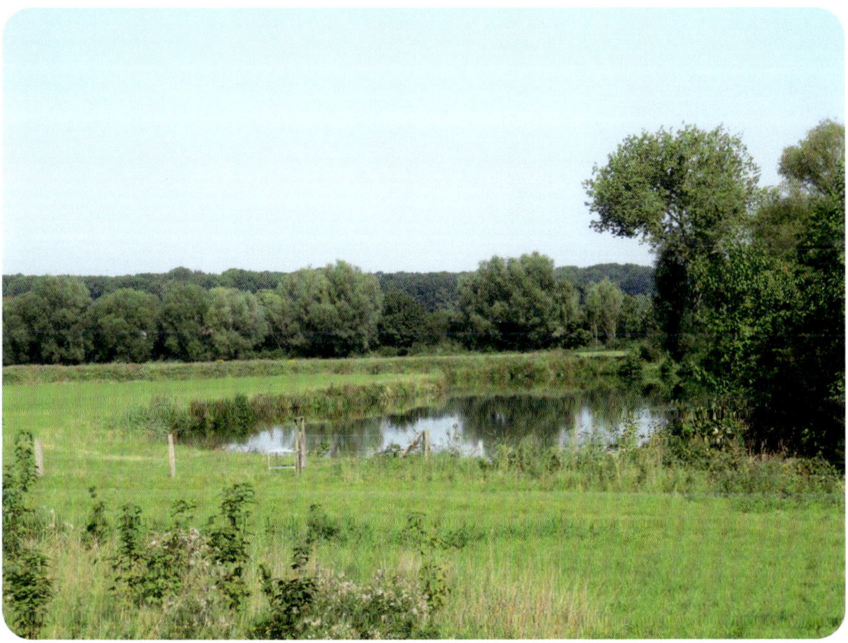

Wir lassen die schräge Seite des Gradierwerks links hinter uns liegen, wandern geradeaus über eine Kreuzung und betreten rechts durch ein Tor den Biergarten des **9 Restaurant Altes Fährhaus.** Bis 1912 lebte in dem Fachwerkhaus ein Fährmann, der seine Gäste von einem Ufer der Lippe ans andere brachte. Mit dieser Geschichte im Kopf lassen wir in einem schönen Ambiente unseren Wandertag ausklingen. Unser Auto steht direkt vor dem Lokal auf der anderen Seite der **Fährstraße.**

Alternativ bietet sich zur Einkehr das wenige Fußminuten entfernte und teilweise denkmalgeschützte Kurhaus mit der **10 Gastronomie Kurhaus Bad Hamm** an.

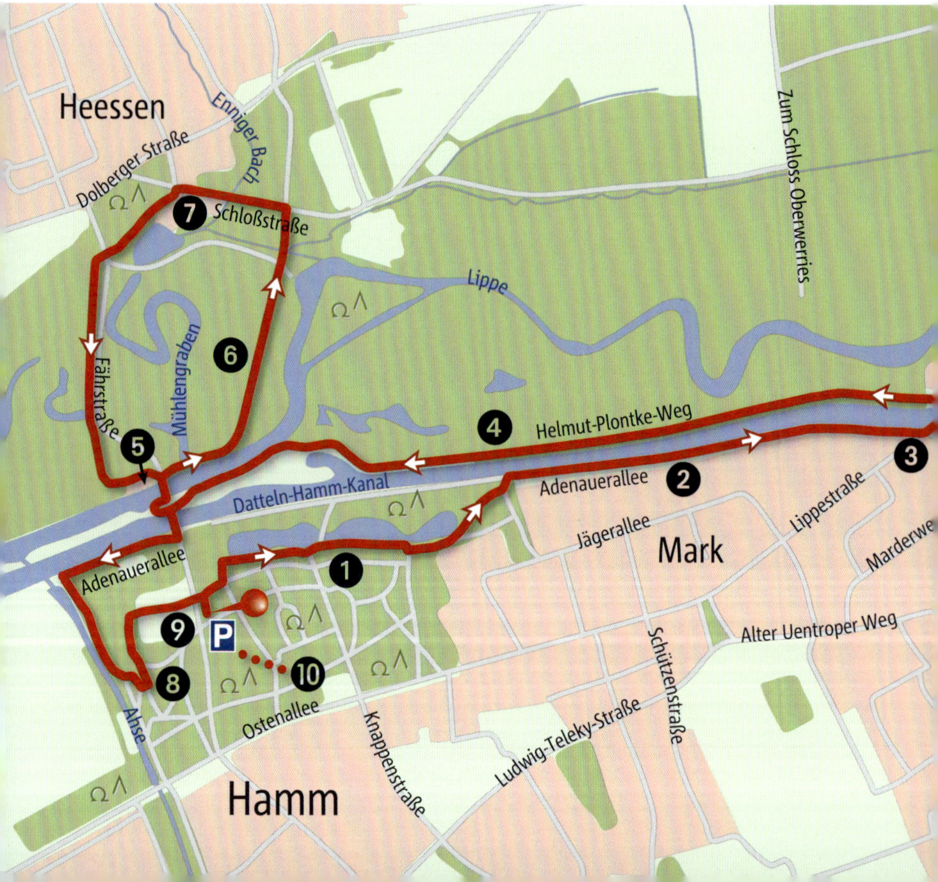

ALLES AUF EINEN BLICK

Entspannung 5/5
Abenteuer 1/5
Vielfalt 4/5

WIE & WANN

Befestigte Wege, Brücken und wenige Treppen. Ganzjährig interessant, besonders schön von April bis Oktober.

HIN & WEG

Auto: Parkplatz gegenüber dem Restaurant Altes Fährhaus, Fährstraße 1, 59071 Hamm
(GPS: 51.691040 7.841756)
ÖPNV: Buslinien 1 und 3 ab Hamm Hbf. bis Bad Hamm

ESSEN & ENTSPANNEN

5 **Restaurant Bootshaus,** Fährstraße 7, 59073 Hamm, Tel. (0 23 81) 98 76 50, www.bootshaus-hamm.de
9 **Restaurant Altes Fährhaus,** Fährstraße 1, 59071 Hamm, Tel. (0 23 81) 9 56 30 04, www.altes-fährhaus.com
10 **Gastronomie im Kurhaus Bad Hamm,** Ostenallee 87, 59071 Hamm, Tel. (0 23 81) 8 71 02 00, www.kurhaus-bad-hamm.de

ENTDECKEN & ERLEBEN

1 **Kurpark Bad Hamm**
2 **Datteln-Hamm-Kanal**
3 **Schleuse Werries**
4 **Aussichtsturm in der Schlagmersch**
6 **Lippetal bei Schloss Heessen**
7 **Schlossmühle**
8 **Gradierwerk,** Ostenallee, 59071 Hamm (rund um die Uhr zugänglich, nur bei Frost wird es abgeschaltet)

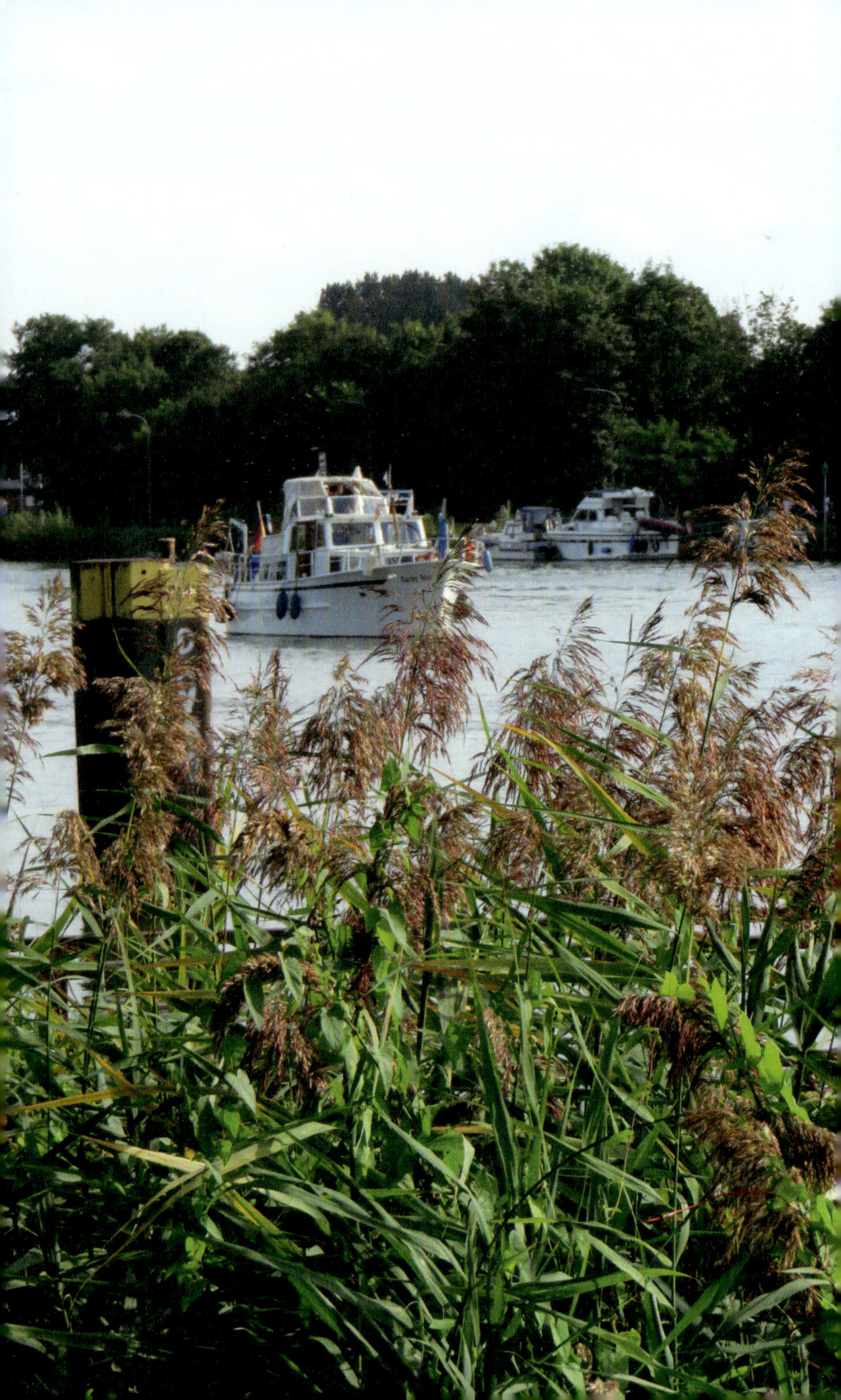

Am Dattelner Meer

Das Kanalkreuz in Datteln

Vor dem ❶ **Landgasthaus Zum Ankerplatz** führt ein Weg hinauf zur ❷ **Dattelner Schleuse.** Kurz vor der Schleuse zweigt rechts der Uferweg am ❸ **Wesel-Datteln-Kanal** entlang ab. Als 1931 in Betrieb genommener Lippe-Seitenkanal schafft er – parallel zur Lippe – eine Verbindung zum Rhein.

Das von Landwirtschaft und Handwerk geprägte Leben in Datteln veränderte sich durch den Bau der ***Zeche Emscher-Lippe,*** *die 1906 zunächst die Steinkohleförderung, später auch die Koksgewinnung aufnahm. Von den Zechenanlagen ist nach der Schließung im Jahr 1972 kaum etwas geblieben, der Charme der ländlichen Umgebung hat sich dagegen bewahrt.*

Bauernhöfe stehen weit verstreut inmitten von Wiesen und Feldern. In diese ländliche Idylle mischt sich ein Hauch von Hafenromantik. Metallpfähle, Dalben genannt, ragen mit ihren gelben Kappen aus dem Wasser und dienen Schiffen als Liege- und einem Kormoran als Ruheplatz. Um Futter muss sich der Fisch liebende Vogel keine Sorgen machen: Im Kanal tummeln sich Rotaugen, Brassen, Schleien, Flussbarsche und Aale. Und so wundern wir uns nicht über die hoffnungsfrohen Blicke der Angler, die still auf ihren Klappstühlen am Ufer sitzen.

Die türkis-blaue **Datteln-Olfener-Brücke** unterqueren wir. Neben uns fällt die mit bläulich rotem Blutweiderich, altrosa Wasserdost und weißen Ackerwinden bewachsene Böschung zum steinigen Ufer ab. Schiffe nähern sich uns in gemächlichem Tempo, maximal 12 km/h sind hier erlaubt. Trotz der Langsamkeit ist das Transportsystem effizient: Ein Güterschiff kann eine Menge befördern, die 100 Lkw entspricht, ein Schubverband ersetzt bis zu 400 Eisenbahnwaggons. Geladen werden vor allem Mineralöl, Schrott,

Kilometer: 9
Stunden: 2,5
RUNDWEG

Baustoffe oder chemische Produkte. Frachtschiffe sind fahrende Wohnungen. Auf manchen flattert Wäsche im Wind, ab und zu sieht man Kinder an Deck, Hunde bellen. Fast jeder Schiffer hat ein Auto an Bord, um an Land mobil zu sein.

Am Ufer steht eine mächtige Platane. Vor rund 100 Jahren wurde diese Baumart gerne angepflanzt, weil sie gut der damaligen Luftverschmutzung durch Rauch, Ruß und Schwermetalle trotzen konnte. Wir überqueren die blau-gelb gestrichene **Natroper Brücke.** Bevor wir sie am anderen Ufer über Stufen rechts hinab verlassen, gewährt sie uns einen schönen Blick auf die Ahsener Schleuse. Von einer Segeljacht, die mit eingeklapptem Mast und sanftem Motorengeräusch unter uns daherzieht, winkt uns ein Freizeitkapitän zu.

Unten biegen wir rechts in den Uferweg ein und wandern im Schatten großer Platanen, Eichen und Linden. Hinter der Datteln-Olfener-Brücke entfernen wir uns im Rechtsknick vom Wasser und laufen im weiten Bogen um den Schleusenbereich herum. Ein

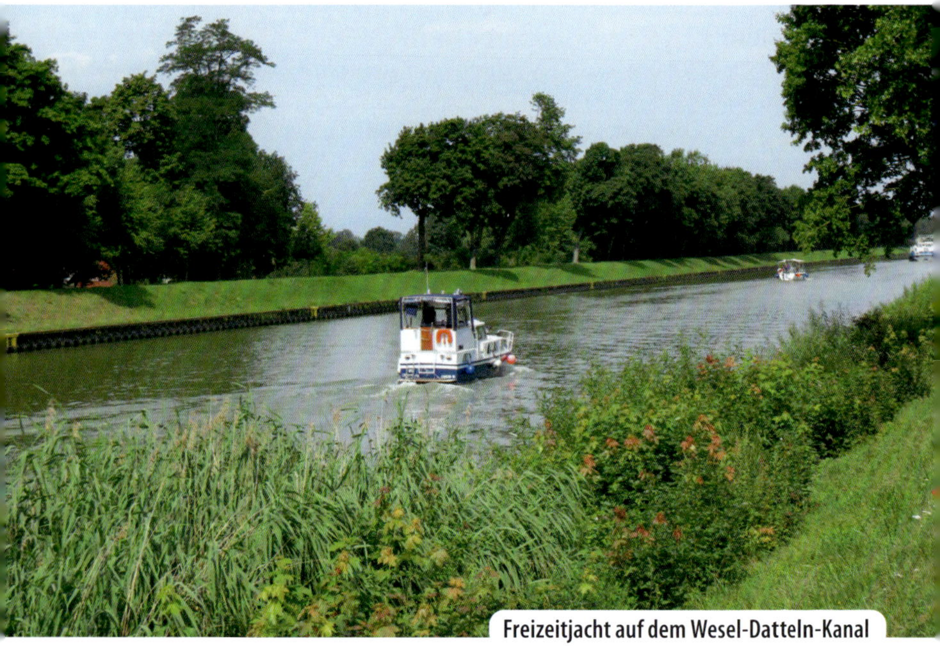

Freizeitjacht auf dem Wesel-Datteln-Kanal

grüner Tunnel aus Sträuchern und Bäumen nimmt uns auf und endet an der **Höttingstraße,** der wir nach rechts folgen.

Auf der gegenüberliegenden Straßenseite steht unter zwei alten Kastanienbäumen eine 4 **Wegekapelle,** deren fensterloser Raum mit einem Schmuckgitter verschlossen ist. Innen bröckelt der Putz, doch alles ist blitzblank und mit Blumentöpfen geschmückt. Eine Marienstatue strahlt einen anmutigen Reiz aus. Erbaut wurde die Kapelle 1894 – das verrät ihre Rückseite. Unter Denkmalschutz steht sie seit 2011 – das verriet uns der Heimatverein Datteln.

Für die Seele

In Datteln treffen vier Schifffahrtskanäle mit schönen Uferwegen aufeinander – Schiffsromantik inklusive!

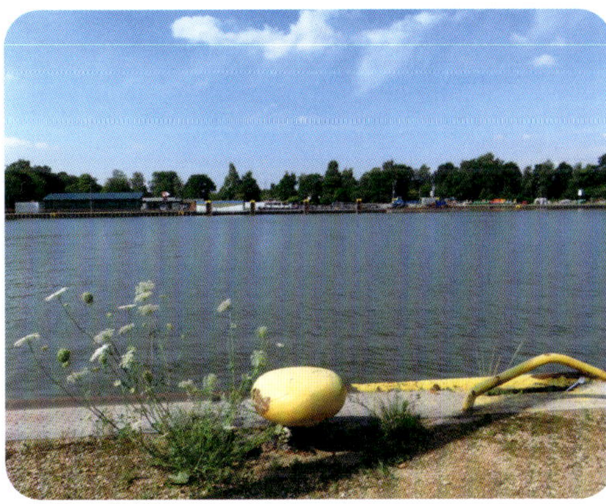

Unmittelbar hinter dem Wasser- und Schifffahrtsamt kommen wir links zurück zum Kanalufer, dem unser Weg bis zu einer Gabelung folgt. Geradeaus geht es dort durch rot-weiße Pfosten hinauf zur Schleuse. Sie ist eine von sechs Schleusenanlagen, die von hier bis Friedrichsfeld bei Wesel insgesamt 42 Meter Höhenunterschied überwinden. Oben angekommen folgen wir geradeaus dem asphaltierten Weg, der uns an der Schleusenkammer zu unserer Linken entlangführt. Ein Schiff ist eingefahren, die einströmenden Wassermassen heben es auf das höhere Niveau hinter dem oberen Schleusentor an.

Wir wandern an einer Reihe von Dalben entlang, Schilf wogt sanft im Wind. Wir sind am 5 **Dattelner Meer** angekommen, dessen große Wasserfläche durch das Aufeinandertreffen des Wesel-Datteln-Kanals mit dem Dortmund-Ems-Kanal entsteht. Abseits unserer Wanderoute kommen südlich noch der Datteln-

Hamm-Kanal und der Rhein-Herne-Kanal dazu. Die vier Kanäle bilden Europas größtes Kanalkreuz, auch Kanalknotenpunkt genannt, zu dem es auf einer Infotafel am Wasserwanderrastplatz, den wir passieren, interessante Fakten gibt.

In einer der Boothallen in Ufernähe ist das Löschboot der Feuerwehr untergebracht. Bunkerboote versorgen Schiffer mit Gas- und Schmieröl, technischem Schiffsbedarf und Frischwasser und organisieren Tankwagen-Transporte. Der Dattelner Hafen ist kein lärmender Umschlagplatz für Güter, sondern ein serviceorientierter Ruhe- und Liegehafen. Diese Ruhe spiegelt sich auch auf der **Uferpromenade** wider, die zum Flanieren und mit vielen Bänken zum Verweilen einlädt.

Am Kanu Klub Datteln 1928 e.V. erreichen wir eine Gabelung. Geradeaus sehen wir das ❻ **Hafenrestaurant** mit einem großen Biergarten, folgen aber links dem Uferweg. Über Stufen gelangen wir auf die **Datteln-Hafen-Brücke,** überqueren sie und steigen auf der anderen Seite links über die Stufen hinab ans andere Ufer. Wir halten uns rechts und wandern an einigen Sportanlagen vorbei, zu denen auch der 1950 von Bergleuten der Zeche Emscher-Lippe gegründete Kanuten Verein gehört.

Das Zusammentreffen der vier für das Ruhrgebiet wichtigsten Kanäle macht Datteln zum weltweit größten Kanalkreuz, auch ***Kanalknotenpunkt*** *genannt. Zusammen mit Rhein, Ems, Weser und Elbe schaffen die Binnenkanäle ein Verkehrsnetz, das vorrangig dem internationalen Güterverkehr dient.*

Unser Weg verläuft durch rot-weiße Wegpfosten am 1899 fertiggestellten Dortmund-Ems-Kanal entlang, der über die Ems eine Verbindung zur Nordsee schafft. Mit einem tollen Blick über das Dattelner Meer wandern wir unter einer Brücke hindurch, die den Kanal seit Dezember 2020 überspannt. Dahinter ragt das auffällige, von zwei roten Mauertürmen flankierte ❼ **Sicherheitstor** auf. Es markiert die Einfahrt zur **Neuen Fahrt,** die in den 1930er-Jahren für größere Schiffe und ein ständig steigendes Verkehrsaufkommen angelegt wurde. Die Alte Fahrt, an der wir später entlanglaufen werden, diente der Schifffahrt zunächst noch als Reservestrecke.

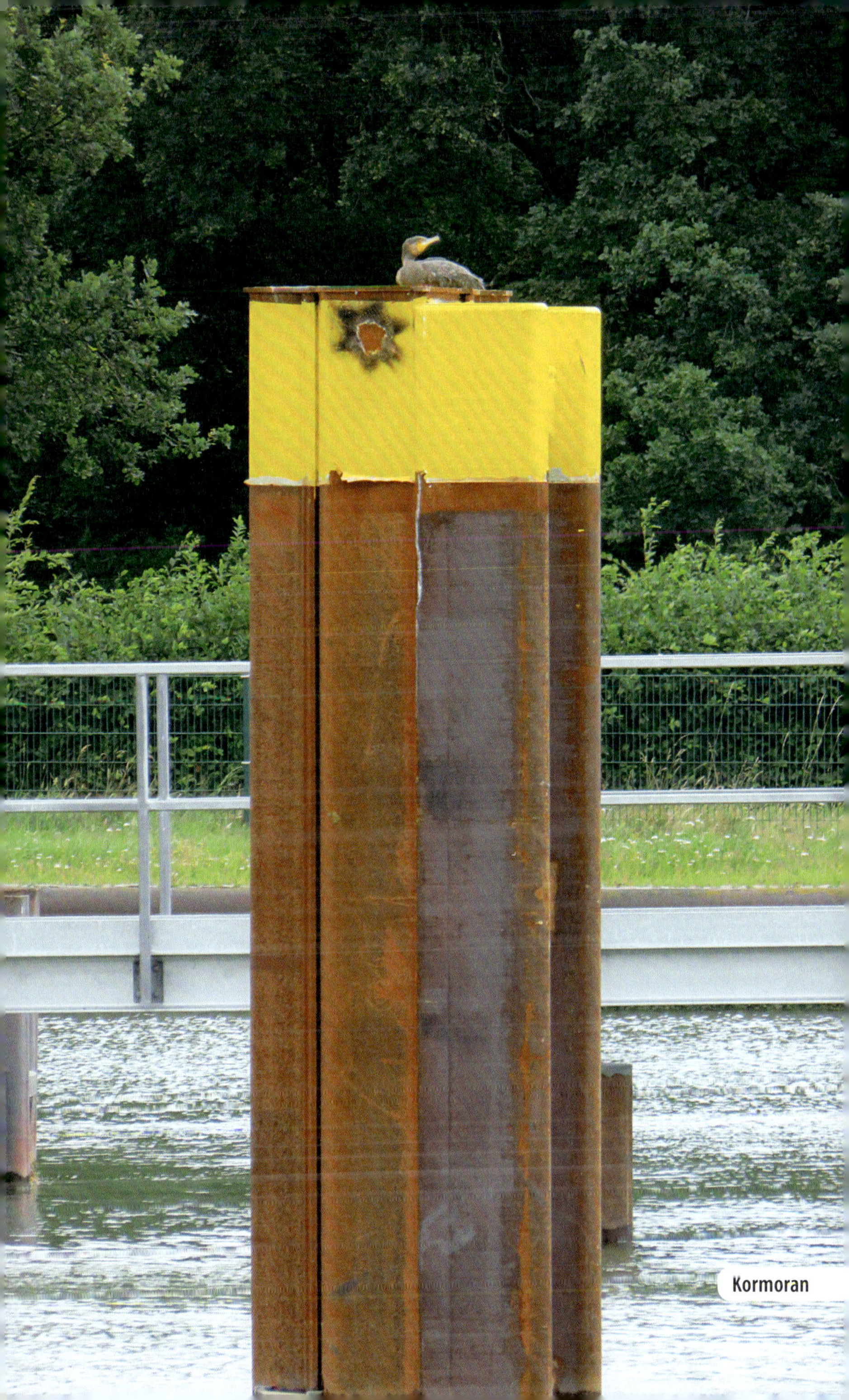

Kormoran

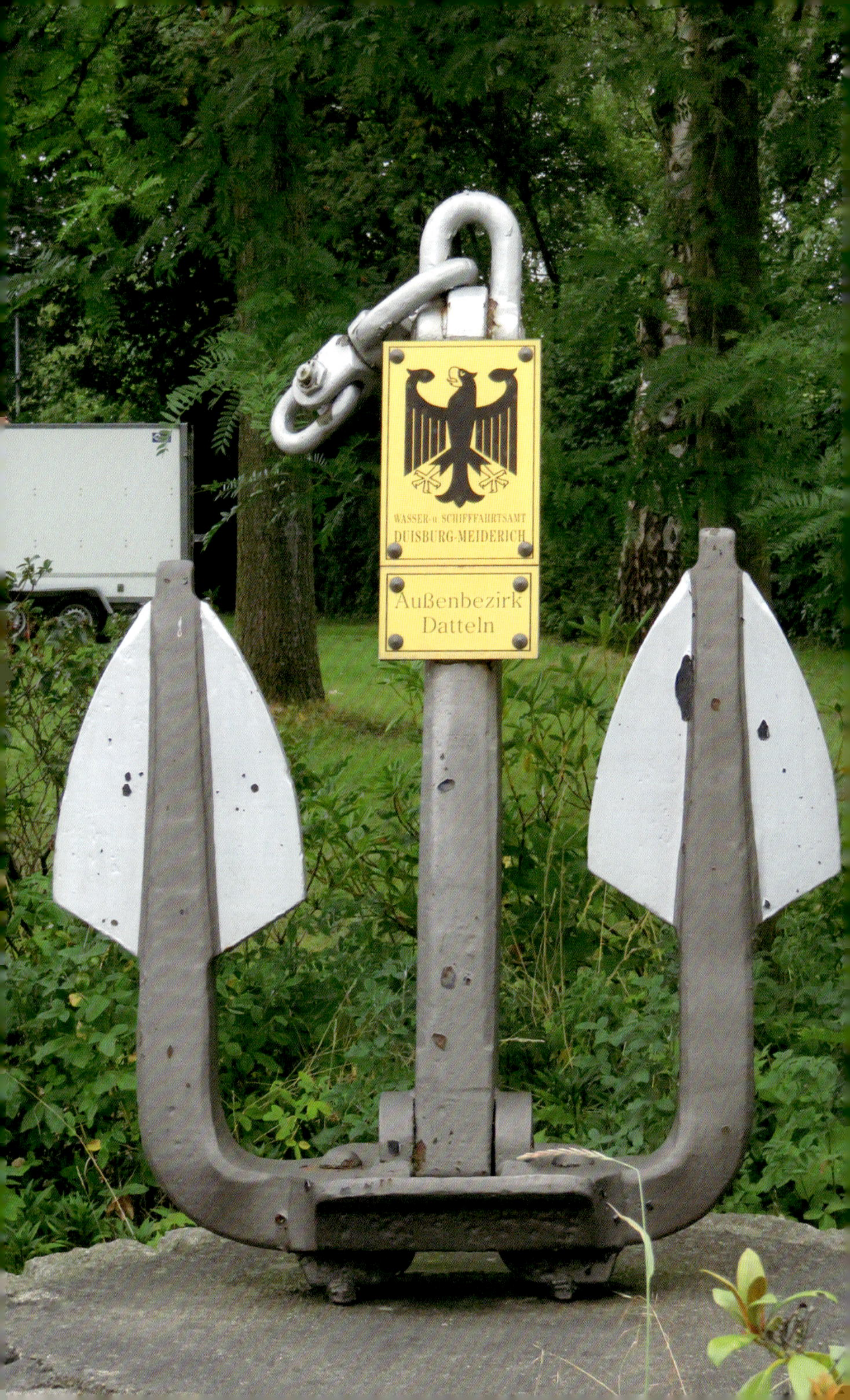
WASSER- u. SCHIFFFAHRTSAMT
DUISBURG-MEIDERICH
Außenbezirk
Datteln

Das Kanalufer ist mit Schilf, Wasserdost und Weidensträuchern bewachsen, der Blick rechts in die Landschaft wird uns durch Sträucher und Bäume verwehrt. Wahlweise geht es entweder rechts an einer Gabelung oder wenig später über Stufen rechts hinab zum Pelkumer Weg, der uns links unter dem Aquädukt des Dortmund-Ems-Kanal hindurchführt. Wenige Schritte weiter unterqueren wir die 8 **historische Brücke** der Alten Fahrt. Dahinter führt geradeaus eine gepflasterte Zufahrt zum 9 **Landgasthaus Klaukenhof,** doch unsere Route folgt der Kurve nach links. Wir steigen rechts die Stufen hinauf und wenden uns nach rechts.

In dem noch immer mit Wasser gefüllten Brückentrog des Aquädukts, das seit Ende des 19. Jahrhunderts den Pelkumer Weg überspannt, blühen Seerosen. Nach Stilllegung der Alten Fahrt wurde der Wasserspiegel im Kanalbett abgesenkt und durch

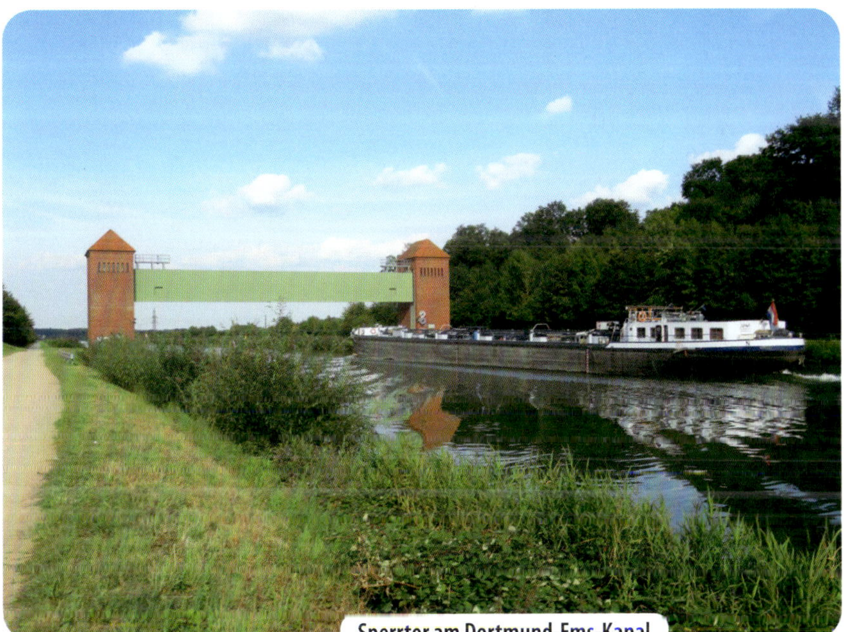

Sperrtor am Dortmund-Ems-Kanal

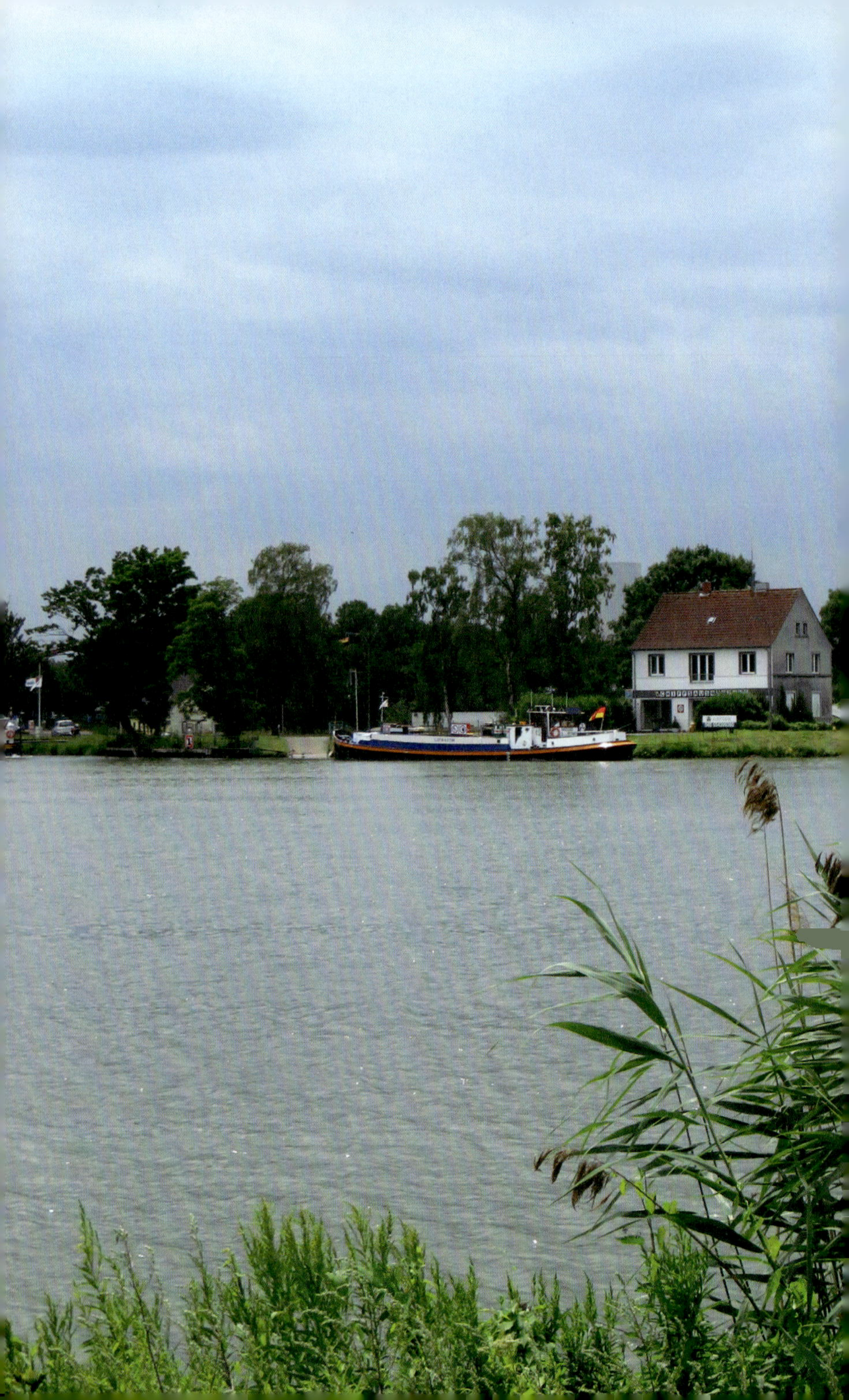

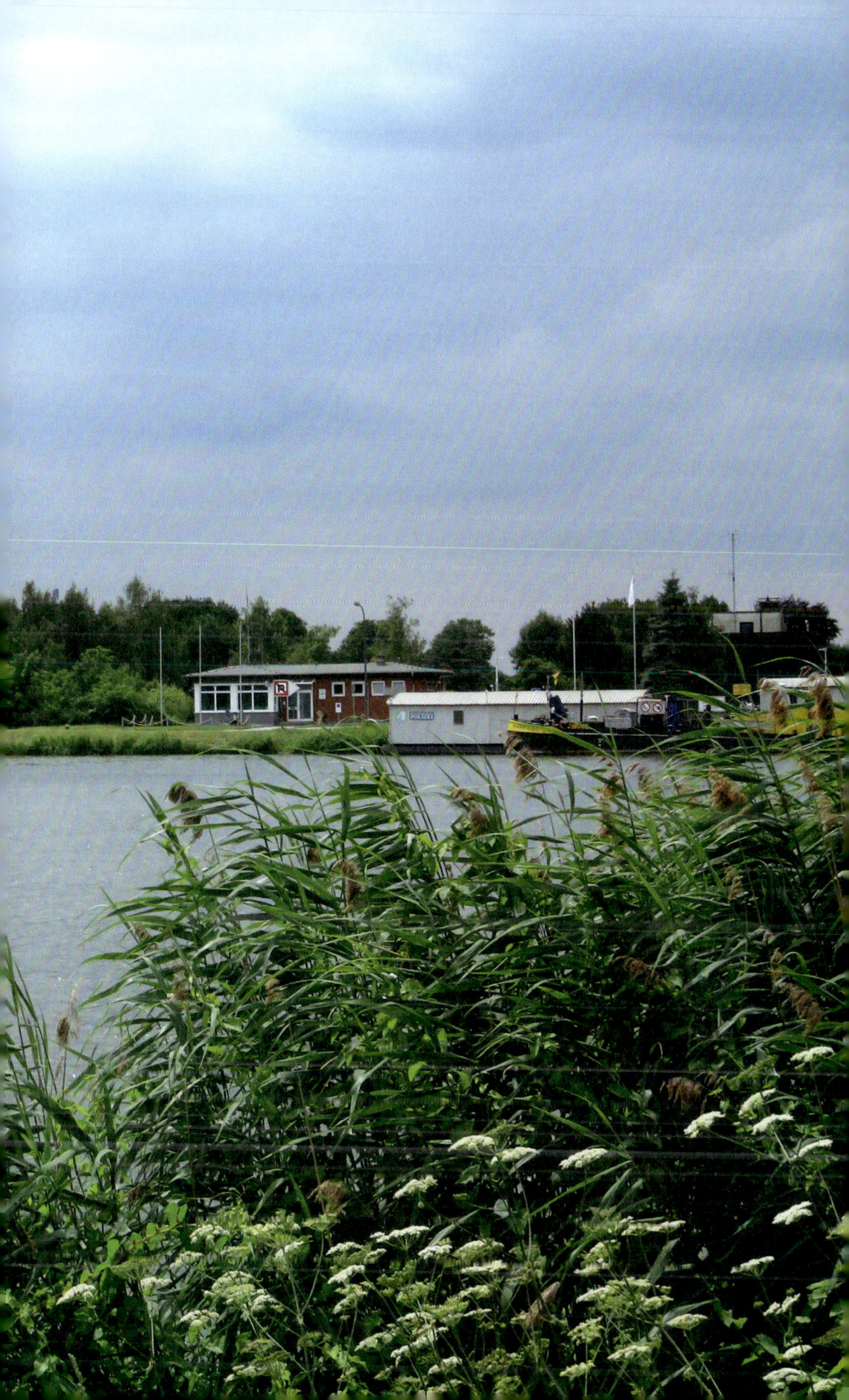

mehrere Querdämme vom übrigen Kanalnetz abgetrennt. Die so entstandenen Biotope sind ein störungsarmes Refugium für Fische und Wasservögel und mit blühenden Wildstauden und Bäumen an den Böschungen auch für uns ein Genuss. Am denkmalgeschützten Sicherheitstor, das früher einmal mit einer Handkurbel betrieben wurde, endet die Alte Fahrt. Wir unterqueren die uns bereits bekannte Kanalbrücke, folgen dem Uferweg im Rechtsbogen und laufen auf die Dattelner Schleuse zu, wo wir rechts hinab unseren Ausgangspunkt erreichen.

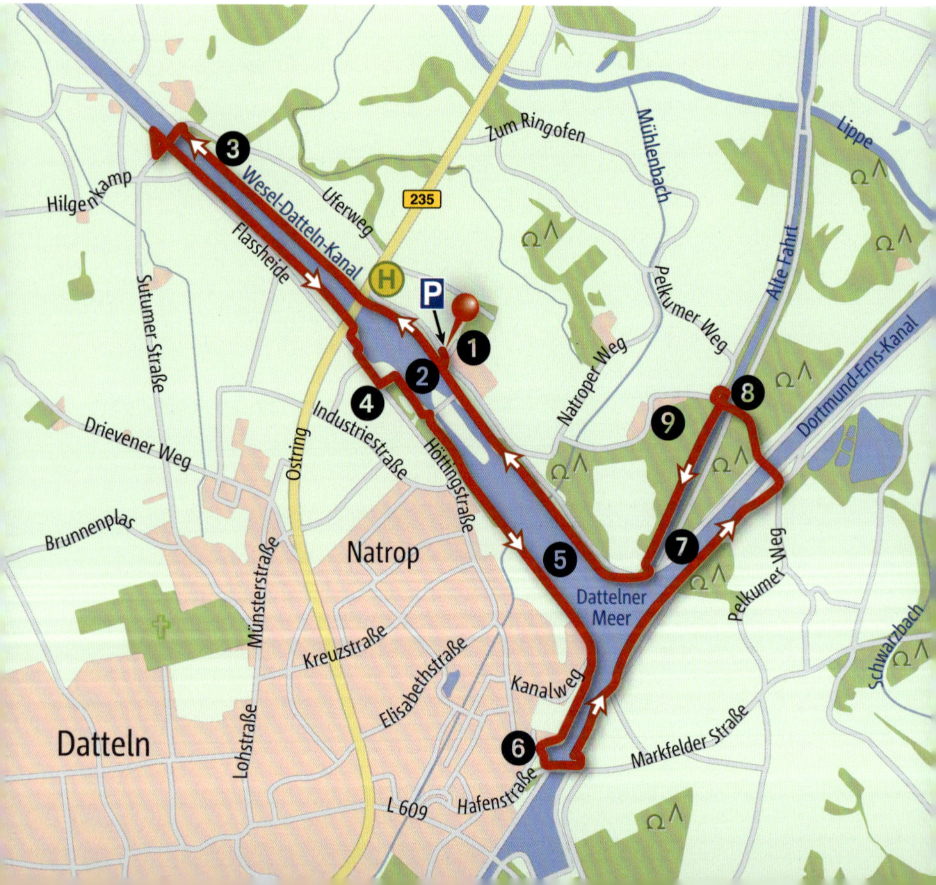

ALLES AUF EINEN BLICK

Entspannung ●●●●●
Abenteuer ●○○○○
Vielfalt ●●○○○

WIE & WANN

Befestigte Uferwege, asphaltierte und gepflasterte Straßenabschnitte und einige Treppen. Ganzjährig interessant.

HIN & WEG

Auto: Landgasthaus zum Ankerplatz, Natroper Weg 7, 45711 Datteln (GPS: 51.67119, 7.356781)
ÖPNV: Buslinie 281 ab Datteln Busbf. in Richtung Datteln Elisabethstraße, Haltestelle Datteln Kanalbrücke (ca. 150 m bis zum Startpunkt)

ESSEN & ENTSPANNEN

1 **Landgasthaus zum Ankerplatz,** Natroper Weg 7, 45711 Datteln, Tel. (0 23 63) 56 89 81, www.zumankerplatz.de
6 **Hafenrestaurant,** Hafenstraße 129, 45711 Datteln, Tel. (0 23 63) 8 07 01 40, www.hafenrestaurant-datteln.de
9 **Landgasthaus Klaukenhof,** Natroper Weg 40, 45711 Datteln, Tel. (0 23 63) 36 50 37, www.freizeitpark-klaukenhof.de

ENTDECKEN & ERLEBEN

2 **Dattelner Schleuse**
3 **Wesel-Datteln-Kanal**
4 **Wegekapelle**
5 **Dattelner Meer**
7 **Sicherheitstor Neue Fahrt**
8 **Historische Kanalbrücke Alte Fahrt**

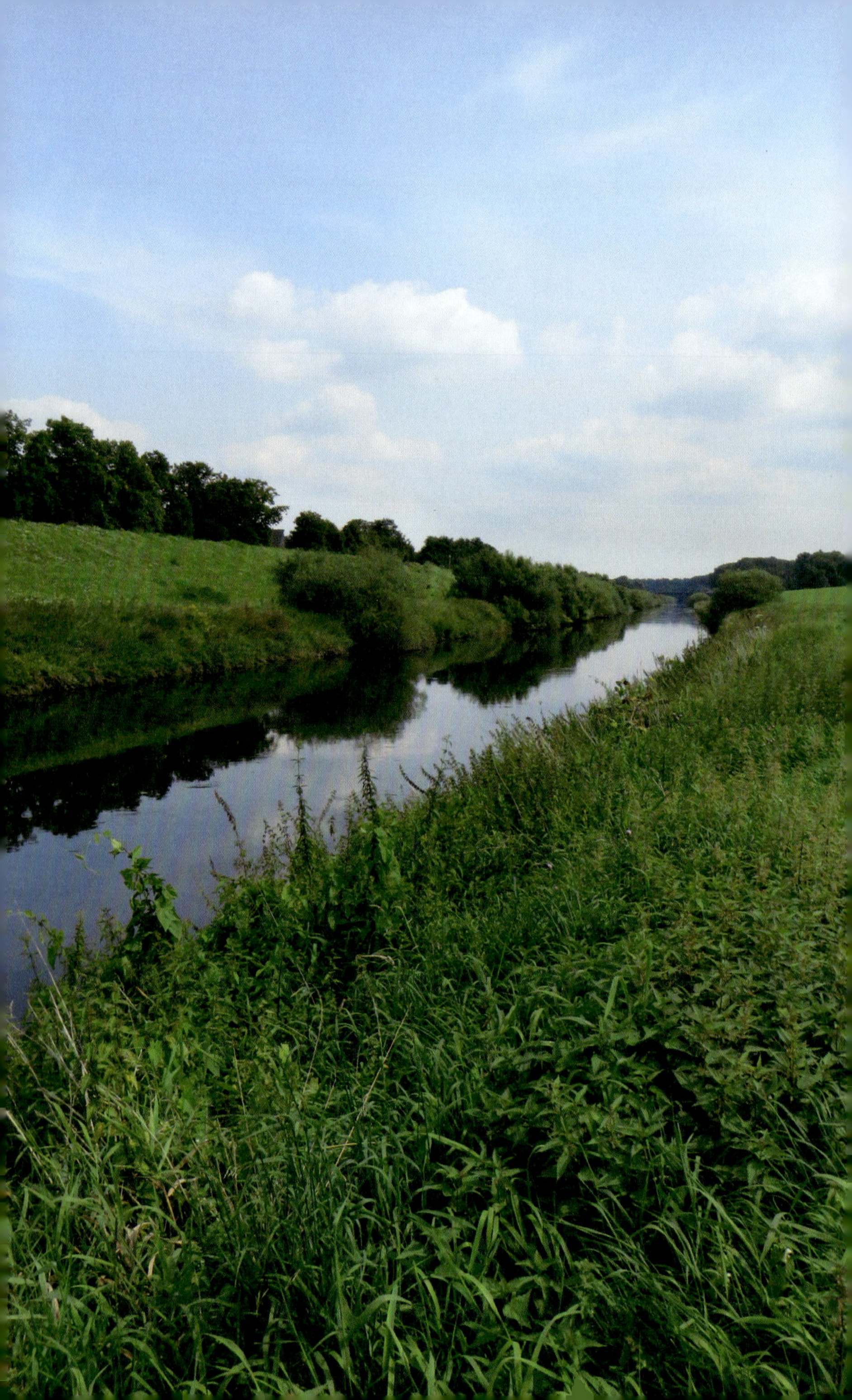

Uferblicke

Lippe & Kanal in Dorsten

Parallel zu einer Hochspannungstrasse laufen wir hinter dem Wanderparkplatz geradeaus zum **Hammer Weg** und überqueren ihn. Gleich rechts verläuft ein Pfad durch einen Wald zur ❶ **Lippe,** die uns von nun an begleitet. Am gegenüberliegenden Ufer sehen wir hinter dem Deich einige Bauernhöfe, die zum **Dorf Hervest** gehören. Hin und wieder verschwindet der Fluss unterhalb einer Böschung aus unserem Sichtfeld, kommt dann aber in flachen Uferbereichen nah an unsere Route heran. Wir durchqueren eine Buchenhalle, an deren Ende uns ein sanft ansteigender Wiesenweg aufnimmt. Im Wald verengt er sich zu einem Pfad, neben dem ein kleiner Hang zur Lippe hin abfällt. Auf unserer Seite wirkt sie mit einem typischen Auenbewuchs aus Erlen, Weiden, Pappeln und Hochstauden wunderbar idyllisch, während das andere Ufer terrassenförmig angelegt ist und landwirtschaftlich genutzt wird.

Der Hauptweg beschreibt einen Linksbogen, wir aber nehmen geradeaus den **Wanderpfad A5,** der neben der Lippe durch einen Wald mäandert. An einer Wiese mit einer Kopfbaumreihe entfernen wir uns vom Ufer. Am Waldrand stoßen wir auf den Hammer Weg, der uns links zur Wache der Wasserschutzpolizei bringt. Unmittelbar dahinter führt rechts ein schmaler Weg hinauf zur ❷ **Schleuse Dorsten.**

Auf dem Wesel-Datteln-Kanal herrscht reger Verkehr, etliche Schiffe möchten das Gefälle von 9 Metern überwinden. Eine Bank kommt wie gerufen, denn man kann von hier gut den

Kilometer: 10,3

Stunden: 2,5

RUNDWEG

Schleusenvorgang beobachten. Danach überqueren wir die große und die kleine Schleusenkammer, deren technische Details ein Schild verrät, und biegen zweimal rechts zum **Wesel-Datteln-Kanal** ab. Links zweigt parallel zum Uferweg ein wunderbar schattiger Wiesenpfad ab. Die Sträucher sind zwar dicht, lassen aber rechts doch immer wieder Blicke auf Boote und Schiffe zu, die an Dalben vertäut auf ihre Schleusendurchfahrt warten.

An einer Verzweigung gehen wir rechts am Ufer weiter, unterqueren die **Hammer-Weg-Brücke** und verlassen dahinter links den Kanal. Vor einer Rohrbrücke macht unser Weg einen scharfen Linksknick und wir kommen hinauf zur Brücke, auf der wir uns rechts halten. Wir überqueren die Gleise der **3 Hafenbahn,** die Mitte der 1960er-Jahre für den Güterverkehr errichtet wurde und auf einer 5 Kilometer langen Strecke den Bahnhof mit dem Kanalhafen und einem Gewerbegebiet an der Marler Stadtgrenze ver-

*Für den 1930 fertiggestellten **Wesel-Datteln-Kanal,** auch Lippe-Seitenkanal genannt, wurden Mäanderschleifen der Lippe begradigt, der Fluss auf diese Weise verlegt, alte Brücken entfernt und neue gebaut. Die 1931 eröffnete Schleuse Dorsten erweiterte man 1970 um eine kleine Schleusenkammer. Die Anlage schleust insgesamt täglich etwa 90 Schiffe durch.*

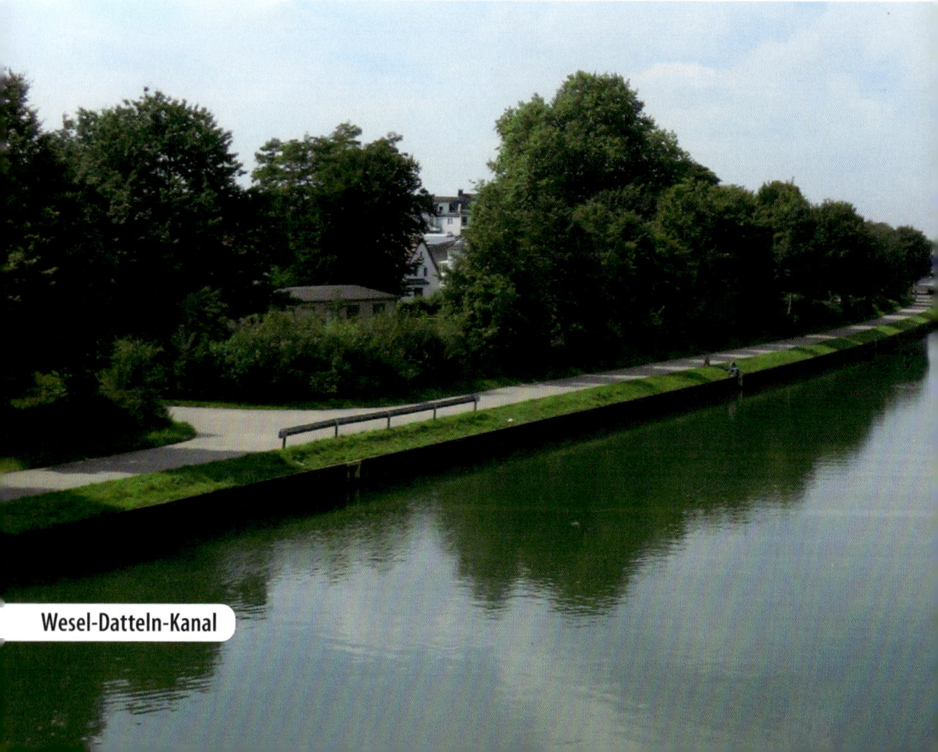

Wesel-Datteln-Kanal

bindet. Daneben startet auf dem 4 **Flugplatz** des 1931 gegründeten **Luftsportvereins Dorsten** ein Segelflugzeug, schraubt sich hinauf in die Lüfte und fasziniert uns im Flug mit seiner Leichtigkeit und Eleganz.

Zwischen blickdichten Hecken geht es abwärts. Bald umfängt uns ein Wald, in dem sich rechts und links mit Seggen und Schilf bewachsene Tümpel ausbreiten. Nachdem wir dahinter rechts auf einen Weg eingeschwenkt und dann einem Abzweig rechts gefolgt sind, verrät uns eine Stele, dass hier der 5 **Kilometerstein 147** auf einer Landkarte aus dem Jahr 1725 einen Treidelpfad direkt an der Lippe markierte. Durch die für den Kanalbau erforderliche Begradigung ist von den ehemals natürlichen Flusswindungen nur ein verwunschen anmutender Altarm mit dichtem Auenbewuchs geblieben.

Für die Seele

Von der Lippe wandern wir über die Schleuse des Wesel-Datteln-Kanals zu einem beschaulichen Flugplatz.

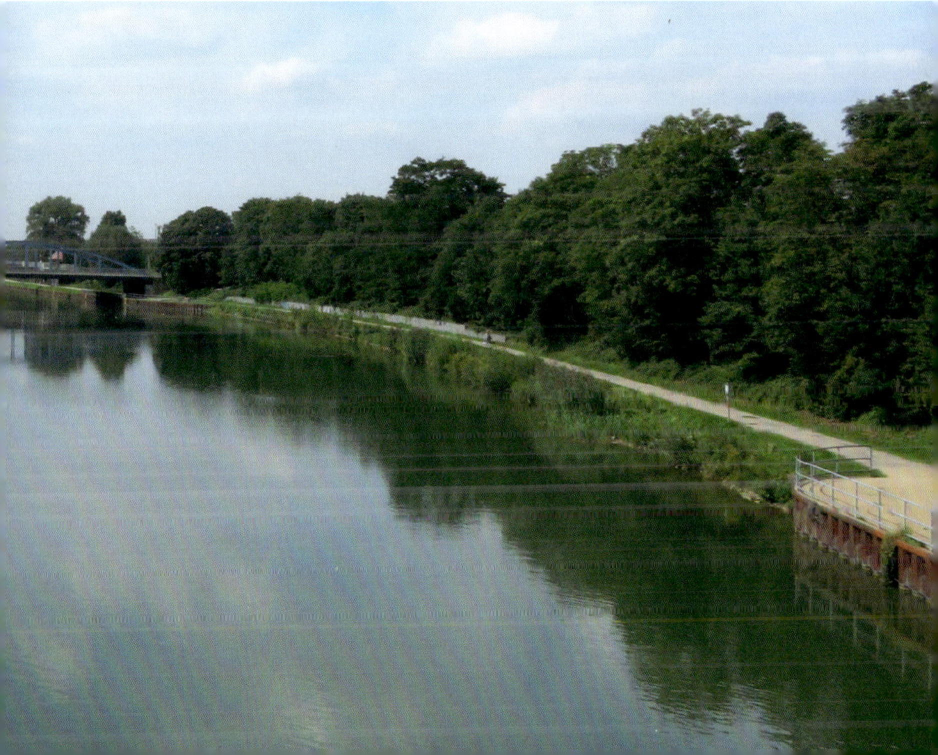

An einen lichten Erlenbruchwald schließt sich als bunter Kontrast eine Wiese mit sattgelben Goldruten und lila Vogelwicken an, unter einer Holzbrücke fließt ein munterer Bach. Zwischen einem von Bäumen und Hecken begrenzten Acker und dem Flugplatz wandern wir im Linksbogen am Zaun eines Campingplatzes entlang. Büsche und Bäume umschließen uns wie ein sonnendurchfluteter grüner Blättertunnel. Unsere Route führt rechts durch ein Tor am 6 **Restaurant Kleiner Büffel** vorbei, das an den Luftsportverein Dorsten angrenzt. Wir wandern weiter an einer Reitsportanlage vorbei, wo die 7 **Gaststätte Reiterranch** zu einer Rast einlädt. Falls man eine Einkehr plant, sollte man vorher die Öffnungszeiten erfragen.

Hinter der Wohnstätte Villa Keller der Lebenshilfe e.V. schwenken wir vor einer Brücke rechts ab, wo wir zwischen dem Rapphofs Mühlenbach und einer Kleingartenanlage zu rot-weißen Wegschranken und über die Gleise der Hafenbahn gelangen. Dahinter folgen wir links dem Wesel-Datteln-Kanal. Am anderen Ufer dümpeln kleine Jachten im 8 **Sportboothafen Fürst-Leopold,** der einst als Werkshafen zur gleichnamigen Zeche gehörte.

Bäume auf einer hohen Böschung spenden dem steinigen, stellenweise mit Schilf bewachsenen Ufer Schatten. Wir unterqueren die 9 **Dorstener Bundesbahnbrücke** und laufen anschließend über den links abknickenden Weg zu ihr hinauf. Durch einen Zaun von der Eisenbahntrasse getrennt nimmt uns ein Fußweg mit über den **Wesel-Datteln-Kanal.** Unmittelbar vor der Brücke über die **Lippe** gelangen wir links hinab zu einer Straße und rechts unter der Steinbrücke hindurch. Da das 10 **Naturschutzgebiet Lippeauen** nicht betreten werden darf, durch das sich die Lippe rechter Hand als silbernes Band windet, bleiben wir geradeaus der Straße treu. Bald bringt uns eine Brücke über den **Rapphofs Mühlenbach,** der in Gelsenkirchen durch den Zusammenfluss von Picksmühlen-

*Von 1913 bis 2001 war das **Bergwerk Fürst Leopold** in Betrieb. Namensgeber war Nikolaus Leopold Joseph Maria Fürst zu Salm-Salm, der zwar im Jahr 1908 noch vor Eröffnung der Zeche verstarb, zur Zeit der Zechengründung aber das sogenannte Bergregal – das Verfügungsrecht über die Kohlevorkommen – hatte.*

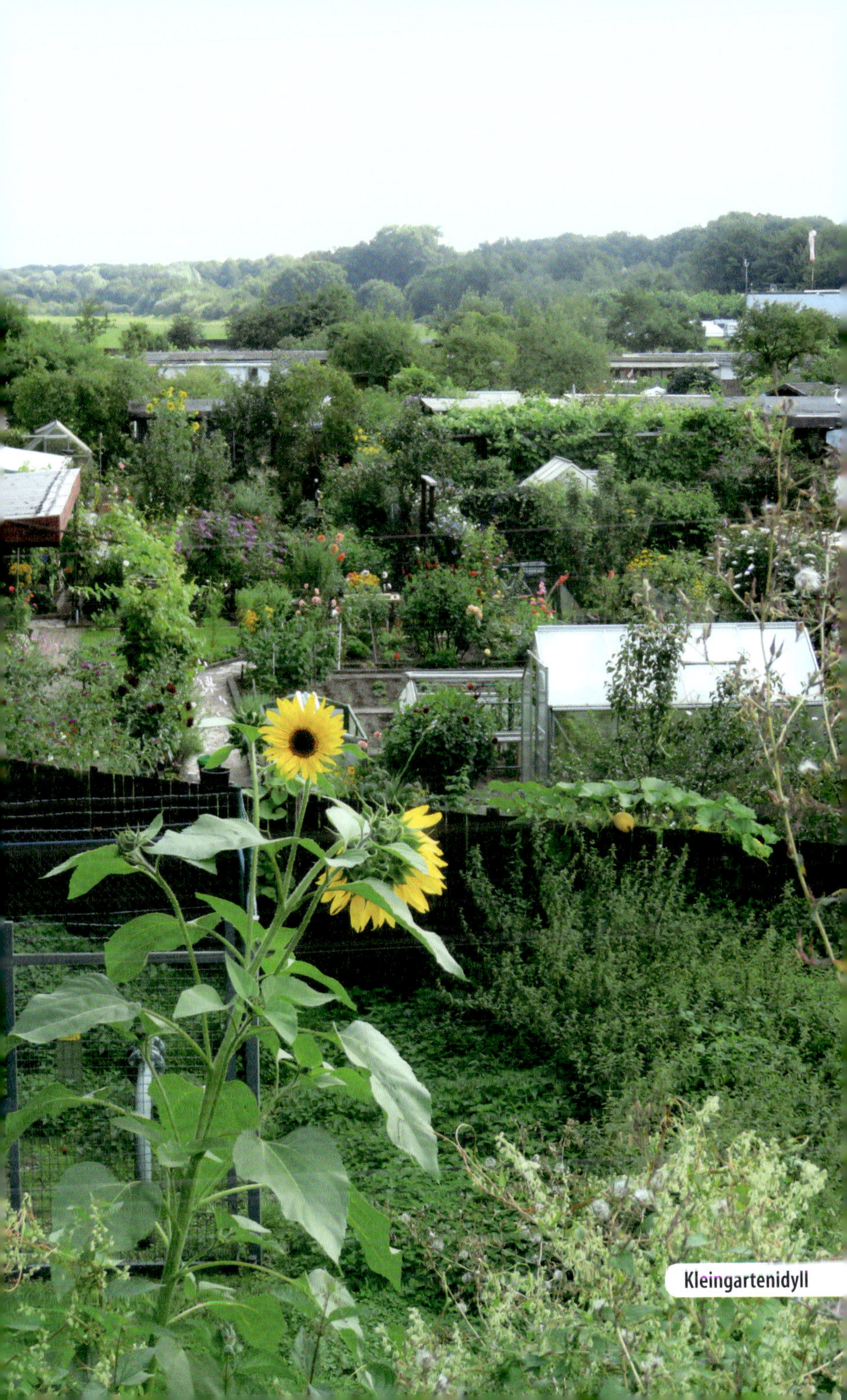

Kleingartenidyll

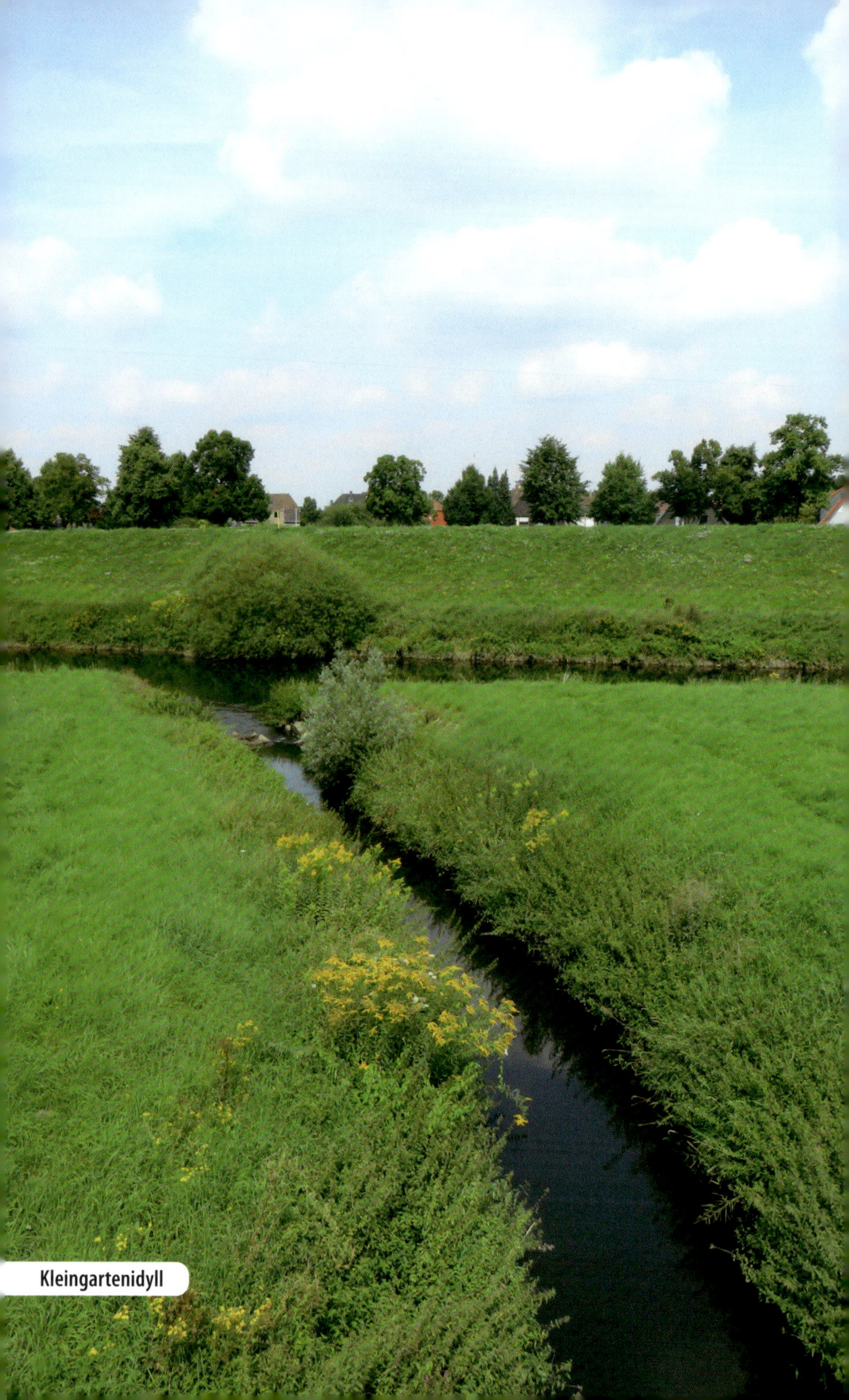

Kleingartenidyll

bach und Hasseler Mühlenbach entsteht und hier dunkel und träge in die Lippe mündet.

Die Straße macht einen rechten Schlenker zum Yachthafen, wir begleiten weiterhin geradeaus die Lippe. Zu unserer Rechten sehen wir hinter einer großen Brache den Wesel-Datteln-Kanal. Wir genießen es, zwischen zwei Wasserwegen zu sein, die das Ruhrgebiet so sehr prägen. An der Brücke, die links die Lippe überspannt, wählen wir rechts einen Fußweg und dann rechts den ersten Weg hinab zum Kanal. Links bringt uns die Straße (nicht der Uferweg) durch eine Brücke zu einem rechts abzweigenden Pfad, der von Linden, Hartriegel, Weißdorn und Wildrosen gesäumt wird. Zwischen Straße und Kanaluferweg mündet er vor der Schleuse in den **Hammer Weg**, in den wir rechts einbiegen. Diesmal wandern wir an der Wasserschutzpolizei und an der Schleusenanlage geradeaus weiter. Dahinter erreichen wir rechts über einen Pflasterweg den Kanal, an den ein Wäldchen angrenzt. Zahlreiche Schiffe haben an der Spundwand festgemacht. Klangvolle Na-

Das ***Schutzgebiet „Lippeaue im Kreis Recklinghausen“*** *ist als naturnahe Flusslandschaft Heimat seltener Pflanzen- und Tierarten und steht unter dem speziellen Schutz der Fauna-Flora-Habitat-Richtlinie. Sie wurde 1992 von der EU ins Leben gerufen und dient der Erhaltung natürlicher Lebensräume mit ihren wild lebenden Bewohnern.*

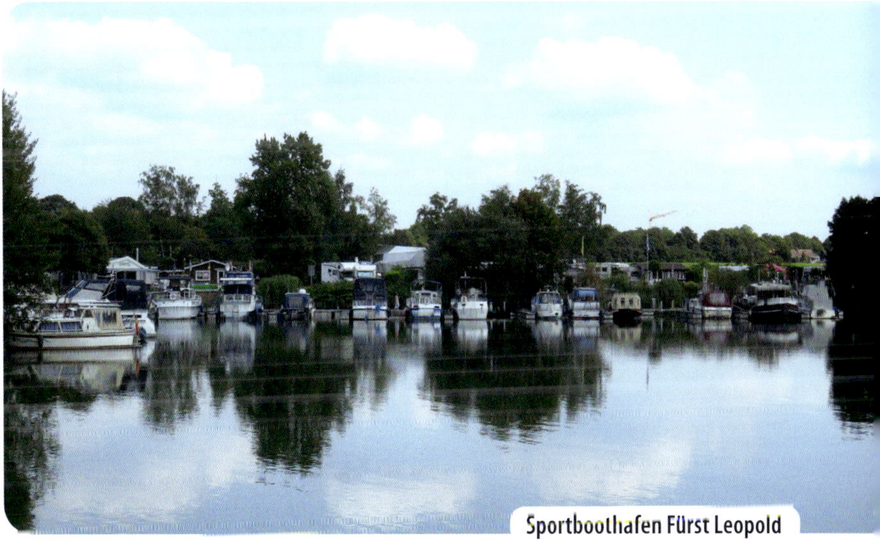

Sportboothafen Fürst Leopold

men wie Rheingold, Bolero und Sunrise machen neugierig auf ihre Herkunft, die wir am Heck der Schiffe ablesen können.

Hinter einem rot-weißen Wegpfosten nimmt uns ein Sandweg auf, die Spundwand des Kanals wird von einer Steinböschung abgelöst. Enten rasten dort, ein Kormoran hält am Wasserrand Ausschau nach Beute. Wir halten nun schnurgerade auf die **Hervester Brücke** zu, die in strahlendem Blau das Wasser überspannt. Wir aber verabschieden uns vorher links vom **Wesel-Datteln-Kanal** und kehren am **Marler Kanu Club** vorbei zu unserem Parkplatz zurück.

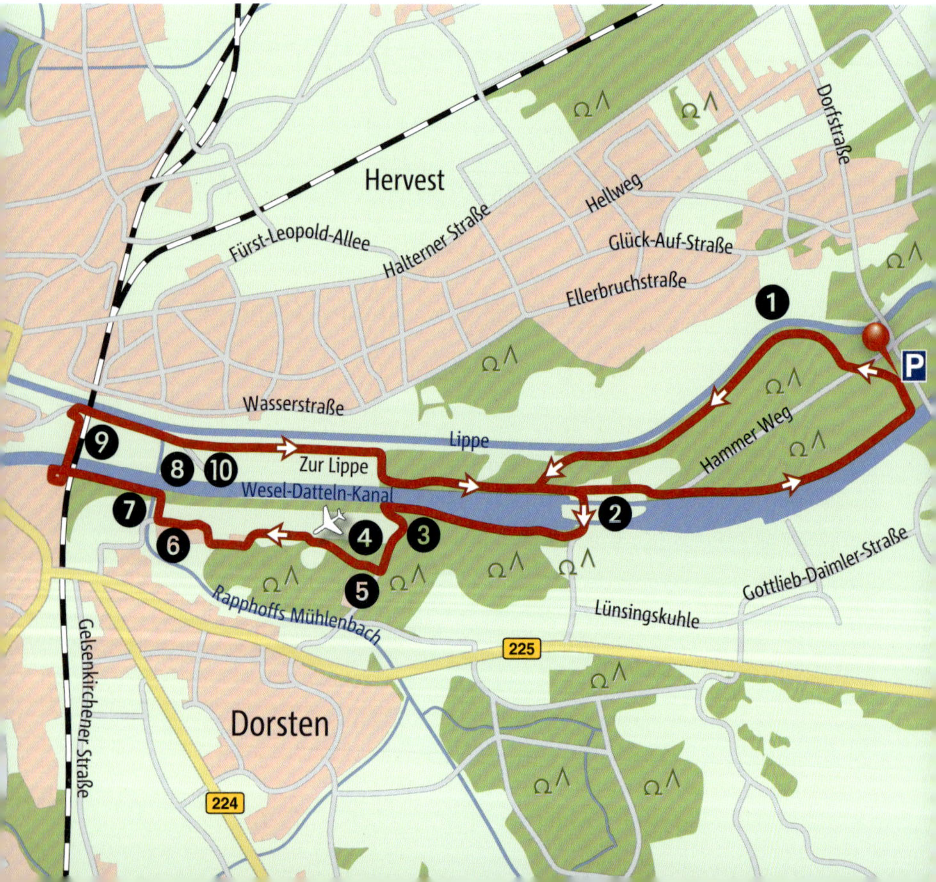

ALLES AUF EINEN BLICK

Entspannung 4/5
Abenteuer 2/5
Vielfalt 3/5

WIE & WANN

Gepflasterte und unbefestigte Wege, wenig befahrene Straßen und einige Treppen. Besonders schön von März bis Oktober.

HIN & WEG

Auto: Wanderparkplatz Nähe Kanu-Club, Buerer Straße 371, 45768 Marl, Stadtgrenze Dorsten (GPS: 51.667625 7.024016)
ÖPNV: Buslinie 274E von Dorsten ZOB, Buslinie 227 von Haltern Bf. bis Dorf Hervest (ca. 10 Min. Fußweg zum Wanderparkplatz)

ESSEN & ENTSPANNEN

6 **Kleiner Büffel,** Im Ovelgünne 20, 46282 Dorsten, Tel. (0 23 62) 9 66 69 20, www.kleinerbueffel.de
7 **Gaststätte Reiterranch,** Im Ovelgünne 16, 46282 Dorsten, Tel. (0 23 62) 2 20 65

ENTDECKEN & ERLEBEN

1 **Lippe**
2 **Schleuse Dorsten,** am Wesel-Datteln-Kanal
3 **Hafenbahn**
4 **Flugplatz Dorsten,** Im Ovelgünne 20, 46282 Dorsten
5 **Kilometerstein 147**
8 **Sportboothafen Fürst-Leopold,** Zur Lippe 82, 46282 Dorsten
9 **Dorstener Bundesbahnbrücke**
10 **Naturschutzgebiet Lippeauen**

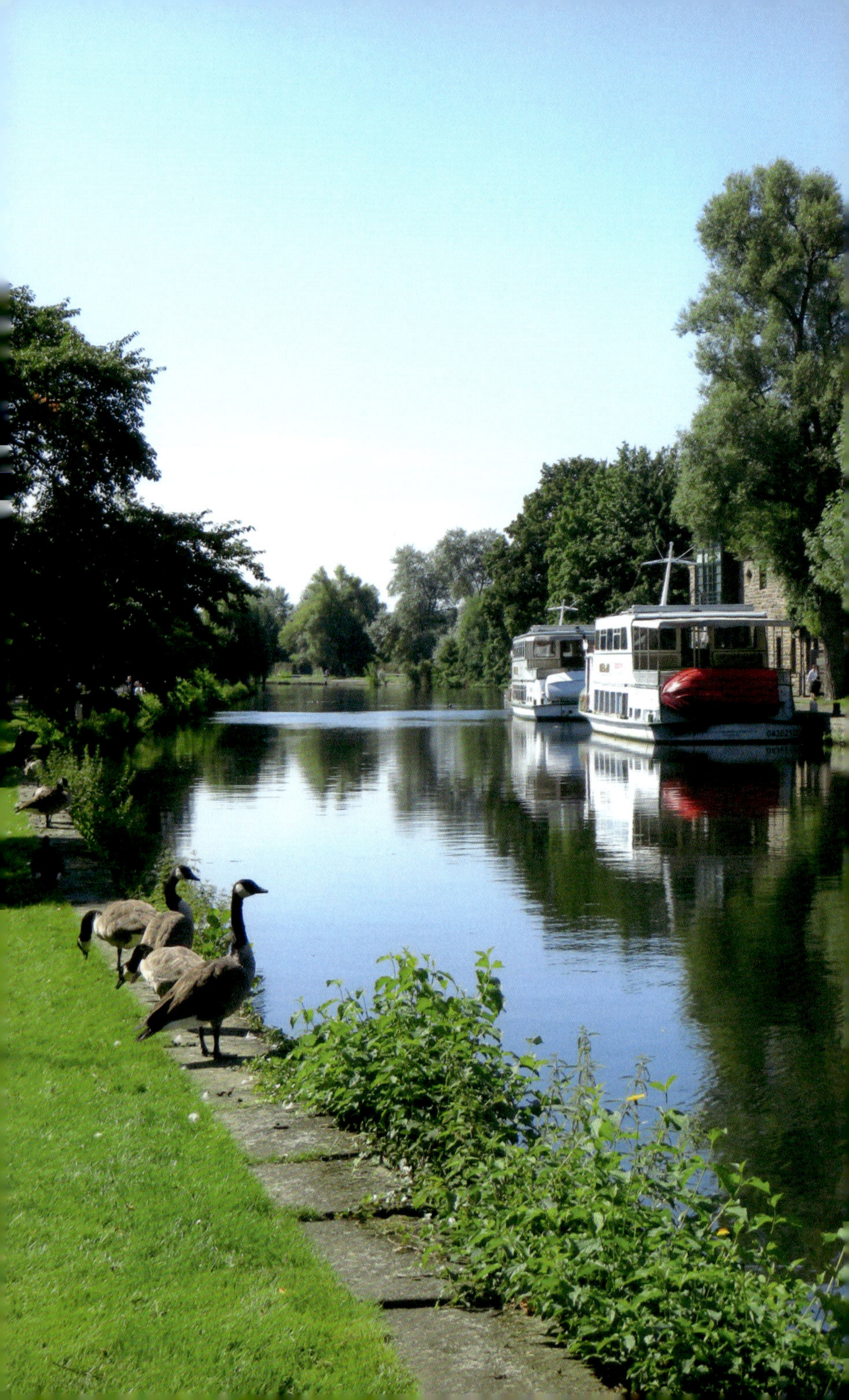

Am Wasserbahnhof

In den Mülheimer Ruhrauen

Links neben dem **Club- und Bootshaus des DJK-Ruhrwacht** führt uns ein Fußweg ins Naturschutzgebiet ❶ **Saarn-Mendener-Ruhraue.** Am T-Abzweig biegen wir rechts ab und halten uns an der nächsten Gabelung rechts. In einem Altarm der Ruhr mit Weiden und Kopfbäumen tummeln sich Enten und Kormorane. Wiederum gabelt sich der Weg, wo wir uns genau wie am T-Abzweig danach links halten. Eine Holzbrücke gewährt uns Ausblicke auf einen von Erlen und Weiden umfassten Ruhraltarm.

*Die **Saarn-Mendener-Ruhraue** liegt zentral im dicht besiedelten Mülheimer Stadtkern und erstreckt sich als Überflutungsraum auch noch von dort nach Süden. Geprägt wird das Naturschutzgebiet von der Ruhr und ihren Altgewässern sowie von Viehbach und Mühlenbach.*

An einer Gabelung bringt uns der rechte Weg zur Ruhr. Am Wegrand wachsen Wasserdost und Schilf, in den seichten Uferzonen treiben Seerosen auf dem glasklaren Wasser. Uns umfängt eine Auenlandschaft mit einem typischen Bewuchs aus Weiden, Erlen und Eschen. Wie ein Postkartenmotiv erhebt sich am anderen Ufer eine denkmalgeschützte, privat genutzte Villa, in der früher eine Jugendherberge untergebracht war.

Die Ruhr teilt sich wenig später an einer Landzunge. Wir finden uns an einem stillen Seitenarm wieder, der uns durch üppiges Weidengehölz im hinteren Bereich die Weitsicht nimmt. Enten nutzen auf dem Wasser treibende Stämme als Platz zum Gefiederputzen. Regungslos steht ein Graureiher auf einem geborstenen Baum, holt sich blitzartig einen Leckerbissen aus dem Gewässer und schwingt sich elegant in die Lüfte.

Kilometer: 10,3
Stunden: 2,5
RUNDWEG

Dann bringt uns links ein Abzweig zum ❷ **Ruhrstrand.** Dieses Freizeitareal mit ausgedehnten Wiesen, auf denen gegrillt und gespielt werden darf, erstreckt sich auf einer Halbinsel zwischen der Ruhr und ihren stillen Seitenarmen und gehört nicht zum Naturschutzgebiet. Von dort leitet uns ein schmaler Weg unter der **Mendener Brücke** hindurch zu einem weiteren Bereich im **Naturschutzgebiet Saarn-Mendener-Ruhraue.** Kopfbäume, Weiden und hohe Pappeln wirken inmitten der weiten Wiesen wie eingesprenkelt. Am anderen Ufer der Ruhr fahren Drachenboote vor dem Vereinsheim der Mülheimer Ruder-Gesellschaft mit beachtlichem Tempo über das Wasser.

Unser Weg verengt sich zum Trampelpfad, der sich allmählich von der Ruhr entfernt. Unbebaute Wiesen werden in der Ferne vom **Ruhrtalhang am Auberg** begrenzt. Ein Natursteinweg unterteilt rechts ein Altwasser der Ruhr und entführt uns in eine verwunschene Welt aus Grüntönen. An dem mit Wasserlinsen bedeckten und von Schilf eingerahmten Stillgewässer

An der Ruhr

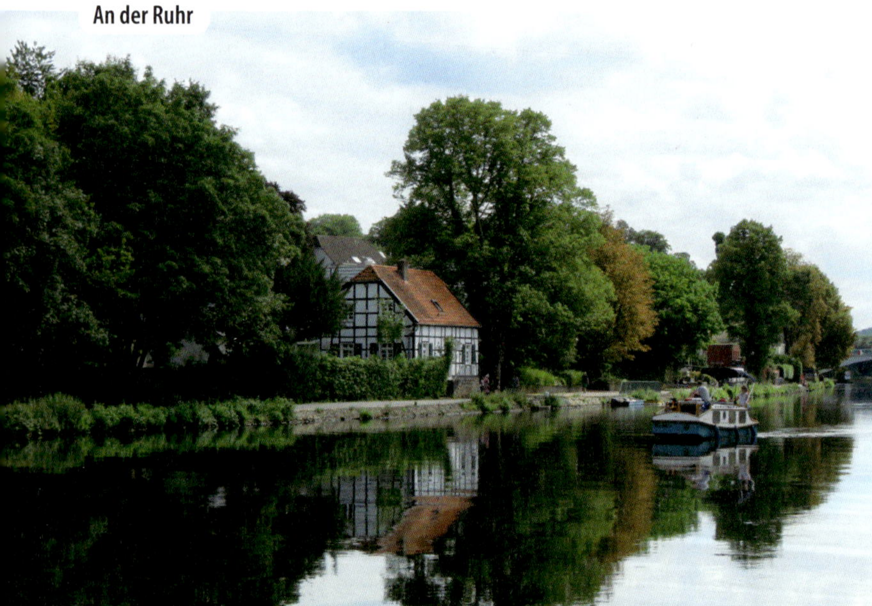

rauschen hohe Silberweiden im Wind. Unser Weg durch die Wiesen endet am Deich. Über **Am Damm** laufen wir an Pferdekoppeln mit Pappelreihen entlang zur **Mendener Brücke,** die wir rechts hinab unterqueren. Den rechts abknickenden Weg direkt dahinter ignorieren wir, um an einer Kreuzung rechts in einen Asphaltweg einzubiegen. Nun bleiben wir geradeaus dem Ruhraltarm treu und laufen an dem vom Hinweg bekannten Abzweig zum **Ruhrstrand** vorbei. Dann halten wir uns zweimal hintereinander an Gabelungen rechts und gelangen ans Ruhrufer. Wir genießen den weiten Blick über das Wasser, auf dem Bojen rote Akzente setzen. Schwäne gleiten elegant im seichten Randbereich durch Seerosen.

Für die Seele

Wir tagträumen an der verwunschenen Ruhr und beobachten das heitere Treiben am Wasserbahnhof.

Wir überqueren rechts das **3 Kahlenbergwehr,** dessen blaues Brückengeländer sich bildschön im Wasser spiegelt. Doch dann ist es urplötzlich mit der Stille vorbei: Über das bewegliche Walzenwehr rauscht ganz unverhofft die Ruhr tosend hinab, das Wasser schäumt auf. Wir wandern weiter über das Wehr, ignorieren aber rechts die Florabrücke, die ans andere Ufer führt. Unser Ziel ist geradeaus der **Ruhrinselweg** am Rande der **4 Dohneinsel,** die sich zu unserer Linken erstreckt und als Wassergewinnungsgelände ansonsten nicht zugänglich ist.

Mit modernster Technik, die Turbinen verschiedener Kapazitäten für die schwankenden Wassermengen und Fließgeschwindigkeiten der Ruhr umfasst, sichert das denkmalgeschützte ***Wasserkraftwerk Kahlenberg*** *die Energieversorgung der Wasserwerke Dohne und Styrum.*

Neben uns beginnt die Schleuseninsel, wo rechts der Schleusenkanal abzweigt. Wir aber steuern an der Ruhr auf das trutzige Wasserkraftwerk **5 Kahlenberg** zu, das aus Ruhrsandstein gebaut seit 1925 die Ruhr überspannt. Der **Ruhrinselweg** endet zwischen dem Kraftwerk und der **Broicher Schlagd.** Dieses schräg zum Fluss angelegte Stauwehr gehörte einst zu einer Papiermühle, in dem aufgestauten Wasser wurde Fischfang betrieben. Links gewährt die **6 Kassenbergbrücke** einen

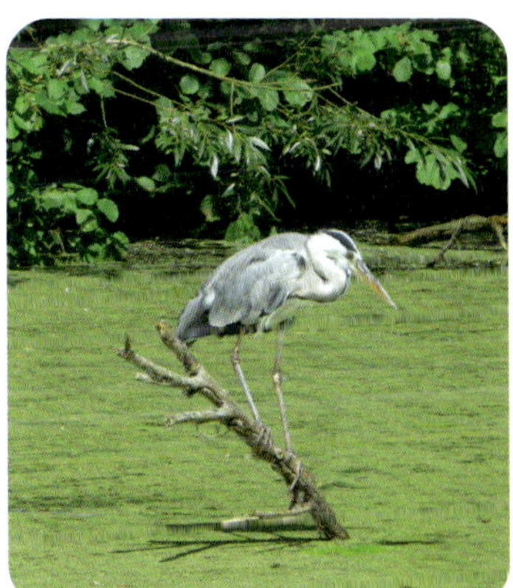

schönen Blick über diese urtümliche Flusslandschaft, die nur von wenigen, sehr schmucken Häusern gesäumt wird. Doch unsere Route bringt uns rechts durch einen Durchgang auf die 7 **Schleuseninsel.** An deren Spitze ist rechts ab in einem denkmalgeschützten Bootshaus das Naturerlebnismuseum 8 **Haus Ruhrnatur** untergebracht. Uns lockt aber zunächst links der 9 **Wasserbahnhof** an, der wie ein Schiffsrumpf gebaut und die Hauptanlegestelle der Weißen Flotte ist, die durch das malerische Ruhrtal schippert. Am Fähranleger herrscht ein buntes Treiben, wenn die Ausflugsschiffe ankommen oder ablegen.

Zwischen bunten Blumenbeeten sprudelt eine Wasserfontäne. Besonders viel Zeit schenken wir der 10 **Blumenuhr.** Die Mechanik, die sie seit 1953 in den Sommermonaten unermüdlich antreibt, wird im Winter zusammen mit den Uhrzeigern abmontiert und eingelagert. Wir verlassen die Schleuseninsel rechts über ei-

*Die **Personenschifffahrt** (Weiße Flotte) auf der Ruhr begann 1853 wenig erfolgreich. Erst in den 1920er-Jahren wendetet sich das Blatt; 1927 entstand der Wasserbahnhof. Einige Jahrzehnte später verblasste der Glanz wieder, doch eine aufwendige Sanierung zur Landesgartenschau MüGa verhalf dem Ausflugsziel 1992 zu neuem Schwung.*

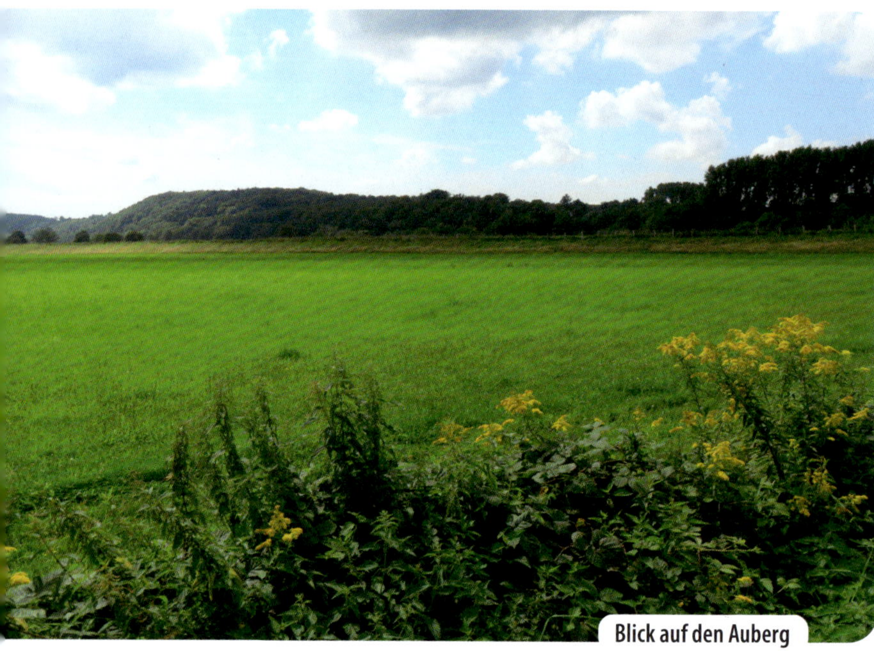

Blick auf den Auberg

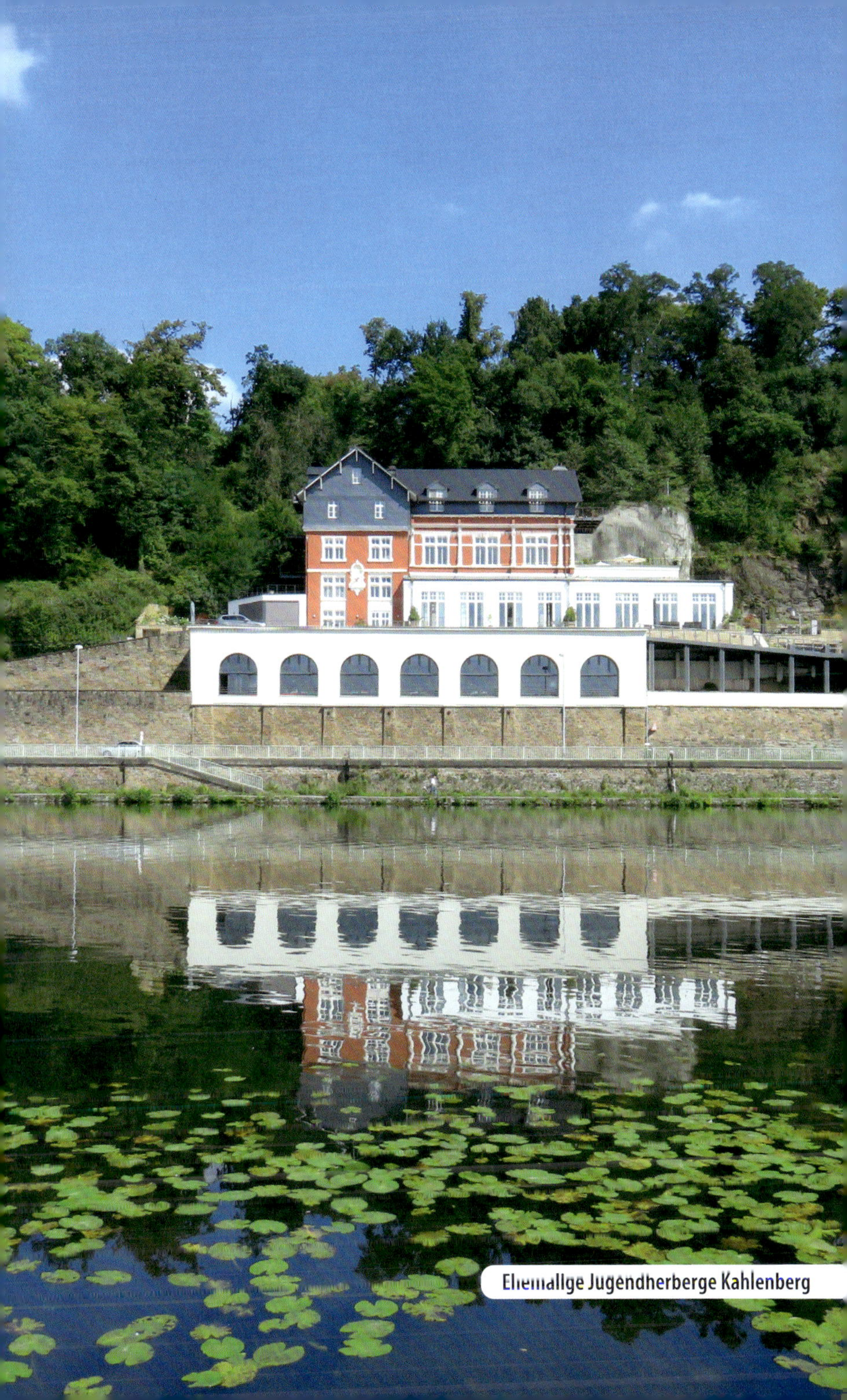

Ehemalige Jugendherberge Kahlenberg

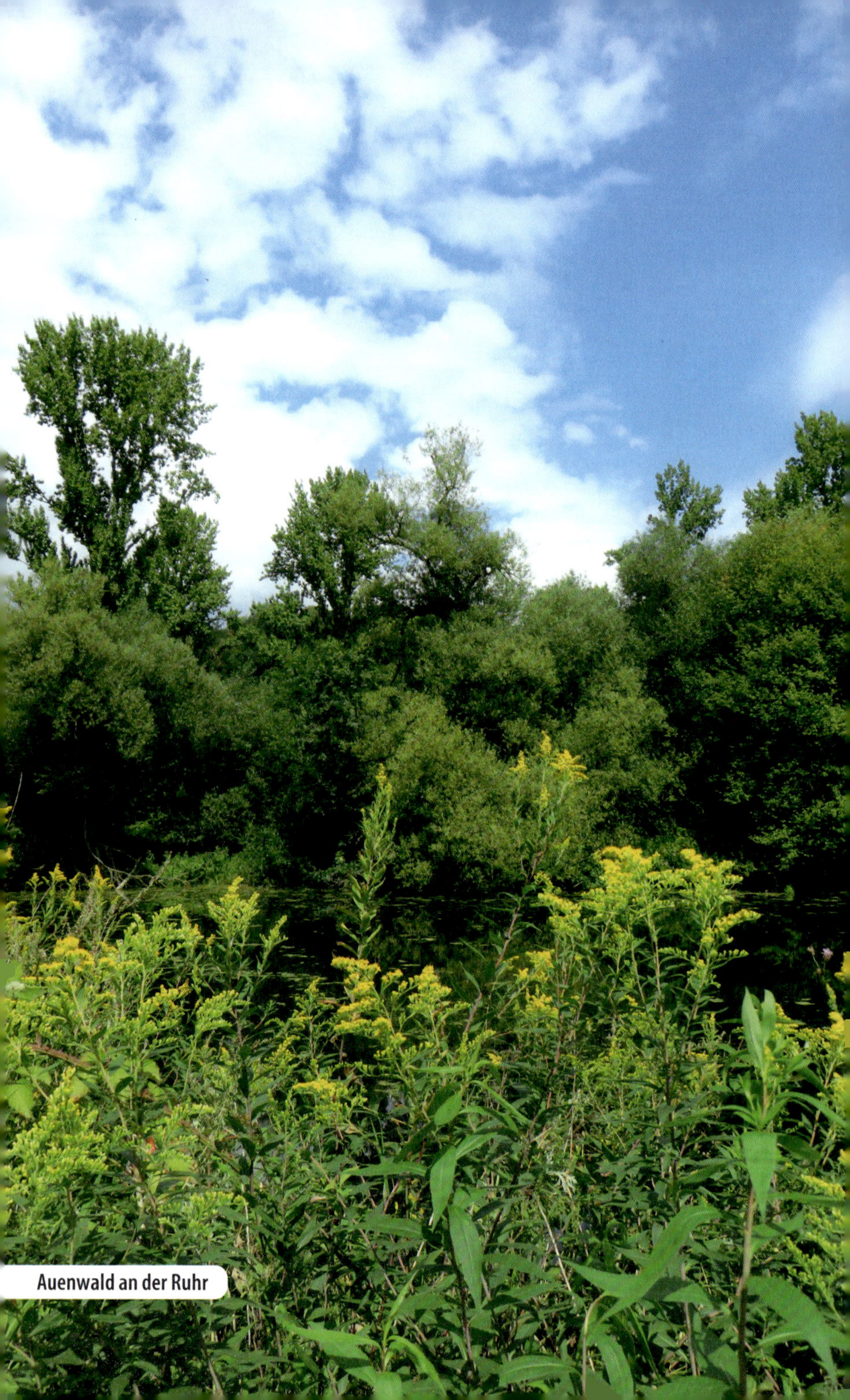

Auenwald an der Ruhr

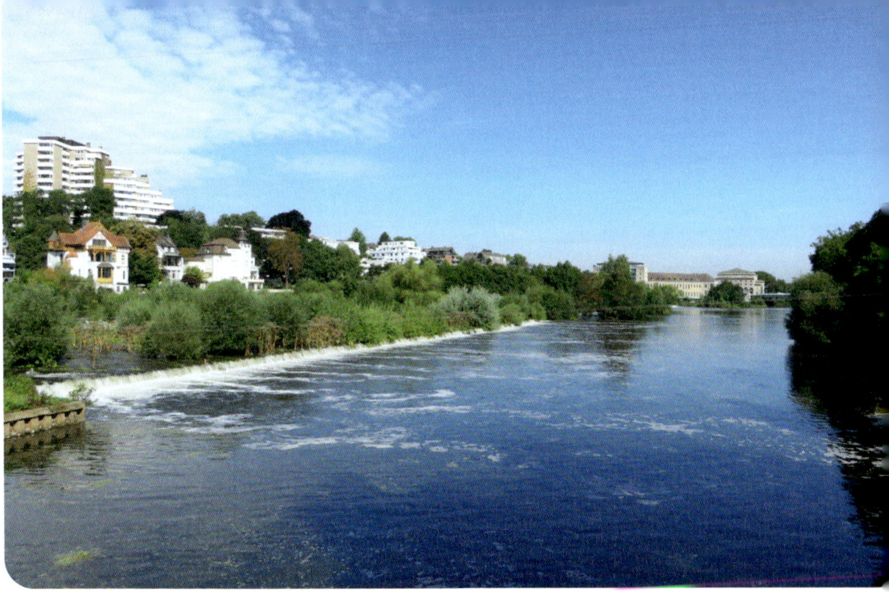

nen Parkplatz und überqueren die denkmalgeschützte ⑪ **Ruhrschleuse Mülheim,** die 1780 als eine von insgesamt 16 errichteten Schleusen die Ruhr für den Transport von Montangütern nutzbar machte. Gleich dahinter biegen wir rechts in einen von Bäumen gesäumten Fußweg ein. Wir schlendern am ⑫ **Schleusenkanal** entlang, wo Bänke an der Promenade zur Rast einladen. Schiffe der Weißen Flotte liegen am Ufer vertäut. Links fällt uns etwas abseits vom Weg in der ⑬ **Ruhranlage** eine Skulptur auf: Es ist Der Bogenschütze, den 1937 der Mülheimer Künstler Hermann Lickfeld schuf.

Hinter einem Seniorenheim schlendern wir links unter alten Bäumen um einen kleinen See herum. Auf einer kleinen Anhöhe liegt die **Thyssen Villa,** die der Industrielle Josef Thyssen Ende des 19. Jahrhunderts als repräsentativen Wohnsitz bauen ließ. Der einstige Hausgarten, in dem wir uns gerade befinden, ist als Teil der Ruhranlage öffentlich zugänglich. Hinter dem Teich nimmt uns links wieder der Uferweg der Ruhr auf und bringt uns am ⑭ **Bootshaus Böhm** vorbei. Es ist als Denkmal ausgewiesen und wurde bereits 1820 in Archiven erwähnt. Die frühere Nutzung ist unklar, aber es war möglicherweise eine Treidelstation mit Pferdestallungen.

Ein Kiosk nebenan verkauft heiße Würstchen und Erfrischungsgetränke, oberhalb der Uferpromenade gibt es einige Restaurants. Wir aber überqueren rechts die ⑮ **Florabrücke** und anschließend das **Kahlenbergwehr.** Stufen bringen uns hinab zu einem Abzweig, dem wir rechts folgen. Nachdem wir erneut rechts abgebogen sind, bringen uns zwei Holzbrücken über den **Mühlenbach.** Unter stattlichen Platanen verläuft der Weg im Rechtsbogen zum bereits bekannten Streckenabschnitt an den Sportanlagen vorbei. Gleich hinter einem Tennisplatz biegen wir links ab und gelangen zu unserem Parkplatz.

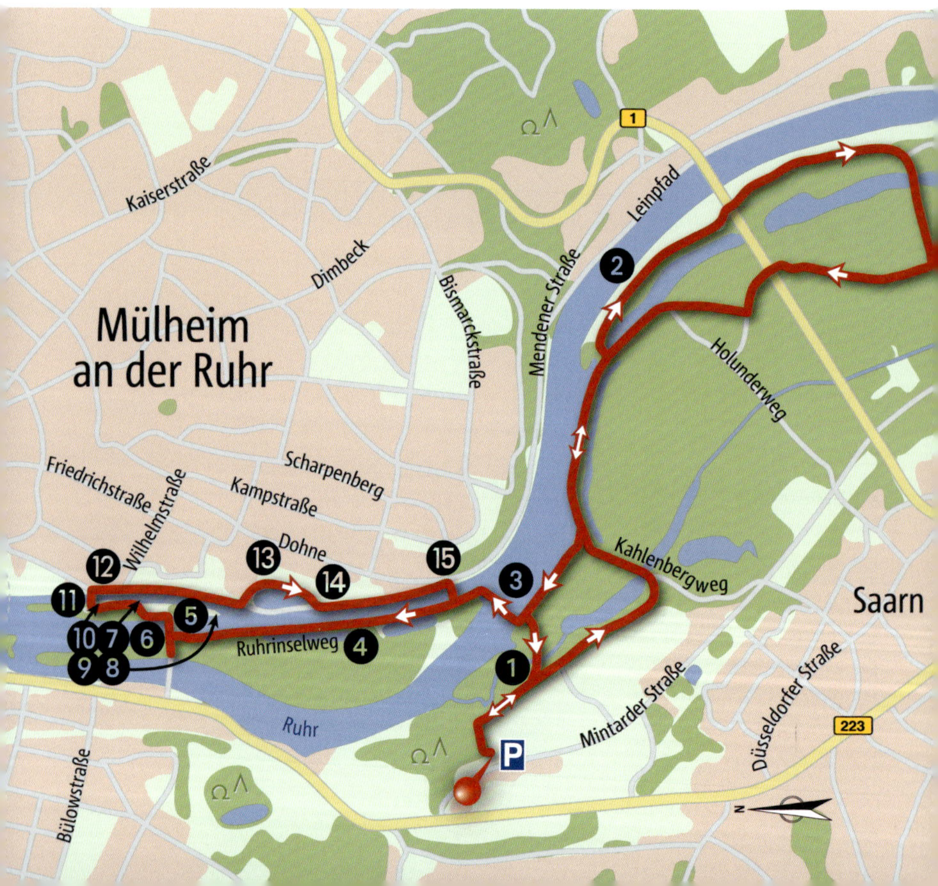

ALLES AUF EINEN BLICK

Entspannung

Abenteuer

Vielfalt

WIE & WANN

Befestigte, teils asphaltierte oder mit Natursteinen ausgelegte Wege und unbefestigte Pfade. Ganzjährig interessant.

HIN & WEG

Auto: Parkplatz am Club- und Bootshaus des DJK-Ruhrwacht e.V., Mintarder Straße 19, 45481 Mülheim an der Ruhr (GPS: 51.413778 6.870709)

ÖPNV: Buslinie 133 ab Mülheim Hbf. bzw. 752 ab Mülheim Hbf. und Düsseldorf Hbf. bis Mülheim-Lindgens (ca. 600 m Fußweg zum Einstieg in die Wanderung am Parkplatz)

ESSEN & ENTSPANNEN

Entlang der Ruhr sowie etwas abseits gibt es in Mülheim zahlreiche Einkehrmöglichkeiten.

ENTDECKEN & ERLEBEN

1. **Naturschutzgebiet Saarn-Mendener-Ruhraue**
2. **Ruhrstrand**
3. **Kahlenbergwehr**
4. **Dohneinsel**
5. **Wasserkraftwerk Kahlenberg**
6. **Broicher Schlagd und Kassenbergbrücke**
7. **Schleuseninsel**
8. **Haus Ruhrnatur,** Alte Schleuse 3, 45468 Mülheim an der Ruhr
9. **Wasserbahnhof,** Alte Schleuse 1, 45468 Mülheim an der Ruhr
10. **Blumenuhr**
11. **Ruhrschleuse Mülheim**
12. **Schleusenkanal**
13. **Ruhranlage,** mit Thyssen Villa und Bogenschützen
14. **Bootshaus Böhm**
15. **Florabrücke**

Die GPS-Daten zu jeder Tour gibt es auf
www.droste-verlag.de

5., aktualisierte Auflage 2024
Konzeption/Satz: Droste Verlag, Düsseldorf
Einbandgestaltung: Britta Rungwerth, Düsseldorf, unter Verwendung von Bildern von © Fotolia.com: Andrey Kuzmin, undrey, daboost, niroworld und Shutterstock.com: Juergen Faelchle
Fotos: Sabine Hauke
Karten: Thorsten David, Bochum
Druck und Bindung: LUC GmbH, Greven

Alle Angaben in diesem Buch wurden sorgfältig recherchiert und geprüft. Für die Richtigkeit der Angaben, für etwaige Unfälle und Schäden jeglicher Art kann keine Haftung übernommen werden; die Nutzung erfolgt auf eigenes Risiko. Abweichungen, die nach Redaktionsschluss erfolgten, konnten im Buch nicht mehr berücksichtigt werden. Hinweise und Änderungen nehmen wir gern entgegen.

ISBN 978-3-7700-2576-3
www.droste-verlag.de

FSC www.fsc.org
MIX
Papier | Fördert gute Waldnutzung
FSC® C011279